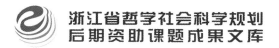

浙江省哲学社会科学规划
后期资助课题成果文库

美国大学教授治校研究

Meiguo Daxue Jiaoshou Zhixiao Yanjiu

刘庆斌　著

中国社会科学出版社

图书在版编目(CIP)数据

美国大学教授治校研究 / 刘庆斌著. —北京：中国社会科学出版社，
2017.6（2018.5 重印）

（浙江省哲学社会科学规划后期资助课题成果文库）

ISBN 978 - 7 - 5203 - 0521 - 1

Ⅰ.①美…　Ⅱ.①刘…　Ⅲ.①高等学校 - 学校管理 - 研究 - 美国
Ⅳ.①G649.712

中国版本图书馆 CIP 数据核字（2017）第 113882 号

出 版 人　赵剑英
责任编辑　宫京蕾
责任校对　曹占江
责任印制　李寡寡

出　　　版　中国社会科学出版社
社　　　址　北京鼓楼西大街甲 158 号
邮　　　编　100720
网　　　址　http：//www.csspw.cn
发 行 部　010 - 84083685
门 市 部　010 - 84029450
经　　　销　新华书店及其他书店

印刷装订　北京君升印刷有限公司
版　　　次　2017 年 6 月第 1 版
印　　　次　2018 年 5 月第 2 次印刷

开　　　本　710×1000　1/16
印　　　张　17.25
插　　　页　2
字　　　数　296 千字
定　　　价　75.00 元

目　　录

第一章

绪　　论

第一节　研究的缘起及意义

一　研究缘起与问题提出

从中世纪到现代，大学走过了几百年的历史，从传统意义上的"象牙塔"成为了社会经济发展的"动力站"，特别是随着知识经济时代的到来，大学从社会的边缘逐步走向社会的中心，大学与社会的关系越来越为密切。正如英国教育家阿什比所说："现在，大学已成为社会的中心。由于技术的不断发展，大学已成为非常重要的机构，……大学已经引起社会更大的关注，社会也更加依靠他们。"[①] 然而，伴随社会的发展与进步以及大学在社会中作用的日益彰显，当前世界各国大学几乎都面临着急剧变化的社会环境和广泛多样的社会需求所带来的巨大外部冲击，而在内部则面临质量、效率、公平等一系列危机和问题。与此同时，各种社会力量也逐渐渗入大学，加紧对大学的"控制"，以使其成为自己利益的"代言人"，这些问题导致大学内部各利益主体之间的矛盾日渐突出。由此，如何建立和完善有效的现代大学制度，解决大学面临的各种内外部问题，已然成为当前各国普遍关心的一个问题。

然而无论大学如何演变，其治理的方式如何发展，从整个大学治理的历史来看，其内含的一些基本理念如大学自治、教授治校、学术自由等都没有改变过。而当前的大学治理也从最初的单一模式逐步转变为包含多重

---

① ［英］阿什比：《科技发达时代的大学教育》，滕大春等译，人民教育出版社1983年版，第57页。

权力、责任、利益叠加配置的复杂体系。由此，现代大学制度的建立必然要考虑到如何建立合理有效的大学治理结构以及相应的运行机制，创造有利于大学发展的体制环境与机制平台。而作为一种典型的利益相关者组织，大学当前面临的普遍问题是大学应基于何种方式运作才更为合适更为有效？大学应该由谁来控制，是校长还是教授？以谁的利益为重，决策对谁负责？事实上大学的发展和治理有其自身的逻辑，而且随着大学功能的扩展、规模的扩大、社会中心地位的凸显，显示出越来越多的市场逻辑、政治逻辑以及社会服务逻辑等。但是无论如何发展，大学都无法逃离与其自身本质属性相匹配的基本逻辑——学术逻辑。这也是大学之所以成为大学的基本理由。而大学治理的学术逻辑实现的基本路径就是，需要彰显大学学术属性的基本"代言人"——教授群体的作用和地位。显然，无论大学内外部环境如何变化、大学如何发展，大学的本质属性与教授的学术代言人地位以及大学治理内含的学术逻辑不会有根本上的变化。可以说，如何真正体现教授的学术地位，发挥教授在大学中的主体性作用，是各国大学治理改革与实践必然面对的课题。

从世界大学治理的发展来看，教授治校模式在不同时期与不同国家经历了不同形式的演变。从中世纪的巴黎大学开始，到其后的牛津、剑桥，再到19世纪的德国大学，基本上都采用了教授治校的模式。这一时期德国的洪堡大学尤其注重学术自由理念，教授权威也在这得到充分体现，使得德国大学发展成为世界最优秀的大学，其教授治校模式也逐步推广到世界各地。此后，随着德国教授治校理念和模式的引入，以及经过美国本土化的发展，及至20世纪，教授治校逐渐成为美国大学的基本治理模式。当然，美国大学并没有完全照搬德国的模式，而是基于美国大学的传统、实践以及历史和现实的需要发展成独具美国特色的教授治校模式，从而极大推动了美国大学的发展，影响着世界高等教育的理论和实践的不断进步。

事实上，美国大学既坚持了教授治校的优秀传统，体现了大学作为学术组织的特性，又有效协调与平衡了各利益相关者的权力和利益，满足了社会发展的各方面要求，从而保证了大学遵照学术逻辑、市场逻辑、政治逻辑、社会逻辑综合协调发展，使得美国大学成为当今世界最具活力的大学系统。本研究选择美国大学作为研究对象首先是基于研究深化的需要。美国大学研究是当前的热点，但是还未出现针对美国大学教授治校的专门系统深入研究。显然，这对于具有复杂而丰富的美国大学实践远远不够，况且面对"异国文化和体制的障碍"，多国研究难免学力不逮或不够深入，因而选择一国为例有利于研究问题的聚焦与深化。其次是基于美国大学治理模式的代表性和典型性及其在世界上的深远影响力。研究具有改革典范与先锋性质的美国大学有助于理解和把握世界大学治理改革的发展脉络与趋势。

由此，本研究关注的主要问题是：美国大学教授治校的实践是如何演化并最终形成了怎样的突出特色？在大学治理中如何实现美国本土特性和大学学术社团特性的兼容？教师以何种方式、何种程度参与大学的治理实践？如何保证教授权益与其他利益相关者权益的平衡与协调，并最终实现大学有效治理？这些都是本研究需要面对的重要课题，而这也恰是该研究在理论上的进步和发展。

二 研究意义和目的

在借鉴国内外学者研究成果的基础上，本研究将通过理论架构、系统分析对美国大学教授治校进行全面、深入、系统的整体性研究。期望通过本研究能够启迪人们的思考，引发人们对大学教授治校问题的更多关注，促进现代大学制度的研究和建设；为人们系统了解和把握美国大学教授治校模式，以及我国高等教育管理的理论和实践问题提供较全面的述论资料；为人们把握现代大学发展特点和趋势，进行现代大学治理的系统改革提供决策依据和参考。

首先是理论上深化对教授治校的认识。研究美国大学教授治校有利于深入认识和理解现代大学制度。美国教授治校的发展经历了不同的阶段，并最终形成了自己的治校特色，这样的特色是各种因素综合作用的结果，如美国本土环境和历史以及美国高等教育自身的发展所决定的。作为独具美国特色的大学治理模式，美国教授治校兼有大学组织本身的学术社团特性和融合美国的历史、文化与政治特色的本土特性。大学学术社团特性具有推崇科学、民主、知识文化的传统，重视教师为代表的学术权力在校园中的巨大感召力和影响力。而美国本土特性往往体现为三权分立、实用主义、民主与自由、多元化、个性化、开放性、包容性等方面。因而，对美国大学教授治校的实践发展以及规律与理论的探讨有助于我们对美国教授治校的实践认识更为全面，理论认识更为深刻。

其次是从实践上促进我国教授治校模式的构建。当前我国已经开始尝试构建中国特色的教授治校模式。如 2000 年以来国内高校纷纷建立教授会，并试图以去"行政化"为突破口创建现代大学制度；南方科技大学创校伊始就在朱清时院士的带领下，试图创建一所实行"教授治校"的现代大学。可以说，这些努力都是有益的尝试，翻开了我国构建现代大学制度的新篇章。但是也必须认识到，教授治校在我国还存在着认识上的巨大差异，对教授治校的实施模式能否在中国特色的环境下真正实现还存有很多疑惑。如教授治校在我国是否行得通；在我国大学治理中应该如何发挥教授的作用；到底是实行教授治校还是教授治学；是教授治校还是校长治校；教授治校与校长治校、党委领导之间如何协调等。通过对美国大学教授治校的深入系统研究，有助于理清我国大学发展中面临的理念和实践困境，从而有利于我国大学治理改革的进一步推进，为我国现代大学制度的建立和世界一流大学的建设提供参考与借鉴。

总体而言，教授治校研究已然成为一个具有重要理论和实践价值的课题。本研究将有助于厘清大学治理中的一些基本理论和观念，梳理美国大学教授治校的基本逻辑和蕴含价值，深化对于美国大学教授治校的理论与实践认识，并能进一步深化对高等教育的理论认识，有益于当前我国对于美国大学治理模式的实践借鉴，推动现代大学制度的建设和有效的中国特色教授治校模式的构建。

第二节　国内外研究现状

一　国内研究

国内以教授治校为主题的研究最近几年呈现增多的趋势。综合国内对于教授治校的相关研究，主要是分为两个大的方面：一是关于中国教授治校的研究，主要包括教授治校的历史、理论与实践，以及涉及教授治校的学术权力与大学治理方面的研究。这当中偶有论及美国大学的教授治校案例或经验。二是关于美国教授治校的研究，主要是基于美国大学历史、大学章程、评议会或教授会、共同治理、教授终身制、学术自由以及美国大学教授协会等方面的研究。

（一）中国教授治校的研究

第一，关于中国教授治校历史的研究。这类研究基本上是对民国时期的清华北大以及蔡元培与梅贻琦的教授治校理念和实践进行的反思和回顾。如蔡磊砢认为蔡元培时期的北大"教授治校"制度虽然面临合法性的困境，但民主的治校理念、学有专长的教授群体以及蔡元培校长的个性特质为该制度的实现提供了条件。① 袁征对蔡元培民国初年在中国推行教授治校的合理性作了探讨，从中西教育发展差异的角度对其努力未能取得成功的原因作了分析。② 吴锦旗对民国时代北京大学与清华大学的教授治校制度进行了较为系统的历史梳理和分析，指出清华大学教授治校之所以长期存在具有特定历史情境与内在原因。③

第二，关于中国教授治校的合理性和可行性研究。如眭依凡基于教授治校的理论与实践两个方面对教授治校存在的合理性逻辑进行了论述。④ 包国庆认为教授治校具有三个方面的作用，即可以促进国家生产力、民族文化以及高校生产力的发展，这也是其存在的三个基本理由。⑤ 康全礼则将"教授治校"理解为"教授参与治校"，并基于治理理念的角度对其可行性进行了论述。⑥ 欧阳光华则从历史分析的角度探讨了教授治校的源流、模式及其各个时期的演变，提出不同模式的教授治校既有合理性也有局限性。⑦

第三，关于教授治校与教授治学的辨析。这方面的分歧较多。如张意忠认为教授治校已日渐式微，治校的主要内容是"治学"，在我国适合用"教授治学"。⑧ 而彭阳红则认为持"教授治学"论者基本忽视了"教授治校"背后所蕴含的深刻而具有极强针对性的社会价值诉求，这对指导和推进大学变革不利，甚至会导致一些难以预料的消极后果，由此他认为教

---

① 蔡磊砢：《蔡元培时代的北大"教授治校"制度：困境与变迁》，《高等教育研究》2007年第2期。

② 袁征：《中西教育发展的差异与蔡元培推行教授治校的尝试》，《浙江学刊》2002年第6期。

③ 吴锦旗：《民主与自治的典范：民国大学中的教授治校制度——从北京大学到清华大学的历史考察》，《高教发展与评估》2011年第1期。

④ 眭依凡：《教授"治校"：大学校长民主管理学校的理念与意义》，《比较教育研究》2002年第2期。

⑤ 包国庆：《教授治校的理由》，《现代大学教育》2002年第4期。

⑥ 康全礼：《治理理念与教授参与治校》，《理工高教研究》2004年第2期。

⑦ 欧阳光华：《教授治校：源流、模式与评析》，《高教发展与评估》2005年第4期。

⑧ 张意忠：《论教授治学》，博士学位论文，华东师范大学，2006年。

师的权力和作用不能仅到"治学"为止，而应当让其该有的权利都得到彰显。① 赵蒙成进一步提出教授治校与教授治学具有本质区别，教授治学仅仅是教授治校的一个枝节部分，教授治校则是教授治学的必要前提，以教授治学代替教授治校，是我国大学管理体制民主化改革的倒退。② 而杨兴林则对此进行了反驳，他认为教授治学是教授本质内涵的合理延伸，教授治校超越了教授的本质规定，"教授治校"是特殊历史条件的产物，现实中不宜机械照搬。③ 王春燕认为两者的内涵基本一致，都是发挥教授的作用，教授主要是治理学术问题，教授治学是教授治校的体现，教授治校更多地放大了教授的作用。④ 张君辉则提出我国大学教授委员会的本质是"教授治学"。⑤

第四，关于教授治校的实施机制研究。如李建华认为要在我国高校管理中切实实现教授治校，就必须建立以教授委员会制度为核心、校长责任制为基本支撑的民主治校模式。⑥ 于铁流认为应以学院为单位，根据不同的需要设立各种小型委员会，这类小型委员会是教授治校的基础。⑦ 朱慧欣认为必须在学校构建以院系级决策为主体的权力体系，以实现教授治校。⑧ 马洪波与彭强分析了我国大学如何创新内部议事和决策机制，并对教授委员会的运行机制进行了初步设计。⑨

第五，关于学术权力的论述。如周光礼基于对学术权力与行政权力所组成的二元权力结构的分析，提出现代大学制度的发展趋势是从"一人一

---

① 彭阳红：《论"教授治校"》，博士学位论文，华中科技大学，2010 年。

② 赵蒙成：《"教授治校"与"教授治学"辨》，《江苏高教》2011 年第 6 期。

③ 杨兴林：《关于"教授治校"与"教授治学"的再思考——与赵蒙成教授商榷》，《高等教育研究》2012 年第 4 期。

④ 王春燕：《论教授治校与教授治学》，《沈阳大学学报》2011 年第 1 期。

⑤ 张君辉：《论教授委员会制度的本质——"教授治学"》，《东北师大学报》（哲学社会科学版）2006 年第 5 期。

⑥ 李建华：《教授治校的必要性及其管理模式构建》，《现代大学教育》2011 年第 5 期。

⑦ 于铁流：《中国高教改革之管见》，《东北财经大学学报》2004 年第 3 期。

⑧ 朱慧欣：《教育民主化进程中"教授治校"的内涵及实现因素》，《高校教育管理》2012 年第 2 期。

⑨ 马洪波、彭强：《学术权力体系构建与教授委员会运行机制》，《求索》2005 年第 9 期。

票"大学走向"教授治校"大学最终走向"组群"大学。① 查永军认为在我国大学学术管理中客观存在着学术权力与行政权力的冲突，要实现大学的有序发展，就应该对这样的冲突进行管理，而管理的关键是对此采取有效的制衡措施。② 汤萱阐述了高校政治权力、行政权力和学术权力资源配置整合的必然性、原则及途径，提出构建以学术权力为主导的高校权力模式。③ 张艳和梁戈对教授权力作了合理性分析，并对教授的个人权力、集体权力与社会参与权力三者的权力运行方式作了比较。④

第六，关于大学治理的理论和实践研究。这方面的研究有助于理解教授治校或教授在大学治理中的地位与作用。如李福华对大学治理中的几种理论进行了系统梳理，提出了构建我国现代大学治理结构的建议。⑤ 刘向东和陈英霞对大学治理结构进行了剖析。⑥ 罗泽意指出在我国当下现实语境之中，大学治理具有"弱利他主义"的大学治理性格，要想实现大学治理，必须努力促进高等教育管理权向公众权利的合理多元回归。⑦ 郭卉从权利与大学治理的内在关联角度对中国大学治理变革中的重要问题进行了梳理，提出了中国教师权利的表达和实现机制。⑧

（二）美国教授治校的研究

第一，关于美国大学教授治校的研究。葛春霞以哈佛大学与耶鲁大学为案例，对美国大学教授治校的发展进行了梳理并分析总结了美国教授治

---

① 周光礼：《问题重估与理论重构——大学"学术权力"与"行政权力"二元对立质疑》，《现代大学教育》2004 年第 4 期。

② 查永军：《中国大学学术管理中的学术权力与行政权力冲突研究》，博士学位论文，华中科技大学，2009 年。

③ 汤萱：《基于治理视角的中国公立高校权力整合机制研究》，博士学位论文，武汉理工大学，2007 年。

④ 张艳、梁戈：《西方大学教授权力的合理性分析及比较》，《比较教育研究》2000 年第 6 期。

⑤ 李福华：《大学治理的理论基础与组织架构》，教育科学出版社 2008 年版，第 284 页。

⑥ 刘向东、陈英霞：《大学治理结构剖析》，《中国软科学》2007 年第 7 期。

⑦ 罗泽意：《大学治理的逻辑与性格》，《高教探索》2010 年第 3 期。

⑧ 郭卉：《权利诉求与大学治理——中国大学教师利益表达的制度运作》，博士学位论文，华中科技大学，2006 年。

校的经验教训。① 这是专门以美国大学教授治校为主题的研究，是一次有益的尝试。孟令国考察了美国大学教师参与学术管理的历史与现状，并结合我国国情，对我国高校学术管理的改革提出了一点建议和意见。② 徐峰对美国大学教授治校的历史与发展做了一定的梳理与分析。③ 彭欣光分析了美国大学教授的学术权力。④ 马晓春以耶鲁大学为例对美国大学教授治校的管理理念进行了探讨。⑤

第二，关于美国大学共同治理的研究。如甘永涛对美国大学共同治理的历史、理论、运行机制、价值都进行了有意义的研究，为深入理解美国大学的治理提供了有价值的参考文献。⑥ 于杨从治理理论的角度对美国大学共同治理的理念、结构、过程与趋势进行了探讨，并对中美两国治理结构进行了比较分析。⑦ 王英杰梳理了伯克利大学共同治理制度的历史与发展，分析了加州大学共同治理中教师的职权，探讨了美国大学共同治理面临的挑战。⑧ 黄宗贵介绍了美、英、德、法大学内部治理层次间的关系，以纵向方式说明四国的中央政府、地方政府到大学、学院、系所的职权分配，从而描绘了四国的政府与大学机关间的共同治理概况。⑨ 彭国华与雷涯邻结合共同治理面临的问题对美国大学教授协会（American Association of University Professors，简称 AAUP）等发布的《学院与大学治理的联合声明》进行了反思，提出共同治理中的各利益相关者应该以协调合作的方式

---

① 葛春霞：《美国大学教授治校的理论与实践研究》，硕士学位论文，山东师范大学，2009 年。

② 孟令国：《美国大学教师参与学术管理研究》，硕士学位论文，华中师范大学，2008 年。

③ 徐峰：《西方大学教授治校研究》，硕士学位论文，华中师范大学，2006 年。

④ 彭欣光：《西方大学教授学术权力的比较分析》，《现代教育科学》2006 年第 11 期。

⑤ 马晓春：《西方大学"教授治校"理念及其启示——以耶鲁大学为例》，《全球教育展望》2009 年第 4 期。

⑥ 甘永涛：《美国大学共同治理模式研究》，博士学位论文，浙江大学，2009 年。

⑦ 于杨：《治理理论视域下现代美国大学共同治理理念与实践研究》，博士学位论文，东北师范大学，2008 年。

⑧ 王英杰：《论共同治理——加州大学（伯克利）创建一流大学之路》，《比较教育研究》2011 年第 1 期。

⑨ http：//www. nhu. edu. tw/~society/e – j/89/A39. htm.

来应对新形势下的挑战。①

　　第三，关于美国大学治理的研究。如欧阳光华系统探究了美国大学治理结构的理论基础、历史演进和制度安排，并总结提炼出美国大学治理结构所蕴含的价值。② 谷贤林对美国研究型大学管理中的国家、市场和学术权力的作用和地位进行了深入分析。③ 程北南从经济学的视角对大学治理结构相关问题进行了理论分析，对美国大学治理结构总体情况进行了述评。④ 李奇指出在美国大学治理中，共同治理仍然是指导大学权威决策的首要原则，大学治理文化愈加受到重视，权力制衡原则仍在有效发挥影响作用。⑤ 蒋洪池从政府的影响、董事会治理、大学自治和教职治理四个方面对美国大学治理进行阐述，认为中国大学教职治理"重心"必须下移，并应切实赋予教师在学术事务上的实质性权力。⑥ 王林研究了美国大学面对新经济的挑战在大学内部治理方面做出的改变。⑦ 于杨与张贵新分析了全球化背景下美国大学自治面临的冲击，指出在不断变革的社会中，大学"共治"对大学自身发展、大学使命的完成具有重要的意义与价值。⑧

　　第四，关于美国大学评议会的研究。如刘滨清以几个研究型大学的评议会为案例，从组织制度、职责权限、人员构成和组织机构设置等方面对学术评议会进行了分析。⑨ 马瑶从美国私立大学董事会与教授评议会的权

---

① 彭国华、雷涯邻：《美国大学共同治理规则研究述评——以对〈学院与大学治理的联合声明〉反思为视角》，《高教探索》2011 年第 1 期。

② 欧阳光华：《董事、校长与教授：美国大学治理结构研究》，高等教育出版社 2011 年版，第 251 页。

③ 谷贤林：《美国研究型大学管理国家、市场和学术权力的平衡与制约》，教育科学出版社 2008 年版，第 278 页。

④ 程北南：《美国大学治理结构的经济学分析》，中国财政经济出版社 2009 年版，第 298 页。

⑤ 李奇：《美国大学治理的边界》，《高等教育研究》2011 年第 7 期。

⑥ 蒋洪池：《21 世纪美国大学治理面临的挑战及其对中国的启示》，《比较教育研究》2006 年第 1 期。

⑦ 王林：《新经济时代美国大学治理的改变》，《高教探索》2012 年第 1 期。

⑧ 于杨、张贵新：《美国大学治理变革及其发展趋势》，《黑龙江高教研究》2008 年第 5 期。

⑨ 刘滨清：《美国部分研究型大学学术评议会研究》，硕士学位论文，上海交通大学，2009 年。

力关系入手，探析了美国私立大学管理的成功经验。① 甘宓从管理学的角度对美国公立大学学术评议会的管理模式进行了归纳分析。② 张轶辉基于比较的角度，对美国大学的评议会制度进行了一定的探讨。③ 郭卉以斯坦福大学评议会为基础详细分析了美国大学的评议会组织制度。④ 李巧针则从美国大学董事会、校长及评议会三者权力关系的角度解读了美国大学的治理。⑤

第五，关于美国大学教授协会的研究。如付淑琼深入分析和探讨了美国大学教授协会（AAUP）的历史发展、组织状况及其主要影响。⑥ 陈悦⑦和朱峰博⑧也均以"美国大学教授协会研究"为题，对 AAUP 的组织沿革、特征和现状进行了一定的分析。李红惠探析了 AAUP 能维护美国大学教授权益的原因。⑨ 杨凤英、毛祖桓分析了美国大学教授协会在维护高校教师权利方面的努力。⑩ 甘永涛则认为美国大学教授协会是推动美国共同治理制度的重要力量。⑪

第六，关于美国大学教授终身制度的研究。如顾建民以英、德、美三国为典型个案，对西方大学终身教职制度的历史传统、运行状况和改革动向以及思想资源和基本关系进行比较研究，系统分析了西方大学终身教职

---

① 马瑶：《美国私立大学董事会与教授评议会的权力关系研究》，硕士学位论文，四川师范大学，2010 年。

② 甘宓：《美国公立大学学术评议会管理模式研究》，硕士学位论文，西南大学，2011 年。

③ 张轶辉：《美、德、日三国大学评议会制度研究——兼论我国大学学术委员会制度的改革与发展》，硕士学位论文，东北师范大学，2010 年。

④ 郭卉：《美国大学评议会制度研究——以斯坦福大学为例》，《比较教育研究》2005 年第 3 期。

⑤ 李巧针：《美国大学董事会、校长、评议会权力关系解析及启示》，《国家教育行政学院学报》2007 年第 11 期。

⑥ 付淑琼：《美国大学教授协会研究》，博士学位论文，浙江大学，2009 年。

⑦ 陈悦：《美国大学教授协会研究》，硕士学位论文，华中师范大学，2007 年。

⑧ 朱峰博：《美国大学教授协会研究》，硕士学位论文，吉林大学，2008 年。

⑨ 李红惠：《美国大学教授联合会（AAUP）为何能维护美国大学教授的权益》，《现代大学教育》2004 年第 5 期。

⑩ 杨凤英、毛祖桓：《美国高校教师权利的维护——以美国大学教授协会活动为例》，《比较教育研究》2008 年第 2 期。

⑪ 甘永涛：《美国大学教授协会：推动共同治理制度的重要力量》，《高教探索》2009 年第 3 期。

制度的精神实质和发展逻辑，并对学术自由与终身教职、学术责任之间的关系进行了深入的理论探讨。① 李辉对美国教授终身制度的"存废"之争进行了一定的分析，认为对制度进行完善才是最好的选择。② 周文霞则对美国教授终身制的"利弊"进行了一定的分析，认为完善终身制的方法是建立教授终身制度的评估制度。③

第七，关于美国学术自由的研究。学术自由的研究对理解教授治校显得意义重大。如王保星对美国大学教师的学术自由进行了历史的分析与梳理。④ 张棣与李子江对美国大学学术自由的历史发展进行了分析并总结了其特色。⑤ 胡钦晓从文化的角度分析了美国大学学术自由的演进历程。⑥ 刘法虎、王欣、张彦通则对美国大学教师的学术自由与公民自由进行了辨析。⑦ 朱景坤探讨了美国特色的学术自由思想和以终身教职为核心的较为科学完善的学术自由制度保障体系。⑧

第八，关于中美大学管理的比较研究。其中某些内容对美国教授治校有所涉及。如别敦荣对中美两国大学学术管理进行了深入的比较研究，他认为美国大学实行的教授治校，在本质上是一种民主参与权力的实现。⑨ 马万华则以伯克利大学和清华北大为例，比较分析了中美公立研究型大学

---

① 顾建民：《自由与责任——西方大学终身教职制度研究》，浙江教育出版社 2007 年版，第 308 页。

② 李辉：《废除还是完善——从明大之争看美国教授终身制的历史使命》，《西安外国语学院学报》2000 年第 2 期。

③ 周文霞：《美国教授终身制及其对中国高校教师任用制度改革的启示》，《中国人民大学学报》2003 年第 5 期。

④ 王保星：《美国大学教师的学术自由权利：历史的视角》，《高等教育研究》2004 年第 6 期。

⑤ 张棣、李子江：《美国大学学术自由的历史演变与特色》，《湖北大学学报》（哲学社会科学版）2006 年第 1 期。

⑥ 胡钦晓：《美国大学学术自由演绎的文化视角》，《比较教育研究》2005 年第 9 期。

⑦ 刘法虎、王欣、张彦通：《美国大学教师的学术自由与公民自由辨析》，《高教发展与评估》2012 年第 1 期。

⑧ 朱景坤：《美国大学教师学术自由的逻辑基础与制度保障》，《比较教育研究》2012 年第 2 期。

⑨ 别敦荣：《中美大学学术管理》，华中理工大学出版社 2000 年版，第 68—69 页。

的建设和运行。①

二　国外研究

笔者基于"shared governance""faculty governance""academic senate"
"faculty senate""faculty paticipation"等关键词，通过 ProQuest、Taylor &
Francis、JSTOR、Wiley-Blackwell 期刊、SpringerLink、Project MUSE、
PQDT 学位论文、PQDT 全文等外文数据库，同时配合 google scholar 以及
美国高校相关网站进行了全面系统的检索和查阅。搜集并筛选出的有效研
究资料含 20 多本相关著作，20 多篇学位论文，430 多篇期刊论文，以及
若干网站数据和调查报告。这为本研究提供了重要的原文参考资料。同
时，还有一些已经被翻译成中文的高等教育研究著作，这些经典著作对于
理解美国高等教育、大学治理，以及教师在大学治理中的作用等都具有重
要的参考价值。总体而言，这方面的资料较为丰富，研究内容涉及教授治
校、教授会或评议会、共同治理、学术权力、学术自由、大学治理、高等
教育管理等方面。具体而言，国外研究主要集中于以下几个方面。

（一）关于教授治校的研究

迈克尔·米勒（Michael Miller）和朱莉·卡普洛（Julie Caplow）对
美国大学教授治校的历史进行了回顾和分析，并以全国性的视野对美国
大学教师参与大学治理进行了解读，认为尽管面临一些挑战，但是总体
而言教师在大学治理中的作用仍然很明显。② 马丁·芬克尔斯坦
（Martin Finkelstein）等人对 1992—2007 年间的两个调查报告作出比较
分析，论述了美国大学教授治校在此期间的变化与发展。③ 波普（Pope）
与米勒基于对美国 223 所高校的评议会主席或副主席的调查，详细分析
了评议会领导的作用，其调查结果显示评议会领导的素质对评议会的有

---

① 马万华：《从伯克利到北大清华：中美公立研究型大学建设与运行》，教育科学出版社
2004 年版，第 328 页。

② Miller, M. T. & Caplow, J. *Policy and University Faculty Governance*. Information Age Pub.,
2003：163.

③ Finkelstein, M., Ju, M. & Cummings, W. K. *The United States of America：Perspectives on
Faculty Governance*, 1992–2007. Springer Netherlands, 2011：199.

效性有较大影响。① 弗兰克（Frank）分析了教授治校所面临的问题，对其所遇到的挫折与未来走向进行了探究，由此指出教授治校的未来并不乐观，需要认真对待并处理好其面对的问题。② 迈克尔·戴维斯（Michael Davis）对学术自由与教授治校的关系进行了论述，分析了学术自由的必要性以及学术自由与专业评判能力之间的联系，认为学术自由应该建立在专业能力的基础上，也只有这样教授治校才是令人信服的。③ 斯科特（Scott）提出教授治校正处于垂死的边缘，特别是在公立高校，认为在这个变化的环境下，教师必须准备好为了他们的学术使命，运用"必要而适当的"权力以迎接面临的挑战。④ 布伦丁格（Blendinger）、科尼利厄斯（Cornelious）与麦格拉斯（McGrath）描述了共同治理制度在密西西比州立大学教育学院中的建立过程，从学院教师与院长的关系以及学院教师委员会的作用、构成与运行过程等方面论述了教授治校的意义及其对于实现共同治理的作用。⑤ 拉里·格伯（Larry Gerber）论述了专业化的教师队伍对于学术自由和教授治校的基础地位，认为学术自由与教授治校是完全连接在一起的两个概念，专业化是实现教授治校与学术自由的基本理由，并基于研究型大学的兴起和教授治校的历史发展对专业化的地位和意义作了深入的分析和回顾。⑥ 莫提默（Mortimer）对加州大学伯克利分校、明尼苏达大学、宾夕法尼亚州立大学、弗雷斯诺州立学院的学术评议会结构、运行和典型特征进行了比较，由此提出了如何保持多数人治理和少数人权利最佳平衡的问题，并对评议会的运行给出了一些建议。⑦ 霍林格

---

①　Pope, M. L. & Miller, M. T. A *National Profile of Faculty Governance Leaders in Higher Education*. Academic Rank. 1999.

②　Frank, R. K. *The Clouded Future of Faculty Governance*. Educational Forum. 1978：233 – 243.

③　Davis, M. *Academic Freedom, Impartiality, and Faculty Governance*. Law and Philosophy, 1986, 5（2）：263 – 276.

④　Scott, J. V. *Death by Inattention*：*The Strange Fate of Faculty Governance*. Academe, 1997, 83（6）：28 – 33.

⑤　Blendinger, J., Cornelious, L. & McGrath, V. *Faculty Governance*：*The Key to Actualizing Professionalism*. Administrator Effectiveness 1998.

⑥　Gerber, L. *Professionalization as the Basis for Academic Freedom and Faculty Governance*. AAUP Journal of Academic Freedom, 2010, 1：1 – 26.

⑦　Mortimer, K. P. *The Structure and Operation of Faculty Governance*：*Who Rules and How？* Higher Education, 1971.

（Hollinger）以加州大学伯克利分校评议会与密歇根大学评议会为案例，分析了两校教授治校的传统，比较了两校不同的教授治校模式，指出了教授治校面临的障碍以及未来教授治校发展的可能趋势。① 梅特兰（Maitland）与罗迪斯（Rhoades）对工会与教授治校的关系、工会对教授治校的影响进行了论述，指出教师必须结合使用治校与集体谈判的权力，两者具有互相补充和互相支持的作用。② 谢弗（Schaeffer）则针对评议会的有效性问题，分析了教授治校的历史变迁和现状，并对美国州立大学的评议会进行了实证调查和数据分析，在此基础上分析了评议会的运行状况、州立大学评议会主席和校长之间的关系，总结了评议会应该拥有权力的合适程度，并对如何处理评议会和工会之间的关系提出了建议。③

（二）关于教授参与大学决策的研究

弗洛伊德（Floyd）分析了教师参与决策的理论依据，论述了评议会如何在大学决策中发挥作用，并指出教师参与决策面临着新挑战，认为教师和管理者之间要更好地协调好关系，并对如何提高教师在大学决策方面的满意度给出了建议。④ 布朗（Brown）考察了教师参与大学决策及其与大学性能之间的关系，基于对大学教师参与决策的综合性数据分析，认为教师对大学决策控制的增多将会导致大学绩效的下滑，结合对大学治理方面文献的分析，他进一步提出教师参与大学治理的最佳水平应该因不同决策类型而异，教师参与决策本身没有好坏之分，教师参与大学治理的效果应该根据教师参与决策的具体类型而定。⑤ 卡罗尔（Carroll）等人认为教师参与决策过程可以提高研究生的入学率和学术质量，减低管理者对大学非学术项目过度投资而带来的负面影响，教师参与大学决策可以提高大学

---

① Hollinger, D. A. *Faculty Governance, the University of Califorina, and the Future of Academe.* Academe, 2001, 87（3）: 30 - 33.

② Maitland, C. & Rhoades, G. *Unions and Faculty Governance.* The NEA 2001 Almanac of Higher Education, 2001: 27 - 33.

③ Schaeffer, M. A. *The State College Academic Senate: Architect or Artifact of Faculty Governance?* Columbia University, 1991.

④ Floyd, C. E. *Faculty Participation in Decision Making: Necessity or Luxury.* International Journal of Ethics, 1985, 5（1）: 1 - 16.

⑤ Brown, W. O. *Faculty Participation in University Governance and the Effects on University Performance.* Journal of Economic Behavior and Organization, 2001, 44（2）: 129 - 143.

教育质量，哪怕是在财政紧缩时代。① 布伦南（Brennan）基于对四所研究型大学教师评议会的质性个案研究，在对评议会主席、董事会和校长对于教师参与大学共同治理渠道之观点进行调查之后，认为可以采用学校委员会的形式以保证所有教师在一个更传统的治理结构中实现良好的共同治理，作者采用四种基本理论分析了大学治理中的各种委员会，认为评议会组织并非唯一的教师参与共同治理的方式，而在教师以其他方式更多参与共同治理之后，评议会组织反而会更为有效和更具代表性。② 弗鲁姆金（Frumkin）在对密歇根州立大学章程的发展进行比较分析后，认为虽然不同时期的章程导致大学治理结构上的变化，但这并没有影响到学校的决策过程，校内各群体对参与大学治理的需求也并不受到治理结构的影响，所以不应该把重点放在大学治理结构上，而应该更多注重如何在大学治理过程中达成一致。③ 邓肯·霍尔（Duncan-Hall）考察了教师参与加州社区学院学校规划的本质和范围，研究了教师在学校规划方面遇到的来自学校层面的有利或不利因素，在对 107 所加州社区学院评议会主席和校长的深度访谈和实证调查的基础上，重点比较分析了这两者对于教师参与大学规划的观点，由此认为缺乏信任和交流、缺乏全局视野、缺乏运作策略、教师职责不明、缺乏校长支持以及缺乏激励措施，是当前教师参与规划面临的主要障碍，所以他建议要重建尊重与信任、建立教师参与的激励机制、选举能干的评议会领导以及给予充分的资源配置。④ 弗洛伊德基于一般组织理论对教师参与大学决策进行了分析与评估，在此基础上对教师参与决策的基本原理、参与的不同类型、学术评议会的参与状况、参与的有效领域、大学系统与州立大学的参与、参与的中心化与去中心化、不断增加的

① Carroll, K. A., Dickson, L. M. & Ruseski, J. E. *Modeling the University Decision Process: The Effects of Faculty Participation in University Decision Making.* UMBC Economics Department Working Papers, 2010.

② Brennan, M. K. *Beyond the Senate: College and Senate Leaders' Perceptions of Campus-wide Committees as Venues for Faculty Participation in Shared Governance.* State University of New York at Buffalo, 2007.

③ Frumkin, J. R. *A Study of the Development of the Structure of Faculty Participation in University-level Governance at Michigan State University.* Michigan State University, Dept. of College and University Administration, 1983.

④ Duncan-Hall, T. L. *Faculty Participation in Institutional Planning in California Community Colleges: Theory and Reality.* University of California, Berkeley, 1993.

教师参与与教师满意度之间的关系等问题都进行了较为细致而系统的研究，他的结论是教师参与是必要而有价值的，并且认为要在四个方面加强教师与管理者之间的合作和沟通，即重建学院社团基础、塑造咨询框架、增强信息有效沟通以及促进群体协商。[①]

（三）关于共同治理的研究

巴尔肯（Balkun）针对当前共同治理面临的各方质疑，认为任何组织与治理模式都不是完美的，关键是要积极提出自己的应对措施，提出改善共同治理有效性的战略措施，由此他认为：要确保教师领导的一致性，培养教师领导力；达成对共同治理战略目标的共识；建立与董事会的有效联系渠道；设立与管理者的定期会议机制；保持明确而清晰的目标；保持必要的外部联系并为我所用。[②] 朗兰（Langland）认为只有教师接受变革，挺身而出迎接面临的挑战，共同治理才可以发挥作用；为达到有效的共同治理，教授应该主动积极地引导大学变革，而不只是面对挑战唉声叹气。[③] 保罗（Paul）认为共同治理已然具有全球化的趋势，并在调查研究和数据分析的基础上对共同治理全球化的内涵、演变、方式、影响进行了国际比较研究，提出了改善共同治理的一些方式。[④] 蒂尔尼（Tierney）认为共同治理概念是 20 世纪学术组织中一个显著主题，基于对共同治理的文献研究，他对共同治理的相关问题进行了分析，并提出了可能的解决路径，最终对共同治理进行了文化分析。[⑤] 赖特·桑德斯（Wright-sanders）基于数据调查与访谈结果的分析，对共同治理中的董事、管理者、评议会领导与教师协会的不同观点进行了比较分析和评述，认为由于这四类群体代表不同的利益与立场以及具有不同的治理方式与历史，因而很难建立一

---

① Floyd, C. E. *Faculty Participation in Decision Making*：*Necessity or Luxury*？Association for the Study of Higher Education, 1985.

② Balkun, M. M. A. *Making Shared Governance Work*：*Strategies and Challenges.* Pedagogy, 2011, 11（3）：562 – 569.

③ Langland, E. *Shared Governance in an Age of Change.* Pedagogy, 2011, 11（3）：554 – 557.

④ Paul E. Pitre. *The Globalization of Shared Governance*：*Implications of the International Study of Higher Education Governance.* http：//ednet. kku. ac. th/-edad/research_ globalization%20governance. pdf.

⑤ Tierney, W. *A Cultural Analysis of Shared Governance*：*The Challenges Ahead.* Higher Education：Handbook of Theory and Research, 2005：85 – 132.

个完全融合协调的共同治理模式。① 利奇（Leach）对变化环境下的共同治理进行了论述，分析了当前共同治理面临的障碍、观念冲突以及教师评议会在共同治理中的作用，最后认为教师评议会应该通过治理结构中的权力和治理文化方面的影响力，真正发挥其在共同治理中的作用。②

（四）关于学术权力的研究

约翰·范德格拉夫针对美国等七国高等教育的学术权力结构作了专题研究和比较分析，对这些国家高等教育体制的特征与决策模式的变革进行了论述，并进一步明确阐释了学术权力的概念与内涵。③ 其中对美国大学的学术权力以及美国高等教育管理体制的解读对本研究具有重要参考价值。克拉克（Clark）与尹（Youn）对美国大学、欧陆大学与英国大学的学术权力形式、结构、本质进行了比较分析，认为从本质上讲，欧洲大学与英国大学的学术权力是垄断性的，而美国大学的学术权力是多元参与性的。④阿尔弗雷德（Alfred）基于大学有效治理与权力共享的关系，对美国大学教师与学生在大学治理中的学术权力进行了比较分析，认为教师要充分发挥自己的潜在权力，建构新的大学权力共享模式，以面对外部环境的挑战。⑤

（五）关于学术自由的研究

沃特·梅兹格通过对学术自由问题的回顾和展望，全面展示了学术自由的发展历史，揭示了学术自由的含义以及学术自由与大学自治、学术责任之间的关系。⑥ 德里克·博克对学术自由、学校自治和国家要求、大学

---

① Wright-sanders, B. *A Comparison Among Perceptions of a Shared Governance Environment by Trustees, Administrators, Academic Senates, and Facutly Associations*. The University of San Francisco, 1997.

② Leach, W. *Shared Governance in Higher Education*: *Structural and Cultural Responses to a Changing National Climate*, Ssrn Electronic Journal 2008.

③ ［加］约翰·范德格拉夫等编著：《学术权力——七国高等教育管理体制比较》，王承绪等译，浙江教育出版社2001年版，第218页。

④ Clark, B. R. & Youn, T. I. K. *Academic Power in the United States*: *Comparative Historic and Structural perspectives*. American Association for Higher Education, 1976.

⑤ Alfred, R. L. *Power on the Periphery*: *Faculty and Student Roles in Governance*. New Directions for Community Colleges, 1985（49）: 25 – 39.

⑥ ［美］沃特·梅兹格：《美国大学时代的学术自由》，李子江、罗慧芳译，北京大学出版社2010年版，第267页。

的目的和社会责任等进行了深入分析和探讨。① 波契（Poch）综合分析了
学术自由的具体法案和相关文献，着重探讨了学术自由的基本理念、基本
原理、法律权利以及学术权力与学术责任的关系等相关问题。② 蒂尔尼对
学术自由与教授终身制度之间的关系进行了分析，认为教授终身制度能够
确保学术自由，学术自由与民主的理念一样具有永恒的意义，并基于对学
术生活解析的角度对学术自由与教授终身制度的关系作了一定的描述与
分析。③

（六）关于美国大学治理的研究

埃伦伯格全面分析了影响美国大学治理的各类因素，如教师与学生是
否参与集体谈判；董事会、行政人员以及教师在大学共同治理中的角色；
董事会成员的遴选方式及范围；州政府在大学治理中的作用与角色；大学
的财政支持与学术目标之间的关系等。④ 亨利·罗索夫斯基分析和描述了
大学中的重要群体——教授、行政管理者与学生，认为这些群体应该加强
沟通和理解。⑤ 乔治·凯勒以美国主要的教育家和规划专家关于大学战略
与规划的理论和实践为基础，阐释了大学管理变革的具体要求和规划理论
与方法的最新成果。⑥ 罗伯特·伯恩鲍姆对大学运行模式进行了详细的分
析，将大学运行模式分为学会组织模式、官僚组织模式、政党组织模式、
无政府组织模式、控制组织模式，综合分析了大学有效治理的影响因素，
提出了改善大学治理的应对策略与方法。⑦ 迈克尔·夏托克认为要实现成

---

① ［美］德里克·博克：《走出象牙塔——现代大学的社会责任》，徐小洲等译，浙江教育
出版社 2001 年版，第 352 页。

② Poch, R. K. Academic Freedom in American Higher Education：Rights, Responsibilities and
Limitations. ASHE-ERIC Higher Education Report No. 4. 1993.

③ Tierney, W. G. Academic Freedom and Tenure：Between Fiction and Reality. *The Journal of
Higher Education*, 2004, 75（2）：161 – 177.

④ ［美］埃伦伯格：《美国的大学治理》，沈文钦、张婷姝、杨晓芳译，北京大学出版社
2010 年版，第 258 页。

⑤ ［美］亨利·罗索夫斯基：《美国校园文化——学生·教授·管理》，谢宗仙等译，山东
人民出版社 1996 年版，第 267 页。

⑥ ［美］乔治·凯勒：《大学战略与规划：美国高等教育管理革命》，别敦荣主译，中国海
洋大学出版社 2005 年版，第 290 页。

⑦ ［美］罗伯特·伯恩鲍姆：《大学运行模式：大学组织与领导的控制系统》，别敦荣主译，
中国海洋大学出版社 2003 年版，第 249 页。

功的大学管理，需要整合大学管理的特色，同时在管理风格上融合宽广的视野与创业激情，要在保证自我主导的机构自治基础上，加强学校各部门之间的联系与协调。① 罗伯特·波恩鲍姆②对在大学管理方面担任正式领导职务的人，包括大学董事会成员、高级行政管理人员、学校里各院系所的领导等进行了详细的论述。③ 此外，罗伯特·波恩鲍姆还对美国大学治理方面的新思想新方法进行了细致的论述。④

（七）关于美国高等教育的研究

如约翰·布鲁贝克对美国大学的理念与治理进行了一定程度的分析，深入探讨了美国高等教育管理的哲学逻辑。⑤ 罗伯特·M. 赫钦斯讨论了美国高等教育所面临的外部环境、两难困境，从普通教育的角度论述了什么是高等教育。⑥ 菲利普·阿特巴赫以及罗伯特·伯达尔介绍了21 世纪将持续影响高等教育的种种力量，并在讨论财政、科技、学术自由或者经典时得出结论：引导教师、学生与行政领导人员努力的方向，关键在于了解大学与外在力量之间复杂的互动关系。⑦ 詹姆斯·杜德斯达以及弗瑞斯·沃马克对社会和高等教育中促进变革的因素做了整体论述，并深入、理性地分析了公立大学的经费投入体制、外部关系、内部管理、教育教学、未来发展趋势等问题。⑧ 大卫·科伯对市场化给

---

① ［英］迈克尔·夏托克：《成功大学的管理之道》，范怡红译，北京大学出版社 2006 年版，第 220 页。

② 此处的罗伯特·波恩鲍姆即为前文的罗伯特·伯恩鲍姆，均为 Robert Birnburm，不同译者译法稍有区别。

③ ［美］罗伯特·波恩鲍姆：《学术领导力》，周作宇译，北京师范大学出版社 2008 年版，第 209 页。

④ ［美］罗伯特·波恩鲍姆：《高等教育的管理时尚》，毛亚庆译，北京师范大学出版社 2008 年版，第 221 页。

⑤ ［美］约翰·S. 布鲁贝克：《高等教育哲学》，王承绪等译，浙江教育出版社 2001 年版，第 189 页。

⑥ ［美］罗伯特·M. 赫钦斯：《美国高等教育》，汪利兵译，浙江教育出版社 2001 年版，第 193 页。

⑦ ［美］Philip G. Altbach 和 Robert O. Berdahl 等：《21 世纪美国高等教育：社会、政治、经济的挑战》，杨耕、周作宇译，北京师范大学出版社 2005 年版，第 485 页。

⑧ ［美］詹姆斯·杜德斯达、弗瑞斯·沃马克：《美国公立大学的未来》，刘济良译，北京大学出版社 2006 年版，第 204 页。

美国高等教育带来的重大变化进行了描述，比如各个大学为了吸引优秀学生而进行了品牌化的包装；为提高大学知名度与吸引力而对一些明星教授开出"天价"工资；一些学术成果进行市场化交易；一些由纳税人资助的学术研究成为获取市场利益的专利等。① 路易丝·莫利认为高等教育的质量本身就是一种政治技术，作为一种权力发挥着作用，并试图揭示出大学教师和管理者经历过的各种质量要求及方式。② 科恩全面展示了三个世纪以来美国高等教育的发展历程，详尽探讨了自殖民地时期开始直到 20 世纪 90 年代末期美国高等教育的发展趋势，总结了其在大学招生、教师专业化、课程发展、公共经费、科学研究、高等教育绩效等方面的发展特点。③

综合以上国内外历史文献的分析可以看出，国内外涉及教授治校的研究内容已经非常丰富，这些研究客观上为本研究的开展提供了学术认知基础，拓展了学术视野，启发了学术思考。

总体看，国外更多从跨学科和多学科的视角，从教育学、心理学、管理学、法学、社会学、经济学、文化学等角度进行了多样化的深度研究。在研究方法上已经形成案例研究、院校研究、实证研究和质性研究的结合，其研究内容也具有多样化的特点，既有大型的跨国比较研究，也有个别的学校运行机制研究，既有教师组织发展研究，也有教师个体行为研究。显然，国外相关教授治校的研究已呈现体系化发展的态势。但是国外对于美国大学教授治校的系统梳理与深入的理论探究很少，从笔者对前述数据库的检索看，尚未发现有专著或博士论文对此进行系统而专门的深入探究。

而在我国，最近几年大学治理和教授治校成为国内学界和公众关注的热点话题，很多学者也对此进行了探讨。总的来看，国内涉及"教授治校"的研究内容丰富、主题明确、视角多样，著述甚多，如在教授治校、教授治学、终身教职、学术自由、学术权力、共同治理、大学治理等方面都出现了一些比较系统而深入的研究。但是涉及"美国教授治校"的研

① ［美］大卫·科伯：《高等教育市场化的底线》，晓征译，北京大学出版社 2008 年版，第 297 页。

② ［英］路易丝·莫利：《高等教育的质量与权力》，罗慧芳译，北京师范大学出版社 2008 年版，第 205 页。

③ ［美］科恩：《美国高等教育通史》，李子江译，北京大学出版社 2010 年版，第 424 页。

究则有主题针对性不强、内容不够丰富、视角不够多样、理论分析不够透
彻等问题，并且还存在很多对美国大学教授治校的误解或片面理解。因而
当前研究更多体现出经验式零散描述多、系统的理论分析少，局部因素研
究多、整体结构研究少等特征。

　　显然，尽管美国大学教授治校的模式和实践已经突出体现了美国大学
治理的特色，然而针对美国大学教授治校的系统深入研究还仍然欠缺。为
此本研究从历史梳理、结构探究、机制分析、制度反思、理论透视等方面
进行系统而深入的整体性研究，可以说是填补了这一方面研究的不足，具
有一定的创新性。

第三节　核心概念的界定与辨析

一　教授治校与教授治学

（一）教授治校

　　所谓"教授"是一个集合名称。狭义上，"教授"仅指具有教授职称
的教师。所对应的词汇是"professor"。在美国则一般是指（正）教授
（full professor）、副教授（associate professor）与助理教授（assistant profes-
sor）。这些教师统称"教授"（professor），大多拥有终身教职，基本属于
全职（专任）教师。广义上，"教授"包括全职教师和兼职教师，既包括
终身制教师，也包括非终身制教师。在美国的大学教师通常使用"facul-
ty"一词，统称所有任职教学职位的教师，既包括教授、副教授与助理教
授，也包括讲师（lecturer）与教员（instructor）。

　　所谓"治校"，简单说是指治理或管理大学。在英文中，具有"管
理"或"治理"内涵的对应词汇有三个，分别为"administration""man-
agement"和"governance"。从大学管理或治理的角度来看，"administra-
tion"主要是指大学内部的行政人员或行政部门对大学实施的行政管理与
领导；而"management"的含义比"administration"的含义更为宽泛，既
可以指从事企业方面的经营管理，也可以指一般的行政管理，适用于大学
领域则一般指代大学行政人员的日常行政事务的处理等；"governance"本
意是统治，而适用于大学领域，则更多具有治理的意思，指代对于整个过

程的决策与管理。①

从英文的对应词汇来看，"教授治校"一般可以翻译为"professorial governance"或"faculty governance"。而"faculty governance"更为常见，这是与教授治校的内涵演变相联系的。教授治校作为一种传统理念与管理模式发源于 1150 年成立的巴黎大学，此后这一理念与模式在英国大学、德国大学和美国大学中获得了具有不同内涵的发展与演变，并最终形成了英国特色、欧陆特色与美国特色的不同类型的教授治校模式。结合"教授治校"的发展历史和演变趋势，可以从两个方面对其内涵进行基本的解读。从教授治校的传统来看，更多是指教授基本或完全管理大学，大学教授的权威与地位非常高；从教授治校的现代发展来看，更多是指教师群体与大学内部的其他群体共同治理大学，教师参与到大学的决策与管理中发挥教师群体的独特作用。此时的"教授"，其内涵也更为宽泛，更多指代大学的所有教师，而非只是具有"教授"职称的大学教师。

正是基于对教授治校的内涵演变角度，我们可以对现代意义的"教授治校"进行基本的界定："教授治校"就是指教师群体基于一定的组织与程序规范，实质性地参与大学的决策与管理，充分发挥教师的影响与作用，维护学校的自主与自治，实现大学的有效治理。综合各方对于教授治校的研究，可以从以下几个方面对教授治校的内涵进行分析：

其一，教授治校是一个限定性的概念。这主要体现为两个方面：一是从治校的具体领域来看，教授治校并非教师对所有大学事务的管理与治理，而是更多限于学术事务，如教学与研究、课程设置与调整、学术评价、学术规划、教师晋升、学术政策等；二是从教授的作用来看，教授治校并非教师控制或决定治校，而是教师参与到大学治理中来，与其他的治理群体共同实现对大学的治理，也就是说，在大学治理中教师并非唯一的治理主体，也不是大学治理的唯一决定性力量，而是参与性的力量。② 尽管在某些方面，教师的作用无与伦比，但是总体看，教师的作用是有限的。

---

① 马万华：《从伯克利到北大清华：中美公立研究型大学建设与运行》，教育科学出版社 2004 年版，第 79 页。

② 眭依凡：《教授"治校"：大学校长民主管理学校的理念与意义》，《比较教育研究》2002 年第 2 期。

其二，教授治校是一个集合性概念。这包含两个方面。首先，其"教授"为一集合概念，即表示教授团体而非个体。其次，其"治校"为一个集合概念，即治理的是学校中的集体事务，是具有集体代表性的事务，而非个人事务。也就是说，严格意义上看，教授治校是教授这个团体（而并非教授个人，尽管教授个人拥有学术自由权、建议咨询权以及专业学术权威等）以一种组织的方式（如教授会等）对大学中的集体事务（而非个人事务，即使个人事务也须以集体评议的方式进行）行使管理权力。正如韩骅认为，"教授治校即教授集体全权管理大学事务"。①

其三，教授治校是一个差异性的概念。也就是说，教授治校的内涵与实现程度在不同的大学之间是有差异的。这个差异性既可以理解为不同国家内的大学实行不同的治理模式，也可以理解为某一个国家内的不同大学之间具有不同的治理特征。事实上，教授治校本身作为理念是值得借鉴的，但是作为模式和运行机制，则需要考量大学内部权力关系的复杂性，尤其是需要根据大学运行中的内外部各种因素，如大学治理文化、管理体制、政治经济环境、大学规模、历史及传统等方面的因素去综合分析。也就是说各高校应该在考虑各种因素的基础上，因地因时制宜地去探索适合各自特色的教授治校模式，"其他高校的做法只能作为一种参考，不能直接搬用"。②

其四，教授治校是一个发展性的概念。不同历史时期具有不同的内涵，从中世纪的教授治校理念和模式到英国模式、欧陆模式再到美国模式，其内涵都有一定的变化。但是不论如何发展，其实质性内涵是不变的，即教授都有权力参与到大学治理中去，只是程度有所变化、方式有所改变而已。教授治校并不意味着教授要完全独占大学的治理权力，不代表所有的事务都需要教授来处理。事实上，任何一类群体都不可以完全独占治校的权力。尤其是当前大学治理中出现了各种利益相关者，大学管理出现了"去中心化"趋势的情形下，大学治理更多是一种利益相关者模式。但是基于教授的学术地位和大学的学术性质，教授在大学治理中的作用不会因为大学治理模式的变化而有本质上的根本变化。教授地位和作用始终是大学作为学术组织的基本保证。

---

① 韩骅：《论"教授治校"》，《高等教育研究》1995 年第 6 期。

② 陈磊：《高等学校学术权力的反思与建构》，《高等教育研究》2002 年第 4 期。

　　其五，教授治校是一种理念，而非一种制度技术。也就是说，教授治校首先是一种大学治理的理念，是大学的基本制度原则，而并非只是一种具体的制度内容或制度技术。① 与学术自由、大学自治一样，教授治校是高于一般层面具体制度之上的价值观层面的内容，是源远流长的大学治理理念与制度原则，对一般性的大学具体制度具有指导性作用。事实上，教授治校已经成为大学治理的基本传统，尽管经历了英国模式、欧陆模式、美国模式等不同典型特征的演变，具体实施制度有了不同程度的改变，但是作为一种治理的理念，仍然广泛影响着世界大学的运作，被各国大学所普遍接受。具体一点说，教授治校并非要求各个大学都完全按照一种治理模式进行运作，而是要求基于教授治校的基本治理理念，按照教授治校的基本制度原则来设计各自大学的具体制度，保证教授在大学治理中的作用与地位，保证教授能够拥有基本的发言权参与到大学决策中去，最终保证大学学术的发展方向与大学机构的学术本质。

　　综上几点，教授治校是指作为一种治理理念与制度原则，有效指导大学治理制度的设计，保证教授群体以一种组织的形式参与大学治理，教授作为一个整体能够有效影响大学的治理与决策，保证教授的权益与大学的学术本质属性。在这样的治理理念与制度设计下，教授能够在学术领域发挥出基本的作用，能够有效参与并决定大学中的重要事务，并形成对其他治理群体的监督与制约作用。基于此，本研究中的教授治校主要指教授以各种集体组织形式如评议会、教授会、工会等参与大学治理，也包括教授以社团协会的形式如美国大学教授协会等来维护教授权益，由此影响大学决策，维护大学学术地位，保证教授权益的实现。总体而言，本研究中的美国大学教授治校，是一种集体治校，是教师参与大学治理，体现的是教师对大学的各种正式与非正式的综合影响力。本研究所论教授治校之"教授"包含所有有权参与到治理中的教师，既包括正教授与副教授，也包括助理教授与讲师；既包括终身教职轨，也包括非终身教职轨及兼职教师。

　　（二）教授治学

　　"教授治学"中的"治学"一词原指学术人员对学术问题的研习。现

---

　　① 王长乐：《教授治校是理念而非管理技术》，http：//www. cas. ac. cn/htm//Dir/2008/01/11/15/56/14. htm.

在人们在讨论大学治理问题时所提的"教授治学"是指教师参与学术相关事务的决策。事实上,"教授治学"乃中国特色的词汇,国外没有与此相对应的词汇。也就是说,"教授治学"是在中国得到逐步发展的一个词语,而并不具有传统意味上的内涵。显然,这是人们在对"教授治校"的讨论及取舍时,针对"教授治校"而提出的一个概念。综合而言,目前对于"教授治学"的内涵论述可以分为两个方面:其一是从更广泛意义上看,教授治学的内容包括教学、科研以及参与学术事务的管理而言的,其二则更多是狭义上的,仅指教授参与学术事务方面的管理。一些学者在论述教授治学的时候,比较多是从狭义上的理解,即认为教授治学的基本内涵是参与学术方面的决策与管理,是一种民主的学者自我管理。①但从具体的治理内容而言,目前比较一致的观点是认为,教授治学的"治学"内容主要体现在四个方面:一是治学科,这是教授治学的首要内容;二是治学术,这是教授治学的根本内容;三是治学风,这是教授治学的特殊内容;四是治教学,这是教授治学的基本内容。② 显然,这些对于"教授治学"的论述更多是围绕治理的内容或范围而进行的,强调的是教授围绕"学"而进行的有关活动。

(三) 教授治校与教授治学的比较

由教授治学与教授治校的概念表述可以看出,二者之间的差异是明显的。从内涵来看,教授治校强调的是教授整体在大学治理中的作用与地位,强调教授集体权力的实现,是从民主治校、科学治校角度提出的,更多是一种理念,而非具体的制度,在设计教授治校制度的时候,更多关涉到大学运行的整体权力架构,而非治校的具体内容。从教授治校的理念来看,所谓"治学科、治学术、治学风、治教学"都是题中应有之义,是教授治校的基本内容,但是并非治理的全部内容,更不是教授治校理念的出发点。教授治校的理念最根本的出发点是要保证大学的学术方向与本质特征,保证大学按照学术的逻辑运行,实现学术的最大利益。而教授治学则更多指向教授在具体的治理内容上需要做的具体事务,尽管其基本内容没有偏离学术的轨道,但从整个大学的运行来看,仅只做到这些治理的内

① 王菊、厉以贤:《国内高校"教授治学"制度设计述评 (2000—2008)》,《现代教育管理》2009 年第 10 期。

② 张君辉:《中国教授委员会研究》,博士学位论文,东北师范大学,2006 年。

容，并不能够保证大学学术利益最大化，因为从指向的重点来看，教授治学仅指学术事务的管理。显然，从权力的架构以及整体理念来看，教授治学中的教授，其作用偏向狭窄的领域，而失去了在整个大学权力架构中的地位，不能够保证大学的整体发展方向按照学术的逻辑运行，在整体权力结构中，也不具有监督及制约其他权力主体的地位与作用。事实上，如果教授失去了对其他权力的监督与制约，失去在整个大学治理中的地位，那么在学术领域中的所有治理权力也难以得到有效保证。此外，从大学治理历史与比较的视野来看，作为中国特色的"教授治学"，既不具有世界典型先进性，也不具有历史优良传统性。这既不符合教授在大学治理中的本体地位，也与传统的大学理念不相一致。而"教授治校"则是自大学诞生以来就得到了不同大学类型与治理模式的认可，历经数百年的发展而经久不衰，极大地影响着世界各国大学的发展。一直以来世界优秀大学基本都以教授治校为基本理念，这足以证明，教授治校是经得起历史考验的经典而优秀的治理理念。因而，本研究认为，不论是从历史发展的角度还是从大学运行的整体逻辑看，"教授治校"比"教授治学"更为贴切大学治理的基本内涵与实践，基于本研究的出发点以及对照美国大学的实践，本研究认为采用"教授治校"一词更为适当。

二　大学与大学治理

（一）大学

大学本身是个发展性的概念。中世纪的大学因为其行会的性质被雅斯贝尔斯定义为"一个由学者和学生共同组成的追求真理的社团"。① 中世纪大学的主要职能是教学，因此大学也就是传授一般学问的场所，正如纽曼所称"大学是探索普遍学问的场所"。② 洪堡则将大学视为高等学术机构，是学术机构的顶峰。弗莱克斯纳认为大学是"学问的中心，致力于保存知识，增进系统的知识，并在中学之上培养人才"。③ 及至近代，大学逐步发展成为一个直接为社会服务的机构。而到了现代，在美国出现了科

---

① Kad Jaspers. *The Idea of the University*. London Peter Owen Ltd，1965：19.

② John Henry Cardinal Newman. *The Idea of a University*：*Defined and Illustrated*. Loyola University Press，1987：464.

③ Abraham Flexner. *Universities*：*American*，*English*，*German*. Oxford University Press，1930：230.

尔所谓的"拥有多元目标、多元权力中心、为多元顾客服务"的"多元化巨型大学"。[①]

当前，按照卡内基教学促进委员会 2000 年对美国大学的分类标准，美国高校可分为研究型大学、授予硕士学位高校、授予本科学位学院、社区学院、专业学院、部落学院等六类。[②] 其中研究型大学分为两大类，一类是综合性研究型大学，这类大学提供本科至博士阶段的教育，每年至少需要能够在 15 个专业领域共授予 50 个博士学位；第二类研究型大学也提供本科至博士阶段的教育，每年至少能够授予 20 个博士学位，或者每年有 2—3 个以上专业共授予 10 个博士学位。

《教育大辞典》将大学分为两类：一是高等学校的一种；二是泛指各种高等学校。[③] 基于"教授治校"在美国各类高校中都有所实践，本研究所论之"大学"一般泛指美国各类高校，但主要仍以研究型大学为主。

（二）大学治理

"治理"概念的提出首先来自于企业问题的研究。1989 年的世界银行报告把治理概念扩展到企业之外，将各种非营利组织如政府、中介组织以及学校都纳入治理研究的视线。因为利益相关者问题、委托代理问题等并不是企业所独有的，而是在任何组织中都存在。因此，这些组织的治理逻辑都是相同的，只是约束条件和治理形式不同而已。卡耐基高等教育委员会将治理定义为"作出决策的结构和过程，以区别于行政和管理"。"大学治理"通常是指大学决策权力在各个治理主体之间的分配及行使问题，这可以从静态和动态两个方面理解。从静态看体现的是一种制度安排，即大学治理规定了具有法定决策权力的机构和职位，以及这些机构和职位的职责范围，各机构和职位之间的权力关系等。这种制度安排又被称为大学治理结构。从动态看体现的是一种机制运行，即大学治理实现在具体事务决策的过程中，以及在此过程中各种人文因素对治理运行和大学决策的影响。因此，大学治理应该包括大学决策的结构和过程两方面，既要体现制度的规范性，又要充分考虑在实际决策活

----

① [美] 克拉克·科尔：《大学的功用》，陈学飞等译，江西教育出版社 1993 年版，第96 页。

② The Carnegie Foundation for the Advancement of Teaching. The Carnegie Classification of Institutions of Higher Education (2000 Edition). 2001.

③ 顾明远主编：《教育大辞典》第 3 卷，上海教育出版社 1991 年版，第 60—61 页。

动中各种复杂因素的影响。

第四节　研究方法

本研究运用系统论的思想与方法，整合文献法、历史研究法、比较研究法以及因素分析法对美国大学教授治校的理论与实践进行系统而深入的整体性分析与探究。

一　系统论方法

系统论认为，系统是普遍存在的，所有系统都具有一些基本的共同特征，如整体性、关联性、时序性、动态平衡性、等级结构性等。系统论的基本思想方法，就是把所研究和处理的对象当作一个系统，分析系统的结构和功能，研究系统、要素、环境三者的相互关系和变动的规律性，并优化系统观点来看问题。① 美国大学教授治校作为一个系统，其历史发展具有动态平衡性与时序性、权力关系具有等级结构性、内外部影响环境具有整体性、核心要素具有关联性，因此从系统论的方法论视角进行综合系统研究，有助于理解美国大学教授治校的发展、机制、组织结构、核心要素、内外部环境之间的相互关系及其内在规律，全面而深入地把握研究主题。

二　文献分析法

文献分析法是一般研究所采用的基本研究方法。本研究涉及大量的研究资料，需要系统查阅、整理与分析。有关美国大学教授治校的资料涉及范围广、资料来源多，本研究的基本工作就是针对美国大学教授治校的中英文相关文献进行整理、分析与提炼。由于条件所限未能深入美国大学进行一线调查，因而本研究的主要信息来源需要依靠大量的外文资料，包括外文数据库与一些外文网站。当然，在研究过程中也会大量借鉴已有的相关中文研究资料。总体而言，文献分析法是本研究采用的基本研究方法。

---

① ［美］欧文·拉兹洛:《系统哲学引论：一种当代思想的新范式》，钱兆华等译，商务印书馆 1998 年版，第 400 页。

三　历史研究法和比较研究法

与其他任何事物的发展一样，教授治校也有一个历史发展的过程，这首先体现在教授治校从中世纪以来历经几次典型的演变，其次是体现为教授治校在美国也经历了几个基本阶段的发展与变化。显然，历史研究的方法是必不可少的。事实上，自始至终，教授治校都处于动态的发展过程中，本研究将教授治校在美国的发展分为萌芽、发展、兴起与稳定四个典型阶段，并对其进行了详细的梳理分析，研究最后部分还对其未来的发展趋势作了基本的展望，可见，历史研究法贯穿于本研究的始终。同时本研究是以借鉴与学习美国大学教授治校的优秀经验为出发点与研究视角，以为中国教授治校的实践与理论提供参考。尽管本研究没有针对性论述中国大学教授治校，但是挖掘美国大学教授治校的理论基础与实践模式，在此基础上深入分析与总结其基本特征与经验，最终都是以中国教授治校的实践借鉴为目的，从这个角度看，本文也运用到了比较研究的方法。

四　个案研究法

美国大学教授治校是一个比较系统而具体的课题，如果仅仅只从历史和宏观的角度进行分析，尚不足以深入理解美国大学的教授治校实践。而选取某些具体案例进行深入分析和解剖，能够更清晰、具体地理解研究的对象。因此本研究在教授治校的运行机制一章，主要分析了加州大学的教授治校运行模式和机制。选取加州大学为案例，主要是基于加州大学教授治校运行机制的成熟，其在美国公立大学中拥有较为典型和较具代表性的教授治校模式。此外，也考虑到中国大学更多是公立大学的性质，便于教授治校模式的比较与借鉴。

五　因素分析法

因素分析法是比较教育学重要的研究方法，从萨德勒提出"校外的事情比校内的事情更为重要"到贝雷迪、霍姆斯、安德森等比较教育学者从不同的角度将因素分析法活用，发展到今天因素分析法已成为一个涉及学科门类多种、应用广泛的研究方法。因此，运用因素分析法对教育问题进行深入剖析，进而找到其形成的原因也成为进行深入研究必备的方法。美国大学教授治校的实践内含很多必要的因素，不仅有理念的因素，如学术自由与学术自治等；也有制度的因素，如评议会制度与教授终身制度等。此外还有经济的因素、政治的因素以及文化的因素。对这些因素的分析和把握不仅体现于具体的章节，而且渗透于整个研究课题之中。可见，分析并把握美国大学教授治校模式的核心要素，对课题的深入开展会有积极而重要的意义。

第五节   研究思路及结构

总体而言，本研究将运用系统论的思想与方法，借鉴伯顿·克拉克的三角协调理论等理论分析工具，对美国大学教授治校的制度演进、治理空间、权力模式、运行机制、保障条件以及发展趋势等进行较为细致、深入而系统的研究，并以法人治理理论、委托代理理论、利益相关者理论和人力资本产权理论为基点对美国大学教授治校中的基本问题进行全面反思和透视。

具体而言，本研究是在分析和界定核心概念的基础上，系统梳理美国大学教授治校的历史发展过程；基于三角协调理论探讨美国大学的内外部权力关系，深入分析美国大学教授的权力空间；基于加州大学教授治校的实践分析，把握美国大学教授治校的运行机制；通过系统分析美国大学教授治校模式及制度保障，掌握美国大学教授治校的核心要素；通过总结美国大学教授治校的基本特征，反思其经验与问题，在此基础上把握美国大学教授治校面临的挑战及未来发展趋势。本研究从法人治理理论、委托代理理论、利益相关者理论、人力资本产权理论的角度对美国教授在大学治理中的地位和权力作出深入系统剖析，基于相关理论的解读，反思美国大学教授治校的核心价值和制度安排，借此观照美国大学教授治校的现实和未来。本研究的基本思路和结构如图 1.1 所示。

本研究主要分七个部分。

第一章绪论部分主要介绍本研究的缘起与背景，论证选题的意义，对教授治校、大学治理等核心概念进行初步的界定，对已有研究进行分析归纳，找出当前研究不足和相关研究的发展，并对拟定的研究方法和研究框架做简要的介绍。

第二章主要是对美国大学教授治校的历史发展进行深度挖掘与解读。

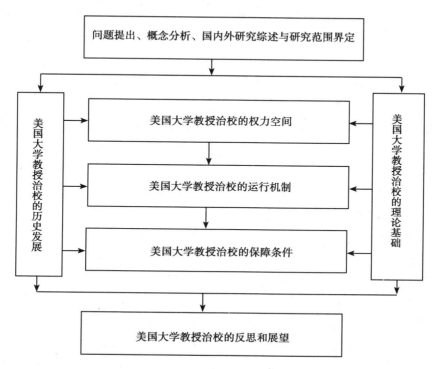

图 1.1 美国大学教授治校研究思路与结构

根据美国大学教授治校产生的社会背景及其理论和实践基础,本研究将美国大学教授治校的历史发展划分为萌芽阶段、兴起阶段、发展阶段与稳定阶段。萌芽阶段教师基本处于无权状态;兴起阶段教师地位开始上升;发展阶段教师权力得到进一步保障,教授治校体系基本成熟;随着 20 世纪 60 年代共同治理的兴起,美国大学教授治校步入稳定阶段,教授与其他权力主体共同开启比较稳定的权力制衡与合作的时代。

第三章主要是对美国大学教授治校权力空间的分析。基于伯顿·克拉克三角协调理论与"权力—目的"理论的分析,探讨美国大学的内外部权力关系,全面分析政府、市场对大学管理的影响和作用,并重点分析大学内部权力主体包括董事会、校长和教授在大学治理结构中的地位和作用。基于对共同治理模式的深入分析,进一步探讨共同治理模式下的教授权力空间,分析并总结美国大学权力模式及其特点。

第四章是对美国大学教授治校组织和运行机制的分析和探讨。本章在对教授治校的组织建制、美国大学评议会的运行机制进行深入分析的基础上，以加州大学学术管理模式与机制为案例，对加州大学及其伯克利分校的组织结构、评议会的职责与权力地位，以及加州大学学术管理运行机制与伯克利分校的教授治校进行深入系统剖析。

第五章主要是对美国大学教授治校的保障条件进行分析和总结。这首先体现为传统和理念的支撑作用，包括大学自治和学术自由理念。教授治校最直接的保障体现在法规方面，主要包括联邦和州政府法规，各大学章程和院系规章。大学章程作为大学自身的宪法是教授参与大学治理的基本法律保障。教授终身制与集体谈判制度为美国大学教授治校提供了制度和机制保证。而为了确保大学学术地位与教授权益，美国大学教授协会等行会组织为此提供了有力的支持，作出了积极而富有成效的努力。

第六章主要是对美国大学教授治校进行深度的理论解读。基于法人治理理论，研究提出大学章程是大学法人治理的基本法律保证，而"法人—董事会"制度是美国大学治理结构的核心构成和关键制度安排；基于委托代理理论，研究提出美国大学董事会制度是典型的委托代理关系，而权力制衡机制是委托代理关系实现的关键；基于利益相关者理论，研究提出美国大学共同治理是典型的利益相关者模式，并分析了利益相关者模式下的教授治校；基于人力资本产权理论，研究提出决策权是大学教师人力资本产权的唯一体现，而教授终身制度具有自己的经济逻辑，是一种基于人力资本的剩余收益分享。

第七章是对美国大学教授治校的反思、总结与展望。研究提炼了美国大学教授治校的六个基本特征。从权力分布范围看，教师拥有较宽泛的实质性治校权力；从权力分布层面看，教师权力充分体现于大学各层级；从权力实施的组织平台看，评议会体系是教授治校的基本组织安排；从权力运行机制看，教授治校的核心特征是权力制衡；从主要权力关系看，教授治校与校长治校共同协作；从治校的根本属性看，是典型参与式民主治校。研究最后对美国大学教授治校所面临的挑战进行反思，并分析展望了其变革趋势。

第二章

美国大学教授治校的历史发展

第一节　萌芽阶段：教授权力很少（1636—1775 年）

美国高等教育肇始于殖民地时期的 9 所学院。每一所殖民地学院都深受宗教和教派影响，每一个教派都对所建立的殖民地学院进行了外部控制。殖民地时期的高等教育是宗教斗争的产物，是宗教势力在学府中的延伸，因而在学院管理、人才培养等方面都带有深深的殖民烙印。在学院管理方面，殖民地学院采用了一套校外人士管理体制——法人董事会的管理模式，主要表现在董事会及校长两个维度上。以校外人士所主导的董事会掌握学院的决策权，校长根据董事会的授权执行董事会的各项决议，负责日常的行政事务。当然，在实际的运作过程中，作为代理人的校长也时常与董事会发生冲突与妥协。在培养目标上，殖民地学院建立初期是以培养教派人士为主，但随着殖民地内部经济和政治的发展，世俗力量对学院的影响不断增强，开始逐渐培养世俗官员和专业人才。这使得学院的毕业生中成为教士的比例日趋下降，说明学院的世俗化在逐渐加强。

殖民地学院实行董事会管理，院长的权力很大，教师的影响力很弱。董事会中唯一的教师代表就是校长，他也为董事会服务。尽管学院建立之时，人们提出在董事会中增加教师成员的代表，然而教师代表很少进入董事会，更谈不上获得自治的地位。这一时期，教师基本处于无权地位，但在随后的发展中教师逐步从董事会手中争取到一些管理学术事务的权力，并为此付出了长期的努力和斗争。

一　殖民地学院教师争取权力的斗争

在整个殖民地时期共建立了 9 所学院。从办学实践看，9 所学院为不同教派控制并服务于各教派利益。包括加尔文教派建立的哈佛学院，圣公会建立的威廉玛丽学院与国王学院，公理会建立的耶鲁学院和达特茅斯学院，浸礼会建立的罗德岛学院，荷兰改良新教会建立的王后学院，长老会建立的新泽西学院，虽然费城学院在创办时未受教派控制，但不久后被圣公会所控制。如表 2.1 所示。

表 2.1   **美国殖民地时期的学院**

原名	现名	建立时间	所属教派	所在地点
哈佛学院	哈佛大学	1636	加尔文教派	马萨诸塞
威廉玛丽学院	威廉玛丽学院	1693	圣公会	弗吉尼亚
耶鲁学院	耶鲁大学	1701	公理会	康涅狄克
新泽西学院	普林斯顿大学	1746	长老会	新泽西
国王学院	哥伦比亚大学	1754	圣公会	纽约
费城学院	宾夕法尼亚大学	1755	圣公会	宾夕法尼亚
罗德岛学院	布朗大学	1764	浸礼会	罗德岛
女王学院	新泽西州立大学	1766	荷兰改良新教会	新泽西
达特茅斯学院	达特茅斯学院	1769	公理会	新罕布什尔

殖民地时期学院的教师本身没有很高的学术水平，也没有体现出大学教师应有的专业化优势，因而在学院管理方面，他们的作用很小，基本没有什么权力。然而，尽管这些教师的力量相对弱小，也难以与作为法人机关的董事会及其代理人的校长相抗衡，但作为学院教育教学的基本群体，受欧洲大学学者行会自治理念的影响，他们自然希望执掌学院的决策权，或者至少在学院的治理结构中占据一席之地。从最早建立的哈佛学院与威廉玛丽学院可以基本了解殖民地学院教师争取权力斗争的历史。

（一）哈佛教师争取权力的斗争

美国历史上的第一所殖民地学院是于 1636 年成立的哈佛学院，这是殖民者为"把古老的英国大学的传统移植到北美的荒野"而由英王授权建立的。哈佛学院的创办者一开始是希望能够在课程设置、教学方式以及大学管理制度方面都完全模仿剑桥大学的伊曼纽学院，但在实际的发展中最后却实行了完全不同于欧洲传统大学治理的大学管理模式。哈佛学院实行两院制（the Dual Board System）管理体制，拥有两个管理机构：监事会和院务委员会。① 监事会由6名包括马萨诸塞殖民地总监、副总监、财政大臣、地方法官在内的地方官员和6名牧师组成，拥有任免校长、筹集资金以及管理学院资产等重要权力。院务委员会由七人组成，包括一个校长、五个评议员（fellows）和1名会计或司库。院务委员会代表学院，并拥有广泛的法人权力与特权，如拥有学院的印章、教职员聘任权、制定学校规章权、起诉权、财产处理与分配权等。但是，院务委员会必须接受监事会的监督，其决定必须由监事会批准方能生效。

　　与牛津与剑桥大学不同，哈佛院务委员会只有五名评议员职位。牛津与剑桥的教师人人都是评议员，评议会从自己的同事中选举代表组成董事会，但是董事会的权力有限，主要是管理财产和捐赠。哈佛首任校长邓斯特显然是希望模仿英国大学治理的模式，让每一个教师都成为评议员，而且没有不住校的评议员。从实际效果看，设置五名评议员与英国大学的情况似乎并未有实质区别，因为自哈佛建校后的一百多年时间里，教师人数几乎从来没有超过五人。学院的收入也远远不能够为五位评议员提供足够的薪水，在某些时候还要让教师和牧师来充任。事实上，哈佛监事会不愿意把学校管理的权力交给这些年轻的教师，原因很简单，就是教学专业没有形成，尚未有足够的教师能够形成团体力量。早期哈佛的教师都是助教，往往都是刚刚毕业的年轻学生，因而曾被称为"助教的学院"，在17世纪里哈佛的助教从未超过三个人，因此住校的评议员也从未超过三个人，而且尽管校长和司库的任期较长，但是由于助教的人员经常变化，这也使得院务委员会常常处于不稳定的状态。

　　哈佛学院的这种双院制管理架构，曾经引起主张教授治校的教师对校外人士主政的不满。哈佛教师曾经于17世纪末试图缩减院务委员会的权力，并要求修改学院的章程，然而最终没有得到英王的批准与支持。1720年，在利弗利特（Leverett）任校长期间，哈佛仅有的三名教师是亨利·弗利特、托马斯·洛比和尼可拉斯·赛弗，这三名教师认为他们都应该进入院务委员会，并认为1650年特许状的目的就是希望能够由住校的院务委员会成员来负责学院的日常管理事务，而这也是英国大学的传

---

　　① Cowley, W. H. & Williams, D. T. *Presidents*, *Professors*, *and Trustees*. Jossey-Bass, 1980.

统。不过最后教师的这一诉求还是没能够得到院务委员会的批准。① 1721年，保守主义人士控制的马萨诸塞议会，为削弱具有自由主义思想的校长利弗利特的权力，起用这三位教师来取代院务委员会中的三位具有自由主义思想的牧师。赛弗主张教师治校，他认为哈佛学院的院务委员会应当只由本校住校教师组成。1721 年，赛弗和新聘教师威廉·韦尔斯蒂德再次将请求呈交监事会，并得到监事会的支持，但这仍然没有得到院务委员会的批准。反而在 1722 年院务委员会试图让波士顿教会的牧师约瑟夫·休厄尔进入院务委员会，相应地监事会则要求选举一名教师进入院务委员会。院务委员会在这样的情况下，选择了教师洛比进入了院务委员会，但这还是没有满足监事会的要求，他们希望进一步讨论赛弗和韦尔斯蒂德的请求，并请求马萨诸塞议会批准学院的三位教师都能够进入院务委员会。当洛比后来辞去教师和评议员职位时，教师们强烈要求院务委员会将赛弗和韦尔斯蒂德聘为其成员，最终这也没有得到院务委员会的支持，反而选举了霍利斯神学教师爱德华·维格尔沃斯替代洛比的职位，这不仅遭到了监事会的反对，也激起教师们将不住校的评议会逐出院务委员会的决心。② 最后，这一诉求被提交给了马萨诸塞议会并举行了听证。院务委员会认为原来的特许状只是规定评议员必须是海外殖民地的居民而并未规定评议员必须住校，而且特许状授权制定学院规章制度的机构是院务委员会而非监事会，它并未将学院的权力和责任授予住校的教师。而赛弗为代表的教师则认为，英联邦范围内的大学传统就是教师都成为院务委员会的成员，而缺乏校内教师的管理会导致教育教学的不完善。由于双方各执己见，最终听证会没有达成一致意见。后来尽管赛弗被监事会选入院务委员会，院务委员会中的教师人数也增加到 3 名，但是赛弗所主张的院务委员会只应由本校教师组成的主张并未实现，后来校外人士反而更多地加入院务委员会了。③ 在很长一段时间内，院务委员会的成员仍然由教师和附近城镇的牧师共同组成。而事实上到 1780 年的时候，除了校长本人之外，院务委员会最终成为了一个完全由非住校人士组成的团体。可以这么说，

---

① Miller, M. T. & Caplow, J. *Policy and University Faculty Governance*. Greenwich, Conn.: Information Age Pub., 2003.

② Cowley, W. H. & Williams, D. T. *Presidents*, *Professors*, *and Trustees*: Jossey-Bass, 1980.

③ Christopher J. Lucas, *American Higher Education*: *A History*, St. Martin's Griffin. New York. 1994.

当哈佛的院务委员会是由教师参与的住校团体时，它并没有获得最终管理权，而当它最后取得管理权的时候，却成为了一个由不住校的人士组成的非教师团体。

（二）威廉玛丽学院教师争取权力的斗争

1693 年威廉玛丽学院从英格兰王室获得授权而建立，董事会被授权为学院立法和确定学院的继任者。但是欧洲传统的教师自我管理得到更为明确的规定。他们成立了由学院教师们组成的教授会。董事会可以选举教授会成员，而且与欧洲大学传统相比，董事会实际上比教授会拥有更大的权力。像哈佛学院的外行董事会一样，学院的外行董事会对其所属的教授会拥有最终的裁决权。威廉玛丽学院的校长被认为是一个"平等中的首席"（first among equals），与学校教师一同合作治理学校。① 然而，教师自治权还是受到了侵蚀，因为董事会把权力分别给了董事组成的机构和教师组成的机构了。最初，董事们被授予任命校长和学院立法权，但是由于后来大学章程规定，最终他们要将这些权力和大学的所有权交给教师。直到1729 年，董事们才不情愿地执行最初章程的规定。这样，董事们回复到作为董事会的背景，而教师也获得了具有传统意义上的基本自治。从1729 年到 1755 年这段时期，比起其他任何一所美国早期学院，威廉玛丽学院大概拥有了更多的自治。当然董事会仍然拥有很广泛的权力。在1757 年的时候，董事会试图解雇一名叫罗宾逊的教师，这导致了其他教师的不满，罗宾逊联合其他教师向主教夏洛克和校监提出申诉。后来，又由于罗宾逊训斥文法学院的招领员而受到董事会的调查，但是其他教师都认为罗宾逊的行为没有违反学院的管理制度。这激怒了董事会，由此董事会宣布解雇所有教师。这个时候威廉玛丽学院的校长道森也支持董事会的做法。尽管在 1763 年的时候，英国枢密院撤销了董事会解雇教师的决定，但是当学院的新教师团体组成后，董事会又宣布拥有对教师行为的调查权，同时也有权任免校长与教师。学院董事会有权制定学院的管理制度与条例，他们认为教师的权力都源于董事会的恩赐，只有得到董事会的批准和允许才可以获得一定的权力。并且董事会还剥夺了教师在学院中进行自我管理的基本权力。这最终导致了教师的极度不满与反对。教师们甚至准

① Miller, M. T. & Caplow, J. *Policy and University Faculty Governance.* Greenwich, Conn.: Information Age Pub., 2003: 163.

备要上诉到作为学院最高监管者的英王那里。最后在教师们的努力下，董事会于 1766 年不得不对学院的管理制度与条例进行了修改，并最终将学院的日常管理权授予教师，这才慢慢平息这一教师解聘风波。[①]

然而，教师与董事会之间的矛盾却并没有完全解决，教师为自己的权益与董事会进行了长久的斗争。到了 1768 年的时候，教师与校长霍洛克斯共同发布声明，着重强调了教师的权力来源于大学章程，而不是董事会给予的额外赏赐。声明认为学院的基本日常管理权力应该属于校长与教师，校长与教师在奖学金与人员聘任等方面拥有基本的决定权，董事会不能干涉校长与教师的日常管理权力，而只拥有管理事务的最后裁决权。最后，虽然威廉玛丽学院的董事会不得不同意了教师在奖学金方面的决定权，但是却仍然对教师所拥有权力的合法性含糊其辞，并且坚持认为学院的章程并不需要修改。[②] 而到了 1769 年的时候，由于校长霍洛克斯与教师之间的关系走向破裂，董事会最终又加强了对教师的控制，甚至开始修改章程以便获得其在学生管理与课程设置等方面的更大权力。

二　教师处于少权状态的原因

殖民地时期学院的教师在学校管理中很少拥有发言权，造成这样的局面，主要是以下两方面原因造成的。

（一）教师自身的原因

首先，不像欧洲中世纪大学本身就是由学者和学生组成的学者行会，教师自我管理免于社会的干预，美国殖民地时期的学院是由不同的宗教团体所建，教师群体在学院创办之后才缓慢形成。这个时期的学院教师往往人数很少，而且基本上都是刚刚毕业的学生，他们对于教师职位不是那么看重，更多希望能够通过教师工作慢慢转变为神职人员，因而任职教师的时间也不会很久。实际上，哈佛建校后直到 1716 年也才三位教师，到 1721 年的时候也只增加到五位教师，也就是说建校后接近一百年的时间里，哈佛的教师都从未超过五人，而直到 1757 年的时候威廉玛丽学院也

---

①　Duryea, Edwin D. *The Academic Corporation：A History of College and University Governing Boards.* New York & London：Falmer Press, 2000：185.

②　Burgan, M. *What ever happened to the faculty? Drift and Decision in Higher Education.* Johns Hopkins University Press, 2006.

仅有四位教师。①

其次，早期的教师都是年轻而没有经验的，他们的地位是过渡期的。学院的建立者、董事和校长不愿意相信他们能够把一个新的不太稳定的学校的命运交给刚刚走出校门的年轻人手里。而且，那时候的校长们，由于他们相对教师而言更为成熟，并且一般都是牧师，拥有了良好的社会地位，能够真正做到"为董事会负责"，也更容易能够将董事会的意愿加入到新进的教师身上去。反过来说，校长支持教师很难获得什么，而支持董事会与教会则可以让学校获得大量的财政和宗教权力资源。

最后，殖民地时期，"学院里的教师除校长之外，大都是临时聘用的教士来担任，他们不同于欧洲大学教师，并不是专业的学者社群，因而往往无兴趣，也无志于参与大学的管理与决策"。② 校长之外的其他内部成员一般都是临时聘用人员，不仅待遇不好，而且没有社会地位。耶鲁学院老院长蒂莫西·德怀特（Timothy Dwight）的第八个儿子亨利·德怀特（Henry Edwin Dwight）曾感叹道，"我们所从事的教育，在大多数情况下，只是一种次等的职业，也是我们学院的毕业生干上几年然后就永远放弃的职业。很多教师只是把这门职业当成通向其他需要学问的职业的垫脚石。"③

事实上，哈佛建校校长邓斯特也曾经试图模仿英国大学董事会的机构，让教师成为董事会的成员，但是由于教师自身在人数、年龄、资历、职位稳定性方面都存在一定的不足，实在难以承担院务委员会的职责，所以院务委员会不得不让牧师来充当其成员，以保证其顺利运行。而且由于土地、校舍以及资金方面需要来自社会各界的支持，否则学校难以为继，所以最终导致教师被排除在学校的控制权之外，而学校的实际控制权则被董事会和校长所掌握。显然，由于教师自身没有形成足够的团体力量，很难凭借自身力量去争取自己的权益和地位。

---

① Brennan, M. K. Beyond the Senate: College and Senate Leaders' Perceptions of Campus-wide Committees as Venues for Faculty Participation in Shared Governance, State University of New York at Buffalo, 2007.

② 陈学飞：《美国高等教育史》，四川大学出版社1989年版，第6页。

③ Richard Hofstadter & Wilson Smith (eds). *American Higher Education—A Documentary History*. The University of Chicago Press, 1983: 305.

（二）董事会制度的影响

尽管美国殖民地学院的创立者大都来自英国，也都熟悉英国学院教师自治的管理模式，但即便他们在创办殖民地学院过程中有仿效英国学院管理模式的意图，而由于缺乏专业化的学者团体，更没有像欧洲大陆那样形成学者行会性质的组织，使得殖民地学院的创建者不得不转向探寻其他形式的大学管理模式。校外人士组成的董事会掌管学校的模式就是在这样的背景下建立起来的。该模式是自上而下地发生作用的，即由创办该院校的团体（主要是教会势力）建立一个上级机构，享有管理大学的所有权力。这一机构然后按照自己的意愿把权力委托给校长为首的管理人员。这时的"校长被认为是董事会的代表，而不是教师中的一员"。① 掌握着控制权力的董事会不仅在物质上而且在思想上都与学院有着密切联系，能够并且愿意对他们所雇用的人在政策方面施加影响，并对他们的行动进行检查，以免其偏离政策。而此时大学的学者由于多种缘故，其身份基本上沦为校董会的雇员，在大学管理过程中难以获得权力。这种局面给当时的大学所造成的负面影响是不言而喻的，不仅妨碍了美国大学学术自治机制的创建，也推迟了大学教师学术意识的觉醒和大学学术职业的形成。

波杰特（Bogert）总结道，美国学院管理与英国不同的原因并不是由于政治或教育理论的差异，而是历史的机遇，即某种场合下教师是学院的赞助者或组织者，某种场合下"非教师人员"是学院的赞助者或组织者。②

总之，美国殖民地学院的建立深受教会的资助和深刻影响，学院的控制权无疑归属于以校外人士为主导的董事会以及作为其代理人的校长，教师们基本不享有参与决策的权力。尽管后来教师们在课程设置以及学生录取等方面获得了一定程度的管理权力，但是教师在董事会中更多是某种象征性的代表，而未能发挥更多的实质性作用。总体而言，殖民地学院时期的教师，他们并不是一种专业性的学者，尽管也担任了一定的教学任务，但是在学院管理方面，他们并没有发挥实质性的作用，可以说基本没有参与学院的管理。

---

① Arthur M. Cohen. *The Shaping of American Higher Edueation.* Jossey-Bass Publishers，1998：85.

② Schaeffer，M. A. *The State College Academic Senate：Architect or Artifact of Faculty Governance?* Columbia University，1991.

第二节　兴起阶段：教授地位开始上升
（1776—1915 年）

　　独立战争使得美国摆脱了英国的殖民统治，确立了比较民主的资产阶级民主体制，国家的独立以及民主体制的建立为美国高等教育的发展创造了良好的政治环境；而独立后美国国土的大规模扩张以及资本主义经济的迅速发展也奠定了高等教育发展的物质基础。这一历史时期，在各宗教教派继续大量新建私立学院的同时，也兴起了建立州立大学的热潮。南北战争铲除了种植园奴隶制度，促使美国由农业国向工业国的历史转变，也为美国新型大学的建立与发展开辟了广阔的道路。而高等教育则有两个重要的事件，一是 1862 年《莫里尔法案》（*Morril Act*）推动了美国现代公立大学体系的形成，大学功能进一步深化。二是约翰·霍普金斯大学建立，开创了美国的新型研究型大学时代。

　　这一时期，在不断的变革与发展中独具美国特色的高等教育体系逐步成型。伴随美国高等教育的大发展，美国高校教师队伍开始壮大，地位逐步上升，职业也出现了专门化趋势。与此同时，教师权力意识逐步增强，为争取更多的学术管理权力，教师与管理者和董事会进行了大量的斗争，并逐步获得了招生、管理和教育学生等方面的权力。这一时期的美国大学教师参与学校管理的实践奠定了美国大学教授治校的基础。

一　教授地位的提升与权力的确立

（一）建国初期教师争取权力的斗争

　　从美国独立到南北战争期间，随着高等教育的扩展与规模的扩大，教师队伍也不断壮大，教师开始作为一个社群不断成长起来。比如在教师数量方面耶鲁学院在 19 世纪初的 20 年间增加了一倍，而哈佛学院与布朗学院的教师也都增长了接近一半的人数，[①] 教师数量的增长为教师向专业化的转变打下了良好的基础，他们开始不再满足于"临时工"的身份。同时，作为学校的基本教学工作者，他们往往需要直面学校的教育教学实践，也最了解学校的教育教学问题与需要，因而他们日渐渴望能够有权决

---

① 陈伟：《西方大学教师专业化》，北京大学出版社 2008 年版，第 102 页。

定学校内部与其利益密切相关的学术政策及其他相关政策。至此，教师和董事会之间的矛盾在 19 世纪后变得日益尖锐。为维护自己的权益，教师们进行了长期而艰辛的斗争。

1824 年，哈佛大学 9 位教授联名向董事会抗议教授被排挤于决策机构之外。为此，董事会于 1825 年召开会议并最终投票作出决定，即教授不应该被排斥于董事会之外。这一决定可以说正式承认了教师有权进入董事会参与大学决策，结束了美国长期以来教授是否应加入董事会的争论。1825 年，哈佛大学吸纳一名教授代表进入董事会，并修改了哈佛大学章程，授予教授在学生考试和选拔、学生活动以及教学方面的权力。1825 年大学章程的修订也确立了学系在大学内部管理中的地位。章程规定各系设系主任，由各系教授轮流担任。同时每个学系必须由正教授组成一个委员会，以负责课程与教学方面的相关事宜。哈佛董事会于 1826 年对大学的章程进行了修订，新章程表明董事会承认要把对学校的外部控制与内部管理区别开来。外部控制指的是学校方针政策的制定以及相关经费资源的分配，而内部管理则指的是教育教学等相关学术事务。对外部控制与内部管理进行区分最明显的一点表现，就是让教师在招生、教学及课程等方面拥有了管理的权力。这样，在哈佛学院开始正式确立了一种由教授会代表教师负责学术事务，由校长负责行政事务，而董事会则负责学校基本方针政策的三权分享管理制度。这样，尽管教师在争取对学校的外部控制中失利了，但是他们却争取到了对学院的内部管理权，从此以后在学校的内部管理方面，哈佛教师们的权力再也没有遇到过大的挑战。[①]

耶鲁在殖民地时代远离欧洲教授治校的传统，把学校的管理权全部交给了校董事会和校长，因而教师参与学院管理的进程较慢，一直到 19 世纪教师参与治理的情况才得到一定程度的改善。到了 19 世纪，随着耶鲁大学的规模开始不断扩大，校内的教授数量不断增加，在耶鲁校长的努力下，教授们开始获得了一些权力。在这方面耶鲁大学的校长蒂莫西·德怀特首先作出了贡献，他建立了耶鲁大学的首个教授会组织。在这个由三名教授组成的教授会中，其中一名教授杰里米亚·戴（Jeremiah Day）后来也成为了耶鲁大学的校长，他进一步重视并充分发挥教授会的作用，学校

---

① Brubacher, J. S. & Rudy, *Higher Education in Transition: A History of American Colleges and U-niversities.* New Brunswick: Transaction Publishers. 1997: 29.

的一些重要事务都要与教授会共同讨论决定，在他的努力并坚持下，教授会在耶鲁获得了极大的成功，耶鲁由此成为美国历史上"最先将权力转让给教授的著名大学"。① 到戴于 1846 年离任校长职位时，耶鲁基本上形成了教授会治校的优良传统与模式，也就是说，董事会作出的任何决定都需要有教授会的建议与支持。随后在西奥多·伍尔希（D. Woolsey）担任校长期间，耶鲁董事会正式承认了教授参与学校管理的权利，并且将这一权利列入校规。这样，教授通过教授会参与学校的治理成为耶鲁的正式制度。耶鲁最终在阿瑟·哈德利（Arthur Hedledy）担任校长时期形成了"教授会立法，校长同意，校董事会批准"② 的管理模式。历史学家皮尔逊曾这样描述耶鲁的"教授治校"："在耶鲁，每个教师都是代表，共和体的活动由每个教师亲自参加。绝大多数事务都是由耶鲁学院的全体教师协商解决。"③ 受到耶鲁大学教授治校模式的影响，美国许多大学也纷纷建立了由全体教授组成的评议会或教授会，负责大学的学术管理。如加州大学、伊利诺伊大学、威斯康星大学、康乃尔大学、密歇根大学以及一些中西部大学都开始效仿耶鲁大学的教授治校模式。

此外，18 世纪后半期，宾夕法尼亚大学的教师逐步获得了一些行政管理与立法方面的权力，而普林斯顿大学也开始形成全体教师参与学校管理为学校服务的传统，并在普林斯顿建校 40 年的时候成立了教师评议会组织，校长与教授参与其中，教师由此在一些学术事务比如教学与课程方面获得了基本的权力。而这一时期的哥伦比亚大学也建立了教师评议会，教师拥有向校长和董事会提供咨询和建议的权力。④ 此后，随着其他的一些高校如霍普金斯、斯坦福、芝加哥等大学相继建立教师评议会组织，教师在大学管理中的作用逐步得到重视，从而在美国逐步形成了教授治校的传统。

建国以后，美国高校内部的决策权呈现出由董事会与校长向教师适度转移的趋势。这种趋势的出现与三个方面密切相关。一是美国建国以后民

---

① ［美］克拉克·科尔：《大学的功用》，陈学飞等译，江西教育出版社 1993 年版，第 15 页。

② 陈宏薇：《耶鲁大学》，湖南教育出版社 1990 年版，第 24 页。

③ 刘永：《耶鲁人的追求》，延边大学出版社 2001 年版，第 321 页。

④ 耿益群：《美国一流大学教师在院校管理中的作用分析》，《外国教育研究》2006 年第 6 期。

主思想和民主制度的发展；二是高等教育的扩展、教师队伍的扩大与力量的增强；三是校长的支持。因为大学校长越来越多地产生于教授群体，这使得他们习惯于倾听教授的声音，能够理解并支持教授参与学校的管理。但这个时期教师争取对学校控制权的斗争还只是在少数的学校。

（二）南北战争后教授权力的确立

南北战争之后的大学出现几个变化：大学规模不断扩大；研究型大学开始出现；各类专业学科及教授职位不断设立。外行性质的董事会对于越来越专业化的学术问题很难进行细致而深入的理解，自然不得不将学术事务的治理权力交给教授们。"董事会将这些活动的主导权移交给教授和其他教师，这种授权在美国大学无一例外"。[①] 这样，基于教师专业化的学术地位与作用，以及董事会的外行性质，加上学术事务的繁杂与大学治理事务的增多，在越来越多的美国大学，教授们逐步参与到大学的治理过程中来，由此取得了学术事务的某些管理权。当然，尽管教授们取得了一定的治理权，但是仍然改变不了董事会的基本法人地位。不过教师地位的改变所产生的影响更多体现在涉及大学的相关法院判决的方面，并一定程度上影响到了大学章程的制定与修改。

康奈尔大学是率先在美国大学设立评议会组织的大学。康奈尔大学深受耶鲁大学教授治校理念与实践的影响，非常重视教授在大学治理中的重要作用。其第一任校长安德鲁·怀特毕业于耶鲁大学，非常了解教师在耶鲁治理中的显著作用，上任伊始就致力于提升教师的治理作用与地位，始终保持与教师的密切联系并善于倾听教师的声音。康奈尔大学董事会于1891年修订并颁布新的大学章程，正式确立了教师参与学校治理的权力。根据该章程的规定，教师的治理角色不再局限于"咨询者"，同时也是"立法者"。教师参与评议会的工作，评议会就学校层面的治理提出自己的建议，表达自己的诉求与愿望，并就一些大学教育政策进行讨论，还可以提交针对特殊问题的报告。基于新的章程规定，评议会成为康奈尔大学教师的法律性代表机构，该校所有教授都是评议会的当然成员。自此，教授们正式拥有了教育教学等学术方面的治理权力，成为了大学治理中的一支重要力量。以至到了康奈尔大学第三任校长舒尔曼（Schurman）时期，

---

① Duryea, Edwin D. *The Academic Corporation：A History of College and University Governing Boards.* New York & London：Falmer Press, 2000：185.

在教育事务方面，校长的影响仅限于对于新教师聘任的最后认定，而且基于其评议会成员的身份，校长逐步成为了董事会与评议会之间的联络人。

芝加哥大学首任校长威廉·哈珀同样毕业于耶鲁大学并在耶鲁工作多年，深受耶鲁教授治校理念的影响。哈珀最初设想建立一个包括少数教授参与的决策理事会，该设想受到从康奈尔大学引入的两名教授的反对，于是他又调整计划并接受这两个教授的建议，仿照康奈尔大学评议会建立了一个包括所有教授与系主任加入的评议会，以负责大学所有教育教学类学术事务的决策。此外他还成立一个由校长担任主席，包括所有学院院长及其他行政管理者加入的理事会，以负责学校的日常行政管理。同时规定，理事会的所有决策与实施都要接受评议会的审查，之后才可以提交给董事会作出最后的批准与决定，而评议会可以对理事会的决策拥有否决权。

斯坦福大学首任校长乔丹同样深受康奈尔大学的影响，他非常认同并尊重教师对于大学事务的治理权。乔丹既成立了理事会，也设立了教师委员会。理事会成员涵盖校长和所有教授、副教授，而教师委员会则只包括十几个教师。斯坦福大学董事会于 1904 年通过了教师组织条款并创设了学术理事会（academic council），所有教师都平等地拥有参与权与投票权，条款授予学术理事会广泛的治理权力与职责，包括制定所有大学规章、条例、规则、招生要求、学习课程和学生毕业条件等。这比很多同类大学评议会的职权更为广泛。

作为美国第一所研究型大学的约翰·霍普金斯大学，首任校长丹尼尔·吉尔曼在 1875 年草拟了一份大学组织计划，对大学教师的权力作出相应的规定。1880 年，霍普金斯大学董事会根据 1875 年吉尔曼草拟的大学组织计划创设了学术理事会，承担指导大学内部事务的主要职责，与校长共同负责大学的学术治理。然而参与大学治理的都是教授，而年轻教师在大学治理中缺少发言权。在这样的情况下，年轻教师希望能够创设新的副教授（associate professor）职位。最终，这样的要求得到大学理事会和董事会的认可，1883 年，霍普金斯大学正式设立副教授职位，从而将美国大学教授的学衔由两级扩展到了三级，即教授、副教授与助理教授。

密歇根大学在 19 世纪后半期一直被视为"州立大学理念"的典范。密歇根大学评议会成立于 1859 年，成员包括几个学院的教授。1906 年，大学评议会又成立评议会理事会（Senate Council）作为其执行委员会，履行评议会的绝大部分功能，但评议会保留了审查和修正其理事会各项行动的权力。密歇根大学教授参与治理的理念与实践对后来的威斯康星大学和伊利诺伊大学产生了非常重要的影响。威斯康星大学在教师治理权方面，几乎完全借鉴了密歇根大学 1837 年特许状的条款。大学全体教师于 1851 年正式组织起来并每周定期举行例会。在教师参与大学治理方面，根据 1869 年董事会修改后的大学章程，规定大学的治理权由理事和教师们共同负责，教师们定期聚会讨论大学内部管理的相关事宜，所有这些问题将由大多数成员投票决定，同时需得到理事们的赞同。伊利诺伊大学董事会于 1895 年通过伊利诺伊大学教师治理计划，重申教师享有对大学的教育政策及其他特别事务总的立法权力。[1]

　　南北战争之后的美国获得资本主义经济的大发展，工业生产与社会变革都需要更多的专业技术人才，从而凸显了科学技术的作用，人们开始重视培养各行各业的专业技术人员，由此导致在大学内的工程师、自然科学家与技术人员获得了良好的社会地位。而在大学内，培养科学技术人才的专业课程开始获得了教师们的认可，具有了与培养法官、医生、牧师等课程同样的地位。也就是说，专业技术类课程获得了校内外的广泛认同，在各种力量的推动下，美国高校掀起了课程改革运动的新高潮，其核心就是实行选修课制度。[2]

　　到了 19 世纪中后期，随着美国大量留学德国人士的回归，越来越多的人在大学中开始推行德国大学的优秀经验，如学术自由、教学与科研结合以及教授治校模式等，从而掀起了学习德国的运动。创办于 19 世纪末的约翰·霍普金斯大学就是在这样的情况下建立的，作为美国第一所研究型大学，该校模仿德国洪堡大学，注重教学与科研的结合。此后，研究型大学在美国相继建立，如斯坦福大学、芝加哥大学等。由此，教师在研究型大学中的作用显著提高，并且开始在大学决策中发挥重要作用，学校董事会也不得不逐步放权给教师，尤其是在一些学术事务的决策方面，教师获得了很多重要的权力。与此同时，各大学纷纷建立教师评议会或教授会组织，代表教师群体参与大学决策，主要负责教师在学术事务包括课程设置、学术评价以及科学研究方面的重要工作。到了 19 世纪后期，随着美

---

[1]　欧阳光华：《董事、校长与教授：美国大学治理结构研究》，高等教育出版社 2011 年版，第 101 页。

[2]　陈学飞：《美国高等教育史》，四川大学出版社 1989 年版，第 96 页。

国大学的规模扩大与教师专业地位的上升，美国大学教师的学术力量逐步发展并达到了一个新的阶段。这时候的大学已经与社会产生越来越多的接触，逐步走入社会的中心位置，而大学董事会中工商业人士与律师开始越来越多，并成为主要成员，改变了之前董事会主要以牧师为主的状况。由此，大学中的主要矛盾也逐步由科学与宗教的矛盾变成科学与财富的矛盾。教师与董事会中的工商业人士在价值观方面的矛盾与对立日益突出，而矛盾激发的后果最直接的表现就是董事会可以随意解雇教师。由此，教师们的职业安全问题与学术自由问题开始凸显。教师们开始认识到必须成立有力的全国性教师组织，以保证教师的职业安全与学术自由，保证教师们参与大学管理的权力。由此，在霍普金斯大学教授洛夫乔伊（A. O. Lovejoy）的倡议下，1915 年美国大学教授协会（AAUP）成立了。AAUP 的成立极大保障了美国大学教师的学术自由与职业安全，美国大学教授的权益获得了全国性的组织保障，在 AAUP 的有力推动下，教授治校模式在美国获得了广泛的推广。可以说，AAUP 的成立标志着美国大学教授治校进入了一个新的阶段。

在这段历史时期，随着美国高等教育的发展，高等教育功能的拓展，特别是研究成为大学的重要职能，教师的学术地位也随之提高。在这一时期也成立了许多的学术协会，如在 1883 年，美国出现了第一个全国性历史协会，紧接着美国经济学家协会也于 1884 年成立，美国政治家协会于 1905 年成立。这些协会不仅标志着教授专家群体的形成，也为他们提供了联合起来的有效途径。美国教授的地位由于 AAUP 的成立而发生了根本的变化，AAUP 有力促进了教师在诸如课程设置、教学科研等学术事务上的权力不断增长。教师在院校管理中的作用进一步巩固和加强。

二　大学教师地位上升的原因

就如赫菲林（Hefferlin）在《学术变革的动力学》中所说，高等教育的变革主要是源于外部压力，如知识、社会、经济和政治的力量。19 世纪 20—40 年代，美国大学教师不断地从短暂的宗派的候选管理者开始转变为更稳定的长期性的教授，并且在内战后加速改变。[①] 事实上，有人认

---

① M. A. Schaeffer. *The State College Academic Senate*：*Architect or Artifact of Faculty Governance?* Columbia University，1991.

为在美国高等教育史上，从 1865—1900 年的 35 年间发生的基础性制度变革至关重要。历史学家劳伦斯·威瑟，在他经典而详细的研究《美国大学的产生》中说："20 世纪初的美国大学与 19 世纪 60 年代的学院比较起来几乎无法识别。"① 在从学院转型为大学的过程中教师逐步走向了专业化，校长和董事对教师的态度也较之殖民地学院时期更为顺从和包容。总之，这一阶段美国大学教师地位开始逐渐上升，其原因主要有以下几个方面。

（一）大学规模的扩大

大学规模的扩大可以从哈佛大学在艾略特校长任期（1869—1909）的发展得到例证。比如，在艾略特任期初期，哈佛只有 1000 名学生和 60 名教师，只有本科生学院——牙医学院、神学院、法学院、医学院和科学学院。40 年后，学生人数增长了 4 倍达到了 4000 人，教师增加了 10 倍达到了 600 人；哈佛在这一时期还增加了艺术和科学研究生学院、应用科学研究生学院和商业管理研究生学院；学校的捐赠金额则从 1869 年的 250 万美元，增加到 2000 万美元。② 这样的案例并非哈佛学院一家独有。如康奈尔大学在 1869 年新生班级规模就达到了 250 个，是当时美国大学最大规模的新生班级数。从全国范围看大学生数量也大量增加。在 1870 年，美国高校的新生入学数为 68000 名。到 1900 年这个数字上升到差不多 238000 名，增加了几乎 3.5 倍。仅在 1885—1895 年的十年间，东部私立大学的入学数就增加了 20%，州立大学增加了 32%。③ 而教师的数量也增加了很多，到 1900 年全国大学教师增加到 24000 名。也就是这一时期，美国建立了最初的公立高校（如加州大学、伊利诺伊大学、密歇根大学、明尼苏达大学和威斯康星大学），以及一些顶级的非常青藤私立高校（如天主教大学、克拉克大学、芝加哥大学、约翰·霍普金斯大学、斯坦福大学）。④

---

① Veysey, Laurence. *The Emergence of the American University*. Chicago：University of Chicago Press，1965：79.

② Carnegie Foundation for the Advancement of Teaching. *The Control of the Campus*. Princeton，New Jersey：Princeton University Press，1982：88.

③ Brubacher，John S. and Rudy，Willis. *Higher Education in Transition：A History of American Colleges and Universities 1636 – 1956*. New York：Harper & Brothers，1958：110.

④ M. A. Schaeffer. *The State College Academic Senate：Architect or Artifact of Faculty Governance*? Columbia University，1991.

教师、学生、项目、高校的增加对教师个人地位的提升增益巨大。高水平的学者和教授的数量远远满足不了高速增加的高校需求，从而引起教授人才市场的激烈争夺。比如，芝加哥大学首任校长哈珀就曾游说耶鲁大学、威斯康星大学、卫斯理大学的教师加盟他的大学，甚至他从本就刚刚建立的芝加哥大学那挖走了 15 名教授，这一举动被鲁道夫称之为"美国大学历史上最大的一次对教授群体的抢劫"。① 由于教授们拥有不同寻常的学术专长和声望，校长们在教授人才市场上进行着激烈的争夺。而要增加高校对这些教授的吸引力，当然要认真地对待这些教授的观点和需求。吉尔曼描述了霍普金斯大学的早期情况：董事会很明智地控制着他们对教师的干预，教师对学生管理和教学方面的活动是受到信任的。尽管董事会拥有最终人事决定权，但是这些决定往往是在校长和教授的引导之下作出的。董事会也拥有授予学位、奖学金和助学金的最终决策权，但是这也只有在教授的提名和建议之下才能作出决定。

（二）教师身份的专业化

南北战争以后的大学不仅仅在规模上得到极大扩展，而且大学教师的专业化程度也得到了极大提升。尤其是随着研究型大学的建立，各个专业化的学系和专业的教授职位越来越多得到设立，教师的专业水平与专业地位也得到了很大程度的提升。如哈佛在 1884 年拥有 189 名教授，而其中拥有哲学博士学位的教授只有 19 名，而到了 1894 年的时候，几乎所有的教授都拥有了哲学博士学位。当时作为威斯康星大学研究生院院长的斯利切特曾经不无自豪地宣称，他们不仅有"科学家"，而且有"化学家"；不仅有"化学家"，而且有"胶体化学家"；不仅有"胶体化学家"，而且有"无机胶体化学家"；不仅有"气溶无机胶体化学家"，而且有"高温气溶无机胶体化学家"，以此类推可以无限划分下去直至科学家被细分到其博士论文的某一章节。②

随着美国研究型大学在 19 世纪后期 20 世纪初期大量涌现，并在美国大学中发挥出重要的作用，美国大学教师的专业化身份得到进一步提升，

①　Rudolph, Frederick. *The American College and University*：*A History*. New York：Random House，1962.

②　Cowley, W. H. & Williams, D. T. *Presidents*，*Professors*，*and Trustees*. Jossey-Bass，1980. 转引自欧阳光华《董事、校长与教授：美国大学治理结构研究》，高等教育出版社 2011 年版，第 100 页。

并有效促进了教师的专业身份与权力意识的转变。这个时候，教师开始借助其专业化的身份要求提升自己在大学管理中的作用，并且认为作为独立的专业人员，他们的专业训练与专业领域比他们所工作的大学本身要重要得多，从而促使教师在专业方面显示出更多的独立自由身份。教师专业化身份的提升进一步使得教师成为专业人员市场的宠儿。为提升自己大学的专业实力与大学教育质量，各个大学都竞相聘请权威学者或高水平教师成为其教师，而为了留住本校教师或吸引外校教师，各个大学不仅仅提高了教师的待遇，也给予教师在学术管理方面更大的权力，如此，评价一个大学质量高低的一个重要指标就是考察该校高水平教师的数量。事实上，教师专业化水平的提升使得 1865—1920 年这段时间内美国大学历史被视为"以研究和教学为业的学者和科学家取得胜利的历史"。①

　　显然，随着大学教授学术职业的形成与教师身份的专业化，教授在大学中尤其是在研究生院和专业学院中的作用和地位得到进一步提升。随着各大学中研究生院的发展与新建，高水平教师尤其是一流学院中的教授将更多的时间用在了学术研究与指导研究生方面，而用于本科生的教学时间却越来越少。这一时期甚至出现了教师的学术休假制度，体现了大学对于教师研究地位的认可和对于研究的鼓励，到 20 世纪初的时候，美国大学已经普遍实行了学术休假制度。毫无疑问，学术研究能够提升教师的专业化水平，并且随着学术研究领域的不断深化与推进，教师们变得越来越专业化，而各个大学都清楚地意识到了学术研究对于大学的重要性。

　　（三）大学管理结构的分化

　　由于这一时期内的大学规模不断扩大，大学中的科学教育受到更多的重视，加上教学与科研的结合以及研究型大学的建立，大学中的组织日益多样而变得更为复杂，由此导致大学的管理结构出现了一定程度的分化。这种分化主要体现为两个方面。

　　首先是大学内部学术管理层次结构出现分化。比如，新的教学科研单位——学部、学系、研究所等纷纷出现并不断发展，像哈佛大学在 1891 年重组了 12 个学部，芝加哥大学在 1893 年便设置有 26 个学系。② 19 世

① John Millet. *The Academic Community*. New York: McGraw-Hill Book Company, Inc, 1962. 105.

② 别敦荣：《中美大学学术管理》，华中理工大学出版社 2000 年版，第 68 页。

纪初期，弗吉尼亚大学等校开始设立学系。到了 19 世纪后半期的时候，受到德国大学模式的影响，学系开始在美国大学中真正确立了重要地位。事实上德国大学实行的是讲座制，美国大学并没有完全按照德国大学模式，而是基于美国大学的实际情况和需要建立了学系，这既学习了学术工作按照学科进行划分的德国先进经验，又能够灵活应对美国教育的实际需要，同时也更有利于美国大学开展教学与研究。到 19 世纪后期的时候，学系成为美国大学的基本学术管理层次。由于教师的大部分活动都是在学系中进行的，因而使得学系成为美国教师在学术管理中发挥作用的基本平台，为教师在教学、课程、研究以及教师聘任方面的权力提供了基本的组织保障。

其次是大学校长的管理职能出现分化。大学规模的扩大和学系的出现进一步推动了大学的分化与复杂化，以往基本依靠校长等少数人负责全校管理的情况显示出越来越多的问题与矛盾。为了适应形势的变化和需要，各个大学开始考虑如何改革运行多年的管理模式。这样的改革主要体现于两个方面。首先，大学中开始设立一些专业的学术管理职位与机构以分担校长的某些职责，并且开始大量聘请专门从事行政事务管理工作的行政人员。如大学中开始增设副校长、主管学术和学生工作的院长、注册主任、公关主任等职位。[1] 这标志着大学中行政管理系统的形成与完善。其次，大学中的学术管理权力逐渐转移到了教师手里。日益强大的教师群体逐渐获得了在决定教学内容与研究内容等方面的决定权，并且教师的影响逐渐深化到了各个教学科目与各个教学班级。显然，大学管理模式的变革也体现在教师在学术事务方面的地位与作用的提升。

（四）新的大学理念的引入

正如模仿英国、苏格兰和欧洲治理模式的殖民地学院一样，后来成为新型大学的新大学和学院是受到从德国大学尤其是柏林大学和哥廷根大学学成回国的教师的影响。有人估计在 19 世纪后半期差不多就有 9000 名美国人去德国留学，而仅仅 19 世纪 80 年代就有多达 2000 人。[2] 这些人带回来两个基本的理念。第一就是学术研究的理念，基于此大学中大量设置了

---

① 别敦荣：《中美大学学术管理》，华中理工大学出版社 2000 年版，第 68 页。

② Burgan, M. *What ever happened to the faculty? Drift and Decision in Higher Education.* Johns Hopkins University Press, 2006.

博士学位；第二就是学术自由的理念。

随着研究型大学的新建和发展，学术研究逐步成为有志于发展成为"大学"的学院的主要价值理念，促进了教师向学者角色的发展。而学术研究价值的传播与发展也不断提升了教授的专业地位，并促进了教授学者群体在校内校外都获得了更多的认可。学者角色和身份转变的最明显表现就是越来越多的大学教师获得了博士学位，尤其是美国本土培养的博士越来越多。美国大学第一个博士学位是由耶鲁于 1861 年授予的，自此美国大学授予了越来越多的博士学位，仅在 1876 年就有 25 所大学授予了总共 44 个博士学位。① 而到了 1905 年，如布朗大学、伊利诺伊大学、纽约城市学院和伊利诺伊学院都要求其教师必须获得博士学位，可见拥有博士学位已经逐渐成为获得大学教师职位的基本要求。这样，在大学不断增加对教师的要求，教师压力逐渐增大的同时，教师的学术地位也获得了很大的提高，反过来也促进了大学对于研究的重要性的重视以及提升了博士学位的声望。同样地，随着公众对于学术研究价值的认可，特别是学术研究对于美国农业和工业方面的贡献，也进一步提高了拥有专业知识的教师的专家地位。

现代形态的学术自由观念肇始于德国，其核心内容是教学自由与学习自由。教学自由是指教师能够自由教授自己认为是真理的知识，能够自由开展自己的研究，外界其他因素不能够随意干涉教师的教学与研究行为，体现在教学方面就是教师有权决定教学内容和教学方法。学习自由的最初含义是指"没有管理压制的学习情境"，② 是独有的应用到学生管理他们自己学习生活的自由。学生学习自由最直接的体现就是大学选修课制度的出现。随着德国学术自由理念的引入，结合美国宪法保护言论自由的条款，美国大学教授开始在教学和学术研究方面获得前所未有的自由度。得益于学术研究的兴起和现代学术自由理念的进展，教师专业自由不断增加，专业技术能力逐渐增强，专业地位大大提升，美国大学教师作为个人获得了更多的非正式权力以及专业影响力，而教师作为集体也开始获得了

---

① M. A. Schaeffer. *The State College Academic Senate*：*Architect or Artifact of Faculty Governance*？Columbia University，1991.

② Dill，D. D. *Academic Accountability and University Adaptation*：*The Architecture of an Academic Learning Organization*. Higher Education，1999，38（2）：127 – 154.

正式的治理权力，评议会和教授会在大学治理中的作用开始增强。

（五）选修课制度的推广

弗雷曼·巴茨（Freeman Butts）认为："选修课制度是最重要的促进学院向大学转变的因素之一。"受到德国理念学习自由的影响，以及基于对科学课程重要性的认知，艾略特认为实现选修课制度是基于三点理由。首先，他认为，选修制是与大学的理想即促进最广泛可能的学术供给的知识价值相一致的；其次，他认为包括通识教育的学科内容需要重认，以便体现科学和技术学科的新发展；最后，他认为允许学生自由选择课程会更有利于发展他们的个性。在艾略特的努力下，1872 年哈佛取消了大四学生的特别科目，1885 年其他年级学生的特别科目要求也都被取消，及至1894 年后，唯一保留的必修课程就是英语和一门现代外语。19 世纪末，芝加哥、辛辛那提、哥伦比亚、康奈尔、密苏里、霍普金斯、斯坦福、威廉玛丽等大学都完全或几乎完全是选修制了。当时的一个调查表明，在被调查的 97 所高校中有 46 所高校接近 50% 实行的是选修课制度。[1]

选修课制对于教授治校的影响主要在于选修制促进了学系的增加，教授的学术权力自然地体现于学系，而学系的权力又进一步促进了教师专业化。对于学系的出现，鲁道夫说道："学系已经自然地成为有效的知识中心和教师专业化的群体。它们已经成为可以分配资金和使课程合理化的组织结构。但是它们也成为权力和资源控制方面的帝国。"[2]

三 兴起阶段的主要特征

（一）教师成为大学治理的新生力量

随着大学学术力量不断增长，教师地位获得了很大提升，大学内部的群体力量发生了根本性变化，教师成为了大学治理中的新生重要力量。在长期的大学内部权力斗争的过程中，董事会基于其法人地位与外行的性质，逐步退出了大学具体事务方面的决策，而将学术事务管理的权力授予教师群体，把日常行政管理的权力授予校长等行政人员。自此，校长和教师群体成为大学中的两大决策力量，大学内部权力矛盾转向了以校长为首

① Stanley, C. *Faculty Professional Development for the* 21*st Century.* Springer Netherlands, 2005: 2.

② Ecker, G. *The Relationship of Institutional Size and Complexity to Faculty Autonomy: A Reconsid-eration and Caution.* Research in Higher Education, 1979, 11 (4): 295.

的行政人员和教师之间的竞争。

美国大学教师参与学术管理经历了漫长的演变过程。教师作为一个新生力量真正在大学治理中展现自己的力量，主要是体现在两个方面。一方面，是从 19 世纪初期开始，大学组织开始分化，学系成为大学的基本组织，教师在学系中获得了基本的学术管理方面的权力。尤其是在那些规模比较大而办学质量比较好的大学内，教师开始逐步获得大量的学术管理方面的权力。① 另一方面，19 世纪后半期，随着大学组织的进一步复杂化，大学中出现了大量的教师组织，如评议会与教授会等，这些教师组织代表教师在学校层面或学院层面参与大学学术管理，进一步保障了大学教师权力的实现。

（二）教师获得了正式的治理地位

教师正式治理地位主要体现为两个方面，一是大学章程中正式规定了教师成为大学治理的主体，承认了大学教师参与大学治理的法律地位。二是出现了正式的代表教师群体在学校层面参与大学治理的基本组织平台——评议会或类似名称的机构。最早使用"评议会"（senate）一词的是 1787 年哥伦比亚大学的教授治校组织，当时教师被组织起来成为"学术参议院"（Senate Academicus）。该校巴纳德校长提出要协调大学教师不断增加的参与大学治理的需求，建议建立一个包括教师与管理者的大学委员会。在瑟斯·劳作为校长期间，这个建议成为了现实。这样，大学委员会成为校长和董事会的咨询机构。1892 年，董事会修改了章程，授予大学教师群体正式的管理和立法权力。康奈尔大学的董事会也修改了章程，并"给予学术评议会成为教师立法机构的地位"。从此，"教师不再是顾问，而是成为立法者，他们应该拥有参与定期会议的权利，以处理一般性大学管理、董事会意愿、教育政策问题和一些学术论文等事务"。② 康奈尔大学的校友戴维德·乔丹在他刚刚就任斯坦福大学的校长时就试图建立一个教师治理机构。乔丹于 1891 年建立了一个包括所有的正教授和副教授的庞大的大学委员会。后来董事会又发布了"教师组织条款"，建立了

---

① 别敦荣：《美国大学学术管理发展历程及其启示》，《厦门大学学报》（哲学社会科学版）1998 年第 2 期。

② Honan，J. P. & Teferra，D. *The US Academic Profession：Key Policy Challenges*. Higher Education，2001，41（1）：183.

由所有职称教师组成的学术委员会，授予其"在教师职权范围内制定所有大学规程、法令和条例"的权力。① 除了在"新生入学标准、课程学习和毕业要求"方面需要获得董事会的同意之外，学术委员会的正式权力是全面而广泛的。在1880年，约翰·霍普金斯大学董事会建立了一个学术委员会，成员包括校长和正教授。给予教授的授权包括：建立教学课程；新生入学标准、学生升级和毕业标准；给不同教师分配教室；制定必要的学生学习的规则、秩序以及品行要求。

评议会也在一些大型的中西部州立大学里建立起来。1859年，在密歇根大学亨利·塔潘（Henry Tappan）校长的领导下，董事会建立了一个包含所有教师的大学评议会，以监督和协调文学院、医学院和法学院的独立运行。随着教师队伍越来越大，后来又成立一个称为评议会委员会的执行委员会以执行这些职责，但是大学评议会具有否决权。密歇根大学历史学家亨斯代尔（Hinsdale）描述了1906年的评议会的职责：其主要功能是指定少数委员来代表整个大学的利益；就某些课程对董事会提出建议；处理影响整个大学的仪式性的事务。②

（三）对教师的认识有了新的突破

这一时期，对于教师的作用及地位的认识有了新的突破。早在1837年，作为查尔斯顿学院院长的亚当斯就教师的地位与作用作过十分精辟的阐述。亚当斯长期担任学院的院长，并且也是后来著名的西点军校的教授。由于拥有过院长与教授的双重身份，他对于教师的地位与作用的认识非常深刻，理解非常到位。从亚当斯的观点可以看出教师的地位与作用的认识与以往对于教师的看法有着根本的不同。比如，亚当斯提出教师与董事会的关系是类似于律师与诉讼委托人，或牧师与信徒之间的关系，而不是雇员与雇主之间的关系。他认为如同律师与牧师一样，教师拥有在某些方面的特殊技能经验与素质，因而可以对董事会提供学校管理方面的咨询与指导作用。也就是说，教师由于具有在教育教学方面以及其学术专业领域中的专业化能力和素养，可以使得他们有资格与能力在大学管理方面给

---

① Cowley, W. H. & Williams, D. T. *Presidents, Professors, and Trustees.* Jossey-Bass, 1980: 122.

② Schaeffer, M. A. *The State College Academic Senate: Architect or Artifact of Faculty Governance?* Columbia University, 1991.

予董事会咨询与指导，从而实质性地参与到大学管理中来。根据当时美国高校管理的情况，亚当斯认为教师在学校中的地位、尊严、荣誉等方面对于教师来说非常重要，如果董事会不能够满足教师的这些需要，那么这所高校也难以维持长久繁荣。[①] 此外，亚当斯还认为，教师应该拥有在教育教学、课程设置、学术管理等方面的决定权。事实上，这一时期的学院尤其是一些重要的学院如哈佛、康奈尔、耶鲁等一些发达的学院，教师都获得了在教学和专业事务的决定权。从亚当斯的论述我们也可以看出这一时期人们对于教师角色的认识有了新的突破，教师的地位与作用有了新的提升。

（四）学系成为教师权力的直接平台

到 19 世纪 90 年代，大学教师根据自己的专业兴趣，按照不同的学科成立了学系。随着大学规模的不断扩大，大学没有精力对课程、教学任务和学生学业成绩进行统一的管理。学系开始分担一部分管理责任，从而导致了学系的形成，因为教授们寻求建立能够履行他们的学术权力的组织，以此抵制那些限制他们时间和行为的不正当要求。

教师存在于学系中，他们的大部分权力也是存在于学系层面。学系层面的决策是最自治和社团性的，也正是在学系中教师们做出他们最主要的决策和对学校治理的贡献。教师的权力领域主要是课程科目和内容、教师教学和研究的任务、入学标准、毕业和学位要求、学术政策以及学术建议。学系培育了学科专业化，学系也必须与学院和大学内的其他单位相对独立。这样，在 19 世纪 90 年代，出现了一个与行政管理体系基本平行的等级体系安排：学系领导，正教授，副教授，助理教授，讲师，以及各年级的研究生。

学系的权力源于教师独有的做出课程内容和学术方面决策的能力。作为不断专业化的学科知识的最基本依存组织，学系有利于更便捷地将新学科合并到大学结构中去。专业化的学科在大学中的作用和地位日益增强，如建筑学、商业管理、新闻学、图书馆学、兽医以及医学、法律、神学等。以往学院的校长也许能够向教师咨询一些经典课程方面的知识，但随着这些专业学科的丰富与深化，只有具有特定学术训练和专门知识的教授

---

① Richard Hofstadter. *Academic Freedom in the Age of the College*. Colombia University Press，1969：125.

才能够吸引其他专业同行的信任以对新的学术专家给出建议。教师在教学、学术评价与教师聘任等学术方面拥有无与伦比的独特地位。高等教育历史学家杜里埃把这个称之为"专家垄断性"。可以说，学系的建立为教师发挥治校权力提供了重要平台。

综上所述，美国独立以后，从大学管理的视角来看，无论在私立高校还是州立大学，大学的控制权依然掌握在作为法人机关的董事会（或理事会）及其代表人校长的手中。直到19世纪20年代，教师才开始在大学的管理尤其是内部管理中享有一定的权力。这一时期，美国大学管理的基本图景仍然表现为董事会和校长的强势地位与教授的弱势地位。评议会和其他大学教师决策机构在内战后随着高等教育的扩张而迅速广泛设立。然而，尽管教师在大学内的影响力有了很大的增长，但是董事会与校长仍然继续在大学内占据主导的地位。到了19世纪末的时候，由于教师没有及时抓住机会拓展他们在大学治理中的法律地位，美国教授的地位在引人注目的增长和大扩张时期之后明显地慢了下来。[①]

事实上，尽管大学教师的专业地位得到了很大的提高，但是从董事会与校长来看，教师仍然只是大学的普通员工。尤其是随着大学校长的权力膨胀，这一时期大学管理的特色之一便是教授与校长或董事会在学术或行政政策上经常发生冲突。董事会与校长常常可以不经过任何听证程序，任意解除一般教师甚至是教授的职务。大学教授因为学术观点与董事会或校长相左而遭到解聘的事件屡见不鲜。当教授们发现他们的学术自由遭到侵犯的时候，就开始诉求更大的学术权力，最终斯坦福大学的罗斯事件直接促成了1915年美国大学教授协会（AAUP）的成立。

第三节　发展阶段：教授权力得到进一步保障（1915—1965年）

一　教师治理地位的上升期

（一）背景

这一时期美国高等教育获得了极大的推动，出现了两个重要的变化。

---

① Bowen, H. R. & Schuster, J. H. *American Professors：A National Resource Imperiled*. Oxford University Press, 1986：182.

一是规模扩展。如美国高等学校的数量在 1900 年只有 977 所，而到了 1940 年却发展到了 1800 所，而高校在校学生数在 1900 年只有 23.8 万人，到 1940 年的时候已经扩充到 150 万人，毛入学率已经达到了 15% 左右。[①] 显然，按照马丁·特罗的规模划分理论，美国高等教育在 20 世纪 40 年代就已经达到了大众化的阶段。而从 1944 年《军人权力法案》实施后的三十年时间内，美国大学入学学生人数出现了极大的增长，毛入学率也从 15% 上升到了 45%，[②] 也就是说美国高等教育已经开始进入普及化阶段。为了满足学生入学的需要，除了大量新建学校，已有的大学也在原有基础上不断扩大规模，由此导致了"巨型大学"的出现。

此外的一个变化就是学术标准化的出现。各个大学乃至政府对于教育以及研究的重视成为这一时期的重要特色。1957 年苏联人造卫星的上天极大震动了美国政府，从而促使美国及时调整了自己的教育政策。《国防教育法案》以及之后的一系列教育法案，都置教育于优先发展的战略地位，并极大提升了政府在教育方面的投入。全国高等教育的财政投入从 1915 年的 57.9 亿美元增加到 1970 年的 215.2 亿美元。[③] 由于获得了大规模科研资金的投入，大学更为重视科学研究，科学研究的地位在大学中获得了极大强化，并且很大程度上也推动了学术的专业化与标准化。调查表明，赞同"学者的最大满足就是在其知识领域作出贡献"的观点的大学教师达到了 77%，而这一时期，研究生教育成为大学教育的重点，大学中研究生的数量大量增加，授予研究生学位的专业领域也不断扩展，研究型大学得以迅速发展，开展科学研究成为大学教师基本的工作内容，也成为评价教师的基本判断标准。

（二）教师治理地位继续提升

自 1915 年到 60 年代末期，伴随美国高等教育的极大发展，大学教师的专业化地位也获得了极大的提升。尽管这一变化过程曾因两次世界大战和 50 年代初期的麦卡锡主义肆虐而受到遏制，曾一度严重地压制了学校中教与学的民主气氛，并对大学师生的学术自由造成严重破坏，但这个插

---

① 王廷芳：《美国高等教育史》，福建教育出版社 1995 年版，第 151 页。

② ［美］Philip G. Altbach 和 Robert O. Berdahl 等：《21 世纪美国高等教育：社会、政治、经济的挑战》，杨耕、周作宇译，北京师范大学出版社 2005 年版，第 64 页。

③ 黄福涛：《外国高等教育史》，上海教育出版社 2003 年版，第 331 页。

曲并没有改变美国大学教师地位仍在持续上升的整体发展趋势。而大学教师地位在 1915 年 AAUP 成立后开始发生根本性的变化，AAUP 随后为维护教授的权益作出了长期而不懈的努力，这些都不断深入地影响着各个大学的治理与发展。

这一时期，随着美国大学规模扩大与学生数量猛增，社会各界对大学的期望值与要求也不断增加，同时也给予了大学更多资金与资源投入，而大学的教师数量在这一时期也极大地增加，很多教师慢慢成为了有钱与有影响力的教授，社会地位与作用不断提升，而教师职业重新成为了博士学位获得者的职业目标，教师成为了巨大的卖方市场。这样，各个高校为了争取良好的师资，不断增加教授的待遇与提高教授的地位，甚至为了招聘和留住优秀的教师而进行了激烈的竞争，这就导致了"教授明星制度"（faculty star system）的出现。这些教授明星，主要是指那些在学术方面比较有威望与地位的学者。各个大学往往给予这些教授明星们非常优厚的待遇以及良好的工作条件，同时还要给予他们在学术发展方面特别充分的自由自主权。基本上教授明星们需要的一切条件与要求，学校都会尽力满足，因为如果失去一位明星教授，不仅仅是对于一个学系，甚至是对于整个大学都可能是一场灾难。[①] 在这样的情况下，学校内的一些知名教授开始逐渐加强了对大学学术事务的控制。美国知名高等教育学者阿特巴赫教授认为"大学由资深教授所控制，由这些资深教授选举自己职衔范围内的人担任某一任期的高级管理职务，管理并没被看作是一种职业，校长或主管学校事务的副校长一旦卸任就重新任教"。[②]至此，从整个职业发展而言，美国大学教师的职业地位不断提升，同时教师也加强了在大学管理中的权力和地位，获得了学术领域方面更多的控制权，如教学内容、课程设置、入学标准、教师评聘等。此外，很多学校的教师还能够有权选择学校的主要行政人员，如校长、副校长与院长等。这一时期的教师更为专业化，他们往往也成为某一专业领域中的专家，有权全程参与学校的决策，以决定学校教育教学方面的事务。

---

① Victor Baldridge and others. *Policy Making and Effective Leadership*. Jossey-bass Publishers，1978：267.

② ［美］菲力浦·G. 阿特巴赫：《大众高等教育的逻辑》，陈学飞译，《高等教育研究》1999 年第 2 期。

从这一时期的基本发展来看，AAUP 的成立具有划时代的意义，在大学的学术自由以及教师的职业安全保障方面，AAUP 都作出了重要的贡献，并首次明确提出了大学教师在学术事务管理方面的重要作用与权力，为大学教师实施教授治校提供了坚实的组织后盾。AAUP 成立后，尽管大学教师的地位在随后的经济危机、两次世界大战以及战后的麦卡锡主义时代经历了重大的考验与挑战，但是总体而言，教师的地位是稳步上升的，尤其到了 20 世纪五六十年代美国的高等教育黄金发展期，随着学术自由的进一步发展，大学教师在科研资助的获得以及学生招生方面的作用显著提升，在学术事务管理方面的权力与地位也获得进一步提升。如此，美国大学逐步建立起了比较完备的教授治校体制。教授甚至通过评议会对大学进行了诸如学术改革与战略规划、学术政策制定、课程、教学、招生等方面的管理权力。随着评议会权力的不断增加，评议会开始成为大学治理中的重要一环。虽然 60 年代学生的民主运动在一定程度上削弱了教师的权力，但是后来教师又重新控制了在学术方面的管理权力。

总的来说，这一阶段，就如利斯曼在《学院的革命》一书所指的那样："这是一个教师对大学支配权上升的时期。"[1] 二战以前，尽管相较于董事会和校长，教师的学术地位与权力还比较弱势，但是由于 AAUP 的努力争取，以及各个大学评议会的大量出现，教师的地位与权力得到了基本的保障，而二战以后，随着"教授明星制度"的出现，不仅仅教授明星的地位得到显著提升，而且教师群体的普遍地位也获得了稳步的上升，教师们逐渐获得了学术管理方面更多的权力。

二　大学及其治理的变化

"一战"以后，美国大学保持了蓬勃发展。这一时期的美国社会也发生了一些重要的变革，处于社会变化环境下的大学，既面临重重困难也迎来发展机遇。随着大学的发展与社会的变革，大学逐渐走出象牙塔进入了社会的中心位置。

从大学本身的变化看，这一时期对大学治理产生重大影响的因素主要表现在三个方面。首先，大学日益综合化。大学的综合化体现在一是大学内容的综合化。比如二战后为适应社会发展的需要，许多大学出现了很多

---

[1]　Dvid Riesman. *On Higher Education*. Jossey-Bass, Publishers, 1980. Foreword.

跨学科跨专业领域的新学科新专业。而随着新学科新专业的开设，大学变得更为综合化和复杂化，出现了越来越多的综合性大学。二是大学教育类型也出现了综合化与多样化的发展，例如大学教育类型不仅涵盖了本科生教育、研究生教育和职业教育，而且还为满足各类人群的需要而广泛提供成人教育、继续教育、补习教育、远距离教育和留学生教育等。在大学内涵丰富、规模扩大、类型多样、学科分化与综合的基础上，20 世纪 60 年代美国大学组织形式出现了新的变化，逐步出现了一种综合化的"巨型大学"。其次，大学教育的重点开始转向研究生教育。随着美国高等教育规模急剧扩大，高等教育的质量也开始获得极大提升，这一时期的很多研究型大学逐步发展成为世界一流大学。在第一次世界大战以后，研究生人数在美国大学内获得了成倍增加，研究生教育变得越来越专门化和多样化，研究性的专业广泛涉及人文、社科、理工、医学、管理等多个领域。第二次世界大战后，由于获得了大量的来自政府与社会的科研资金支持，研究生教育迎来了其"黄金时代"。[①] 最后，科学研究成为大学的主要职能。"二战"后科学研究逐步成为政府与社会的重要发展动力，尤其是在军事、科技方面的成就极大地推动了美国国家的竞争实力，这为大学赢得了政府的信任与支持。研究成为评价教师水平与地位的重要指标，大学教师纷纷以研究成果、资助金额以及研究生培养为途径来提高自身的学术地位，教师们越来越重视科学研究，但是却慢慢忽视了大学生的教学工作。

这一时期，大学内部管理职权更为分散，联邦政府、州政府等外部力量对大学的影响与控制继续加强，随着美国高等教育事业在规模、方式、职能以及外部政治、经济环境等方面的发展变化，大学治理也更加复杂化，出现了一些新的变化。主要体现在以下几方面。

第一，政府加强了对大学的控制，大学治理变得更为世俗化。随着大学社会功能的日益强大，大学不断由象牙塔走向了社会的中心，成为了国家与社会依赖的重要发展动力。国家越来越以大学为工具来实现其国家目标。如二战后美国政府实施的《军人权利法案》，大量安置退伍军人进入大学，为其提供大学学习的所有费用，这不仅仅为大学增加了大量的入学人数与学费收入，也使得国家获得了社会发展所需的人才支持。此外，联邦政府还大力支持大学举行国防科技研究，使得大学在美国成为了优先发

---

① 别敦荣：《中美大学学术管理》，华中理工大学出版社 2000 年版，第 231 页。

展的战略重点，一度出现了所谓的大学"联邦时期"，可见大学与政府之间的关系之深。同时，其他的社会世俗因素也极大地影响着大学的治理。比如，越来越多的大学出现了企业化的运行方式，更为注重大学的经营式管理，大学行政管理人员表现得更像企业经理。一些认证和专业协会机构则扮演着半官方机构的角色，它们甚至可以影响生师比例、实验室的规模以及某些领域人员的任职标准。

第二，行政组群实力变得愈加强大，大学内部治理变得更加官僚化。随着大学规模扩大，行政人员的规模迅速增加，大学管理的行政职能也日益丰富。大学内部出现了更多的行政机构和职位，这使得行政人员在大学管理中的作用日益强大，成为大学发展过程中与教师群体相互影响、相互作用的群体力量。而随着规模的扩大与功能的扩展，大学也与大型企业一样，更为强调组织的功能和效率。行政系统体现出了更为官僚化的特性。权力集中在校长办公室，校长任命学院院长执掌每个学院，学院的系主任负责实施大学的政策，进而形成了一个由注册主任、行政主管、资产经营部经理、校友会主任等人员组成的官僚体系。教师内部也开始出现职务等级的差别。

第三，大学内外部治理权力出现了分权化的特色，教师权力得到进一步增强。随着大学走向社会中心，大学涉及的利益关系越来越复杂，首先是更多的大学利益相关者参与大学治理或拥有对大学治理的影响力。如60年代学生民主运动就部分地取得了参与大学治理的权力，甚至还削弱了校长与教师的权力。其次，院系权力出现民主化的趋势。院系内部的权力分配与决策方式日益民主化。大多数院系都建立了自己的院系教授会，院系主要事务的决策需要依靠院务委员会或院系教授会的民主投票方式。此外，院系主任还需定期换届，全体教师都具有平等的投票权和表决权。这一时期，由于大学教师队伍的不断壮大和成熟，加上教授明星制度的实施以及 AAUP 等学术团体的不懈努力，教师在大学治理中的地位与作用进一步增强。教师获得了在大学学术事务方面最主要的管理权力，基本形成了大学内部董事会、校长与教授三者权力结构的平衡，教授地位获得了长足的进步与提升。

三 AAUP 的成立及意义

（一）成立

20 世纪初，美国高校不断发生教师因为发表对现存社会经济制度和主流的经济学不满的观点甚至提出相反意见而被董事会解聘的事件。罗斯事件就是其中的著名一例。斯坦福大学教授爱德华·罗斯是一名学术水平很高的学者，也是一名在言论自由与学术自由方面的捍卫者、推动者与保护者。某种程度上他被认为是一个"麻烦制造者"。[①] 1900 年 11 月《旧金山纪事报》刊登了罗斯教授的一篇文章——《对解雇的愤怒》，这是罗斯此前在一次校外演讲会上的讲话稿。该文对政府的亚洲移民政策尤其是华工政策进行了猛烈的批判，并主张将铁路等公用事业国有化，这就直接触犯了其所在大学创办人斯坦福及其遗孀斯坦福夫人的铁路经营利益，最终导致罗斯教授被校方解雇。罗斯事件加上这一时期先后发生的一系列教授由于与学校意见相左而被校方解聘的事件，在美国引起了轩然大波。教授被随意解聘的事件让教授们感到非常不满与担忧。事实上，在 19 世纪末 20 世纪初，一方面是美国教育界结社风靡且研究生教育异军突起，科学研究功能在高等教育系统得到确立，教师职业专业化且各式各样的学术或者专业团体大量涌现等；另一方面是大学教师的工资水平非常低，还不能自由地发表自己的研究成果和主张，否则时刻面临着被解聘的危险，职业安全无法保障，生存与发展危机重重。

为了维护大学教师的职业安全，在霍普金斯大学教授阿瑟·洛夫乔伊和哲学家约翰·杜威的发动下，1915 年在哥伦比亚大学召开了美国大学教授协会（AAUP）的成立大会。协会的初始会员共有来自近 60 所院校的 867 名成员，杜威当选为协会首任主席。1915 年，AAUP 发表了它的第一份声明《1915 年总体原则声明》（1915 AAUP General Declaration of Principle）。[②] 这份原则声明是学术自由和终身教职委员会经过一年的努力，就学术自由和终身教职一般原则向协会理事会提交的年度报告，并在协会1915 年 12 月召开的第二届年度会议上得以通过。《1915 年总体原则声明》的颁布也标志着 AAUP 正式登上了美国历史大舞台。

《1915 年总体原则声明》从两个大的方面——总体声明和实际建议展开。其中第一个部分"总体声明"，又分为三个小方面：学术权力的基

① J. Q. Hertzler, Edward Alsworth Itoss. *Sociological Pioneer and Interpreter*. American Sociological Review, Oct. 1951. Vol. 16；No. 5.

② 1915 Declaration of Principles on Academic Freedom and Academic Tenure. http：// www. aaup. org/AAUP/pubsres/policydocs/contents/1915. htm.

础、学术使命的本质和学术机构的功能。总体原则声明首先简要对学术自由进行了论述，认为从传统上看"学术自由"包括教师的自由和学生的自由，而从内容上来看，可以将教师的自由分为研究自由、教学自由和言论与行动自由。① 在简单分析教师的学术自由的基础上，该声明还进一步对学术职业的性质、学术权力的基础、学术自由的权利、责任、义务、道德等进行了详细的论述。《1915 年总体原则声明》认为大学不同于企业，大学教师也不同于工厂的工人，大学教师尽管是被聘任者（appointees），但是董事会与大学教师之间不是雇佣与被雇佣的关系，也就是说教师并非董事会的雇员（employees），教师们一般都是某些专业领域中的学者专家，一旦被聘用，教师们履行的是他们的专业职能，而管理者往往是这些专业领域外的人员，他们没有能力、道德与权力去干涉学者们在专业领域中实施的专业职能。"在发布研究内容与结论方面，教师不应该受到董事的控制，董事也无须承担教师所发表的思想和言论所带来的责任与义务"。② 该声明还提出各大学应该实行教授终身制度（tenure system）、教授会裁判（faculty trials）制度、司法听证（judicial hearing）制度以保证大学学术自由的真正实现。③

AAUP 尤其对教授终身制度进行了主要说明，并提出了四点基本原则：其一，教师与校方必须签订明确规定了任职时间与条件的合同。其二，教师试用期一般不超过 7 年，试用期满若继续任用，则必须授予教师终身教职，若不再继续任用，则必须至少提前一年通知本人。其三，试用期间的教师享有与校内其他教师同样的学术自由。其四，要解雇拥有终身教职的教师必须给出充分的解释，并应依法院惯例举行教授的听证会。

《1915 年总体原则声明》是 AAUP 成立之后颁布的第一份公开声明，也成为了协会日后工作的纲领性文件。在《大学时代的学术自由》中，该声明甚至被评价为："美国有史以来有关学术自由原则的最全面和最有影响力的宣言"，"是学术职业发展过程中的一个里程碑"。④ AAUP 对学

---

① 付淑琼：《美国大学教授协会研究》，博士学位论文，浙江大学，2009 年。

② 1915 Declaration of Principles on Academic Freedom and Academic Tenure. http：//www. aaup. org/AAUP/pubsres/policydocs/contents/1915. htm.

③ 李子江、陆永：《美国学术职业安全的保障机制》，《现代大学教育》2006 年第 6 期。

④ Metzger, Walter. *Academic Freedom in the Age of the University*. Columbia University Press, 1955：133 - 134.

术自由与终身教职原则的声明与原则获得了大学教师的积极拥护，也不断在美国大学的管理中落实为具体的制度，这进一步加强了大学教师在学术事务方面的地位与作用，保障了教师的学术自由与职业安全。在某种程度上说，AAUP 的成立意味着美国大学教师主宰学术事务时代的来临。

（二）推动与促进教授治校

协会自成立之时便深知要维护教师权益，除了保障他们任职的稳定外，教师能参与院校管理、在院校事务中有一席之地和发言权，也是维护他们权益十分重要的一个方面。所以自建立伊始，协会便一直着力于推进教师参与治校的权利。为促进和保障教授参与大学的治理，AAUP 于 1920 年专门成立了一个大学和学院治理委员会（Committee on College and University Governance，又称 T 委员会）。T 委员会致力于关注及提高教师在大学治理中的地位与作用，并对此进行了长期不懈的努力，提出了一系列改善教授治校的原则。1920 年该委员会发表了题为《教师在大学治理和行政中的地位和功能》（The Place and Function of Faculties in University Government and Administration）的调查报告。这是 AAUP 第一份关于高校教师参与大学治理情况的调查报告。调查结果显示，在这些院校中广大教师参与院校治理的机会很少，院校管理者普遍对教师参与院校治理持反对和排斥态度。因此，T 委员会呼吁学院和大学应制定相应的措施和程序以增加教师参与院校治理的机会，保障教师在制定与教师相关的各事务中拥有发言权，促使教师更多参与大学的治理。

AAUP 成立初期，囿于当时人力、物力等方面的限制，AAUP 将工作重点放在了学术自由与终身教职事务上，总体上对教师参与院校治理关注得比较少。后来 AAUP 意识到必须进一步增强教师在大学治理中的作用。于是在 1938 年，AAUP 出台了《教师在大学和学院管理中的地位和作用》（Place and Function of Faculties in University and College Government）的报告，提出要进一步促进教师与董事会之间的联系与理解，而校长及其行政系统应该发挥出协调作用，保证教师在大学治理中的参与权，同时也指出教师应该拥有参与学校主要行政部门领导的人事决定方面的权力。[①]

1948 年，T 委员会发表了 1939—1940 年间协会对 40 所院校展开调查

---

① 李子江：《美国学术自由的变迁：1880—1980》，博士学位论文，北京师范大学，2004 年。

的报告。委员会将这 40 所被调查院校分为两类，一类是大学治理中教师参与率最低的 20 所院校，一类是教师参与率最高的 20 所院校。报告结果显示：在这些参与调查的院校中，教师参与治校的状况并没有得到改善。由此报告呼吁扩大教师参与大学治理的机会，保障教师参与治校的权益。1953 年，T 委员会继续对教授治校进行了调查，结果表明教师获得了在一些事务上方面的治校权力，校长与董事会更为重视教师意见与咨询作用。1955 年 T 委员会又发表了一份调查报告，并对 1955 年和 1939 年教师参与大学治理的情况进行了比较，最终得出结论认为："教师参与大学治理的情况在有些方面有了很明显的改善，总体而言，一个缓慢但逐渐明朗的趋势是管理方越来越多地吸收教师的意见和征求与咨询教师的看法与建议，且这个趋势越来越明显。"[①] 1958 年 T 委员会对 1937 年报告进行修改，希望制定一系列关于教师参与大学治理的标准。委员会开始对教师参与大学治理情况展开了大量调查，希望通过详细的调查获得一个关于美国高校教师参与院校治理的完整详细的报告。委员会认为假如教师与院校管理方的关系恶化了的话，委员会将考虑授权一个负责任的小组调查该事务。此时，委员会已经改变了之前的将学术自由与终身教职和教师治理糅合在一起的立场，而是将两者区别了开来，竭力创造条件推动教师参与院校治理。1960 年，在协会的理事会会议上，委员会主席路易斯（Louis）汇报了委员会的两份报告，分别为《教师的角色——原则声明》（The Role of the Faculty—Statement of Principles）和《教师的优先权和责任——问题与实践》（Faculty Authority and Responsibility—Problems and Practices）。报告汇报了当时美国各院校教师参与院校治理的情况，并认为教师与行政管理者的关系不太和谐。因此，在该年度的理事会会议上，理事会讨论了一些关于教师与管理方关系等方面的申诉信，并同意委员会对此展开一个更加全面的调查。在 1960 年 4 月的会议上，理事会同意了协会发布一个关于美国各院校教师参与院校治理的原则声明。这份原则的序言认为院校治理已经广泛地转变为了教师、管理者和董事会的"权利上的功能共享"（functional sharing of powers）。委员会提出，在参与大学治理的具体事务方面，教师应主要负责教育和研究方面的政策；教师应直

---

① Ward, Paul W. *The Place and Function of Faculties in College and University Government*, *Report of Committee T.* American Association of University Professors Bulletin, 1955：77.

接参与预算决定；教师应积极参与学术人员的任命、提升、解职等事务；教师应该积极参与选举和解聘系主任、校长和其他学术领导和管理者。

总体而言，正是在这些团体持续不断的争取与努力下，随着大学教师队伍自身的不断强大，教师参与治理及其专业化能力日益成熟，再加上教授明星制度的推行，在大学的学术事务方面，美国教师获得了大部分的权力。至 20 世纪 60 年代的时候，大部分的高校都拥有了比较完善的教授治校渠道与制度，教师在大学治理中尤其是在学术事务方面发挥出了重要的作用，可以说，教授治校制度得到了进一步的完善，并确立了其在美国大学治理中的基本地位。

（三）意义

AAUP 的成立对于教授治校具有重大的意义，最为基本的一点就是该协会给教授治校提供了一个全国性的组织保障，进一步促进了大学教授治校的广泛推行，共同推动了美国大学的发展。该协会坚决主张教授不同于雇员，教授应当拥有"委任人"（appointee）的地位。AAUP 成立伊始即提出了有关学术自由与终身教职的声明及其原则，这些原则历经多次修改与完善，获得了各高校的广泛认可，成为各个高校维护教师学术自由，实施教师终身聘任方面的基本原则，有力地保护了大学教师的学术自由、职业安全与工作稳定。

AAUP 的成立有力保障了大学教师的权益，虽历经经济危机、世界大战以及 50 年代的麦卡锡主义等多次考验与挑战而不衰。AAUP 有力地改变了大学教师的地位，在 AAUP 的支持下，通过大学教师的不断努力，董事会开始不断将学术事务的权力授予教师，教师权力也获得了校长等行政管理人员的认可，到了 20 世纪 60 年代，教师获得了在大学学术方面的广泛权力，开始形成大学内部的"多权力中心"的管理体制。

四　评议会制度的发展

尽管 AAUP 的成立进一步巩固和加强了教师在大学管理中的作用，但是，AAUP 毕竟只是全国性的教师组织，对各个高校并无实质性的具体管理权，因而教师权力的实现还需要依靠教师在大学内部组织机构的保障，而评议会就是教授在学校层面参与治校的基本组织平台。在这一时期，大学评议会的建立出现了高潮。到 20 世纪五六十年代，美国大学已经建立起了比较完备的基于评议会制度的教师参与院校管理的体制。

美国大学中最早的评议会组织是耶鲁大学于 19 世纪初期建立的，其后评议会在一些大学开始逐步建立。总体看，19 世纪美国大学评议会的发展都比较缓慢，在研究型大学建立后，很多大学开始纷纷设立评议会组织，以保证教师在大学治理中的作用，但是这些评议会力量比较弱小，没有完全发挥其治理作用，甚至还经常受到校长等行政力量的挑战。

很多州立大学在建校之初就成立了评议会，但是评议会并没有获得多大管理权力。董事会仍然负责大多数重要的决策，甚至连修订课程这些事情董事会都管。后来，教师和董事会之间达成了正式的协议，评议会的权力主要包括：制定颁发毕业证书和学位的标准，增加或者删减课程，以及聘任教师。在其他的领域，评议会一般只起咨询作用，从而限制了其在教育政策和学校预算方面的影响力。

20 世纪中叶，由于很多院校董事会不赞同让教师进入董事会，认为这有可能导致董事会中的利益冲突，并且觉得教师可以通过各种教师组织参与到大学的治理中去。在这样的情况下，评议会的作用体现得更为明显，一些没有建立评议会的院校也开始纷纷设立评议会。到了 20 世纪 60 年代，美国大多数高校都已经设立了评议会。一般而言，在那些规模比较大的学校，其评议会往往是由教师选举代表组成，而在那些规模较小的学校，评议会的成员往往包括学校的所有教师。但是相对这一时期的教师个人权力的加强，教师集体的权力却在萎缩或削弱。与此同时，评议会则变得越来越难以发挥作用，甚至完全发挥不了什么作用，甚至许多大学都在为凑齐评议会的法定会议人数而发愁。正如克拉克·克尔所说的："在教育政策方面确曾少有教师参与讨论。"① 另外，评议会的权力范围也仍然有限，主要还是基于一些教学与课程方面的内容。在大学战略规划和资源分配方面，教师所能够发挥的作用很小。显然，评议会还没完全发挥其应有的治理作用。

---

① ［美］克拉克·克尔：《大学之用》，陈学飞等译，北京大学出版社 2008 年版，第 23 页。

第四节　稳定阶段：教授权力与其他权力主体间的制衡与合作（1966 年以来）

一　大学治理革新时期的教授权力

20 世纪六七十年代，民权运动与和平运动在美国社会开始兴起，这从某种程度上也进一步推动了大学内部的权力斗争。从 60 年代后期开始，美国大学入学人数增长速度开始放缓，高等学校财政出现危机，学术职业市场变得不大景气，政府和其他团体也开始增加对高等教育的干预，由此美国的高等教育事业从急剧扩张时期转而进入了放慢发展时期，甚至是一定意义上的危机时期。米立特称这段时期为"大学治理的革新时期"。①这一时期大学面临的主要问题是财政紧缩。财政紧缩对美国大学教师造成了一定的压力与挑战。首先是为了解决财政问题，许多大学被迫调整教育计划，削减教师工作，并裁减教职人员，甚至包括部分终身制的教师，这在一定程度上削弱了大学教师的地位与权力。其次，教授终身制受到了越来越多的攻击，许多大学迫于压力不得不提高终身聘任制的标准。最后，为迅速应对外部的变化，高校出现了治理效率方面的要求，这也使得教师参与大学管理更为困难了。正如斯劳特所说，紧缩"普遍损害了教师参与治校和教师参与课程走向的权威"。②事实上，大学教师为维护自己经济与职业权益不得不另辟蹊径，最直接的表现就是教师工会和集体谈判运动在 20 世纪 70 年代之后获得迅速发展。据卡耐基基金会的调查，1975 年美国高校约有 72% 教师赞成教师集体谈判。正如弗兰克·凯默勒（Frank Kemerer）等教授所指出的："教师工会的迅速发展以及进一步扩展的潜力，使我们相信，教师集体谈判几乎肯定将成为高等学校管理中的一种主要力量。"③

当然，尽管大学教师权益受到财政紧缩的影响而面临一系列的挑战，

---

① Millett, J. D. *New Structures of Campus Power*. San Francisco：Jossey-Bass，1978：p. xi.

② Sheila Slaughter. *Retrenchment in the 1980s*：*The Politics of Pretige and Gender*. Journal of Higher Education 1993（64）：250－282.

③ 陈学飞：《美国高等教育史》，四川大学出版社 1989 年版，第 200 页。

但是大学教师在大学治理方面的影响力并没有受到严重的影响。实际上，大学教师在大学中的治理地位与影响力还获得了一定程度的增加，这主要是得益于评议会制度的完善。这一时期的美国大学包括研究型大学、教学型大学与社区学院基本上都设立了评议会，而且很多已经设立了评议会的大学还通过修改评议会章程对评议会的权力与实施机制进行了进一步的完善，从而较好地实现了评议会的作用。同时，在这一时期内，工会运动在高校兴起，教师们通过加入工会实施集体谈判来维护教师的权益，这样的维权新方式也有力推动了教师在大学治理的影响力。卡耐基基金会于1978年实施的一项调查表明，相较于1969年的情形，超过一半的大学校长认为教师增强了他们在大学政策与运行方面的影响力。[①]

但是在这个时期的社会民权运动影响下，大学其他群体也不断要求增加对于大学管理的参与权。最明显的就是大学生对于参与学校管理的呼声日益强烈，许多学校不得不对此进行了回应。同时，高校内部非教学人员日益增加，出现了大量专业行政管理人员与辅助人员。相关资料显示，美国高校中的非教学人员在1883年的时候只占整个高校工作人员的17%，1933年增长到了34%，而到了1976年竟然达到了66%。[②] 由于这些校内专业行政人员非常善于处理财务、人事、谈判、信息等方面事务，从而逐步取代了教师与某些管理者在一些治校方面的权力，因而出现了所谓的"专家统治论"。[③]

这一时期大学治理方面的变革，最基本的一个变化就是大学越来越多地成为各种大学利益相关者进行权力博弈的场所，大学的治理也逐步发展成为利益相关者共同参与的共同治理格局。总之，在新的历史时期，尽管美国大学教师遭受越来越多的挑战，但并未动摇教师在学术事务上的决定权，大多数美国教师还是在学术事务的管理中发挥重要的作用。而共同治理制度的实施进一步稳固了教师在大学治理中的作用，开启了大学教师与其他大学治理权力主体之间的权力制衡与合作时代。

---

① Verne A. Stadtman. *Academic Adaptation*. Jossey-Bass Publishers. 1980：69.

② 陈学飞：《美国日本德国法国高等教育管理体制改革研究》，教育科学出版社1995年版，第39页。

③ 彭阳红：《"教授治校"的现代变革——以德、法、美为例》，《现代教育管理》2011年第4期。

二　共同治理制度的确立

20 世纪 60 年代随着多种利益相关者参与到大学的治理中来，大学治理逐渐演变为共同治理。1966 年 AAUP、AGB（美国大学董事会协会）与 ACE（美国教育委员会）联合发表《大学和学院治理的联合声明》（以下简称《联合声明》），提出了共同治理原则，该制度的基本精神是肯定和保障教师在大学决策中的地位，体现在形式上是校长和教师们共同分享大学的决策权。[①] 在这之后，共同治理理念与原则开始逐步被美国各大学所接受，共同治理制度开始在美国大学得到确立。

《联合声明》从必要性、共同治理的原则、大学治理的各利益相关者的权力分配以及共同治理的实施途径等方面进行了详细的规定。

首先是关于必要性的阐述。《联合声明》在序言部分对其必要性进行了分析与论述，指出了在美国高校中加强校长、董事与教授之间交流的必要性。基于对利益相关者的角度，《联合声明》主张在保持各自独立性的前提下，让所有的声音都应该被听到，大学治理才会保持井然有序的状态，在此基础上各个群体之间应该共同努力进行沟通与理解，这种联合行动将增加解决教育问题的能力。

其次是关于共同治理的原则的规定。《联合声明》对"共同治理"的定义是"基于教师和行政部门双方特长的权力和决策的责任分工，以代表教师和行政人员共同工作的承诺"，也就是说，董事会、行政人员、教师、学生等大学治理的相关者共同参与大学治理。"共同治理"必须符合两条原则，一是"首要能力"原则，即"重大事务决策需要首要能力，也需要全体人员的参与"；二是"首要责任"原则，即"各相关群体在决策中的地位有所不同，谁对具体事务负有首要责任，谁就最有发言权。"[②] 这就是说共同治理是所有利益相关者都对学校事务有一定的发言权，大学的决策必须基于各个利益相关者的意见与建议。

再次是对各个利益相关者的权力进行了明确分配。《联合声明》明确而详细规定了董事会、校长和教师的主要权力和责任范围。董事会主要负

---

① 牛凤蕊：《大学治理：美国的经验与启示》，《内蒙古师范大学学报》（教育科学版）2009 年第 1 期。

② 甘永涛：《美国大学共同治理模式研究》，博士学位论文，浙江大学，2009 年。

责制定学校发展战略规划、大政方针、预算分配、经费使用、校长任免、校外关系等，基于董事会的授权，校长负责学校的日常行政管理；《联合声明》对教师的权力与职责进行了明确规定，即教师承担在教学活动、科学研究、教师聘任等学术事务方面的首要责任，同时教师还可以在一些非学术事务如战略规划、预算分配、校长遴选等方面发挥参与决策的作用。

最后是对共同治理实施途径的规定。《联合声明》对教师权益的实现及保障途径作了明确的规定。认为各个高校应该充分保障教师参与大学治理的权利，并要求各个高校制定教师参与治理的组织原则及相关制度。为此，各高校不仅仅应该在大学层面建立评议会，在学院学系层面建立教授会，还应该建立董事会、校长与教师之间的协商合作机制，增加教师在董事会中的名额，以保证共同治理的真正实现。

《联合声明》的出台在美国大学治理中具有重要的意义。《联合声明》对共同治理的规定从根本上凸现了教授治校的作用。该声明第一次针对大学教师参与大学治理的权利进行了全面、详细、清晰而明确的阐述；第一次正式确认了教师在大学治理中的合法性地位。该声明不仅确认大学教师在教育教学、科学研究等学术事务方面的首要责任，更进一步明确了大学教师在战略规划、经费预算、管理者遴选等非学术事务方面决策的重要性。这就是说，教师参与决策的范围由单纯学术事务扩展到非学术领域，而教师参与大学决策的组织平台也更为多样，不仅仅有评议会或教授会，也有特别委员会或常设委员会，这些机构都逐步成为了教师参与大学决策的重要平台。可以说，《联合声明》的出台代表着美国大学共同治理制度的正式确立。共同治理制度由此在美国大学广泛实施，大学教师的治校权利得到了进一步的保证与发展。

三　共同治理制度的巩固

总体而言，共同治理制度建立后获得了大量的表扬、肯定与支持，随着共同治理的迅速推广，它的内涵也随之深化和拓展。但是由于人们对于共同治理的理念缺乏统一的认识，实施起来难免遇到这样那样的困难。尤其是到了20世纪七八十年代大学治理出现了许多新的特点和变化，理念上的冲突与实践上的挫折导致共同治理制度遇到了来自各方面的挑战。由于共同治理的实施并没有统一的模式，各个高校在实施中体现了更多的差异化与多样性的特征。为此，加州政府在1988年颁布了《AB1725法案》

（又称议会法案 1725），试图在加州的 106 所社区学院推广共同治理。作为美国大学治理方面的首个法案，该法案的颁布意味着美国大学共同治理法制化的开始。法案对共同治理的界定与内涵更为清晰，使得共同治理在加州首次步入了法制发展的轨道，从而巩固了共同治理制度，也进一步加强了教师在高校治理中的作用与地位。

加州高校在共同治理方面拥有比较坚实的基础，1988 年加州政府颁布了议会法案 1725，认为教师应为高校的重要决策者之一，希望让社区学院教师"通过建立教师评议会，对学院进行学术管理"。[1] 该法案明确规定了法案提出的目的、共同治理的原则以及实施途径。

首先是规定了议会法案 1725 的目的。议会法案 1725 对制定该法的目的提出阐述，并明确提出加州社区学院共同治理的目的是为了让教师更多有效参与决策过程。该法案提出，"董事会应该给予教师更多的责任和权力，董事会的意图就是希望教师更多地参与院校治理和决策过程"。[2] 为了保障教师有效参与学校治理，议会法案 1725 要求高校在学校层面上建立相应的司法程序。议会法案 1725 要求加州学区理事会、学院行政管理人员与教师（通过评议会）都参与治理。该法案不仅要求各高校从政策层面建立共同治理的制度，同时也建立了相应的司法程序，由此构建了教师参与治理的制度结构和操作过程。

其次是对共同治理的两大原则进行了规定。议会法案 1725 明确提出了"首要依赖"与"相互协商"的两大原则。议会法案 1725 要求董事会注重学术委员会在课程和学术标准上负有首要责任，同时，为了提高共同治理制度的运行效率，法案规定董事会必须与评议会相互协商共同处理学校事务。该法案同时认为学术委员会的行为从本质上说是建议性而非约束性的。学术委员会的首要功能是代表教师群体对学院行政管理者提出建议，从而实现对学术和专业事务的首要责任。

再次是对"学术和专业"事务领域进行了界定。该法案明确规定了学术委员会的治理角色，同时也对教师及其评议会在大学治理中的作用和角色进行了详细阐述，并且认为教师参与学院治理是法案实施成功的基础。在此基础上法案对"学术和专业"事务领域作了清晰的界定，它包

---

① AB1725. http：//www.asccc.org/LocalSenates/AB1725.htm.

② Ibid..

括课程、学位和证书要求、分数政策、教育项目发展、关于学生职业准备和成就的标准和政策、学区和学院治理结构、关于教师角色问题、教师角色和鉴定合格的进程、教师专业发展政策、项目评论进程、院校规划和财政发展进程、其他学术和专业事务如理事会和学术委员会之间的相互协商。[①]

最后是对实施途径的规定。法案规定学院董事会、行政管理者和评议会共同负责的政策。董事会和行政管理者必须在学术和专业事务上与委员会合作协商。法案要求董事会最主要依赖评议会在学术方面的建议,从实施策略上看,法案提出要重视过程管理,倡导以小组形式的全员参与。法案要求改变传统的管理者进行决策而员工按照方案实施的层级管理模式,强调要动员所有相关人员主动参与到共同治理活动的各个环节之中。

加州议会法案 1725 是美国加州推进社区学院治理结构改革的重要举措。虽然最初只有在加州完全实施了共同治理模式,但在 20 世纪 90 年代以后,逐步在全国推广。该法案开启了美国大学共同治理的法制化,是对共同治理制度的进一步完善,体现了共同治理制度在美国的逐步深化,保障了教师在社区学院的治理权利的实现,推动了社区学院的教师治校。具体而言,该法案的意义体现为三个方面。[②] 其一,确立了社区学院在高等教育治理系统中的目标和定位,创建了社区学院学术评议会在治理系统中的独特角色。其二,该法案给予教师更多的决策权,从而提高社区学院的学术质量,改变大学教师与管理者在治理实践中因为权力失衡所产生的隔阂与矛盾。法案极大拓展了教师在学术自由方面的空间,改变了以往社区学院不太注重学术质量的状况。其三,加强了教师、学生和其他治理主体的作用,提高了共同治理制度的运行效率。法案协调了各治理主体的关系,明确了各自的责任与使命,不同程度上提升了各利益主体在大学治理当中的地位。

四　共同治理制度的变革

自 20 世纪 90 年代开始,由于受到全球化以及新公共管理主义的影响,美国大学共同治理制度在发展中出现了各种问题,面临着空前的挑

---

① AB1725. http：//www. asccc. org/LocalSenates/AB1725. htm.

② 甘永涛:《美国大学共同治理模式研究》,博士学位论文,浙江大学,2009 年。

战。第一，全球化的影响。首先，全球化趋势滋长了高等教育治理中的学术资本主义意识与经济意识，教师们认为在共同治理上投入时间与精力是一件不经济的事情，而且结果还未可知。其次，全球化加快了多元文化的兴起，助长了美国少数族裔群体的政治意识与权利意识。体现在大学治理中则是各族裔教师希望通过参与大学治理以改变自己的角色和地位。第二，新公共管理主义的渗入。新公共管理主义主张实行商业化运行模式，对高等教育领域的冲击主要体现为以下三个方面：一是经费政策的变更及拨款减少导致的高等院校资源短缺，从而使大学治理结构中的利益关系发生了相应改变；二是高等教育总体资源的短缺，导致高校注重资源利用，从而导致共同治理理念往往被行政管理部门所忽视，教师与管理者之间的权力的平衡关系被打破；三是入学人数的增加与大学规模的扩大要求改革大学内部管理方式以形成并发展更富效率的组织结构。

而随着大学内外部环境的变化与发展，共同治理自身的问题与弊端也日益凸显。主要表现在三个方面。

首先，共同治理导致决策效率低下。在大多数大学共同治理过程中，由于教师与其他利益群体的利益不同，往往很难达成一致意见，因而也导致共同治理中的决策效率非常低下。共同治理的反对者认为，决策和治理过程当中的教师参与者的角色已经远远超出了范围，教师参与决策过程是浪费时间，要达成一致将花费更多的时间。

其次，参与者之间的矛盾凸显。共同治理在实际运行中面临的主要困难是如何处理各利益相关者之间的矛盾与冲突。不同的利益取向以及实施中出现的沟通不畅、协作不顺导致各利益相关者之间摩擦不断。由于院长、系主任同时拥有学者身份和行政身份，他们往往在学校与院系、学术与行政之间起着枢纽作用。[1] 共同治理模式之下，中层管理者的内在复杂性加剧"学术对行政的控制"，然而，20世纪90年代以来行政权力持续增长，院长、系主任的行政身份日益强化，他们的价值选择倾向，逐渐向校部行政上靠，而不是向教师下移。

再次，董事会外行性质的弊端。美国大学的董事会具有非常明显的外行性质。调查表明，大学董事会中"非学术界人士占主导地位""校外人

---

① Clark，B. R. *The Academic Life：Small Worlds，Different Worlds.* The Carnegie Foundation for the Advancement of Teaching，1987：80.

士占多数"的状况自 19 世纪以来没有变化。外行性质具有自身固有的弊端，在新的历史时期显得更为明显。一是外行人员不懂教育规律和学校管理，影响大学决策的科学性。二是董事会成员中工商界人士越来越多，他们在人才培养、科研、社会服务方面更多地考虑工商界的利益，而不是全面为社会服务。显然，在这种情况下，教师在共同治理中的作用难免会被削弱。

为应对传统的共同治理模式改革的需要，重建大学治理，美国大学董事会协会（AGB）发布了 1998 年 AGB《宣言》。《宣言》在对自 1966 年《联合声明》发布以来大学治理的变化进行分析的基础上，认为大学需要承担更多的社会责任，而董事会、校长和教师都认为共同治理模式下的大学治理需要提高效率。

基于此，《宣言》对董事会的职责进行了重新界定，认为董事会对大学的使命和战略导向负首要责任，董事会应该代表其他利益相关者的行为，而其他利益相关者可参与正确的决策，以帮助董事会重建大学的内部治理。由此，1998 年 AGB《宣言》重新分配了共同治理中各方的权力，更为详细地规定了大学决策过程中的各方权力。在教师权力方面，1998年 AGB《宣言》认为"董事会和管理者应该尊重教师在个人学术自由上的最高权力，尊重教师在课堂和研究中的学术自由活动"；①《宣言》主张在保持全职教师可与董事会协商的基础上，扩大非终身轨教师、兼职教师和助教参与决策的比例。

通过以上对共同治理制度发展的梳理可以看出，共同治理制度已经成为美国重要的大学治理制度。美国大学共同治理模式的确立、巩固和变革标志着美国高校教授治校进入了稳定的阶段。教授权力与其他治理主体之间的权力关系进入了比较平衡而又互相制约与合作的态势。

五   教师工会和集体谈判运动

如前所述，随着评议会组织的发展，以及共同治理制度的建立与完善，教师在大学治理中的地位与作用在稳步上升，然而，20 世纪 60 年代以来，大学也受到了来自财政危机、学生入学人数增长放缓以及学术职业

---

① Hamilton, N. W. *Academic Ethics: Problems and Materials on Professional Conduct and Shared Governance.* Praeger Publisher, Westport. http://papers.ssrn.com/abstract = 875473.

市场低迷等方面的影响，导致大学教师的权力和地位开始受到一定程度的挑战。而实际上根据一项调查，从 1969 年以来，有 58% 的大学校长认为教师持续增强了他们在大学决策中的影响力。① 而之所以能够在严峻的情形下教师影响力不降反升，这主要是得益于这一时期兴起的教师工会制度（faculty unionism）和教师集体谈判（collective bargaining）为维护教师权益所作出的贡献。

（一）教师工会和集体谈判的兴起与发展

教师工会与集体谈判运动的兴起主要是基于以下几个方面的因素。第一，经济利益与职业安全的考虑。由于很多大学面临着财政压力，不得不对教育计划进行适当调整，同时开始缩减教师的工资，甚至一些大学还开始裁减校内教职并增加教师的工作量以节约学校开支，提升办学效率。正是在这样的背景之下，出于经济利益与职业安全的考虑，教师们开始选择组建工会通过集体谈判的方式来更有效地维护自身权益。第二，教师数量的剧增和构成的变化。20 世纪 60 年代，美国大学教师数量迅速增加了 20 多万，而其中大多教师为 35 岁以下的年轻教师，② 由于年轻教师们往往都不具有终身教职的职位，缺少在经济上与职业安全方面的保障，因而他们非常支持组建并积极参与教师工会。第三，相关法律的实施。促使高校教师工会运动率先开展的关键因素是相关法律的推行。比如一些州开始颁布相关法案允许公立学校的教职员拥有集体谈判的权力，到 1976 年的时候已经有 22 个州颁布了教师集体谈判法，到 1980 年的时候则迅速增加到 32 个，及至 20 世纪 90 年代中期，38% 的公立院校全职教师已经参与集体谈判协议。③ 第四，一些全国性教育协会的大力支持。全美教育协会（NEA）与美国教师联合会（AFT）都在经费开支、政策引导等方面对教师工会的活动进行了重点支持。AAUP 在这一时期也开始支持教师的集体谈判，并于 1973 年发布《关于集体谈判的声明》，认为"必须通过集体谈判达成的同意以及法律强制力作为必要的补充，才能有效保证我们的原

---

① Mortimer, K. P. & McConnell, T. R. *Sharing Authority Effectively*. Jossey-Bass, 1978.

② 马立武：《二战后美国高等教育领域中的宪法权利保障探析》，博士学位论文，河北大学，2004 年。

③ Ehrenberg R. G. *Governing Academia*. Ithaca：Cornell University Press, 2004：210 - 211.

则得以实现"。① 自此，集体谈判的合法性得到 AAUP 的承认，成为该协会推行其政策和措施的另一条重要途径。第五，社区学院的影响。首先，相对于研究型大学的教师而言，社区学院的教师对于集体谈判的态度更为积极;② 其次，社区学院的教师人数众多，占到全国教师总数的六分之一，人数众多因而影响力更为广泛;最后，社区学院的教师往往都是来自各行各业的兼职教师，他们拥有丰富的谈判经验。第六，教师层与管理层的文化冲突。解决教师与管理者之间的冲突需要一定的仪式化程序与出口。而集体谈判制度某种程度上能够化解教师与管理者之间的文化冲突，超越了简单的薪水与利益之争。

在美国高校中最先建立教师工会并成功开展教师集体谈判的是密尔沃基技术学院，该校教师于 1963 年成功与校方签订全美第一份教师集体谈判合同。自此，教师工会运动开始迅速发展。1966 年组建教师工会的高校只有 11 所，而仅仅三年后就发展到 130 所;到 1975 年发展到 430 所，占当时所有高校的 1/8，超过 20% 的全职教师参加了工会;至 1994 年，31 个州承认了教师集体谈判组织的合法性，26% 的教师加入到集体谈判组（Collective Bargaining Units），其中 96% 的教师在公立院校。③ 显然，在美国高校中，集体谈判已经成为一种普遍的现象。

然而教师工会与集体谈判的发展并非一帆风顺，甚至从一开始就遭到了大学内外的质疑甚至否定。正如美国大学教授协会的发起人洛夫乔伊认为，"集体谈判的方式过于激进，容易导致大学教师与校方之间的对立，从而影响大学内部的团结"。④ 大学教师的专业主义与工会主义之间存在严重的价值冲突。专业主义倾向于坚持传统的协商方式，主张与管理者适当分享权力;而工会主义更倾向于采取集体谈判方式，因而有损于共同治

---

① The Carnegie Commission on Higher Education. *Governance of Higher Education：Six Priority Problems.* New York：Mcgraw-Hill，1973：223. 转引自李子江《美国大学集体谈判制度的形成与发展》，《比较教育研究》2006 年第 3 期。

② 李子江：《美国大学集体谈判制度的形成与发展》，《比较教育研究》2006 年第 3 期。

③ ［美］亚瑟·科恩：《美国高等教育通史》，李子江译，北京大学出版社 2010 年版，第 233 页。

④ Wilson，logan. *The Academic Man：A Study in the Sociology of A Profession.* New Brunswick：Transaction Publishers，1995：125.

理中的"协商性"。① 事实上，不同类型院校与不同群体的教师对于集体谈判也持有不同的态度。一般而言，相较于那些优秀的研究型大学、常青藤大学及精英型文理学院的教师，社区学院与大型公立大学系统内的教师往往对于集体谈判更为积极；相较于拥有终身教职的教师与明星教授而言，尚未获得终身教职以及收入较低的教师则更为支持集体谈判；相较于那些具有市场应用地位的学科而言，人文与社会科学以及纯理科的教师更为支持集体谈判。由于所持政治观点不同，大学教师对工会的态度也有不同。一些教师持有自由主义观念，主张平等主义，认为所有教师都应该在院校管理中发挥作用，因而积极支持教师通过建立工会进行集体谈判维护自身权益。此外，有些学者不愿意支持集体谈判，因为他们担心教师集体谈判会削弱甚至取代教师评议会的作用。事实上，集体谈判运动在发展中也受到了重大的挫折。1980 年，在国家劳工关系委员会诉犹太大学（National Labor Relations Board v. Yeshiva University）的案件中，最高法院判决认为犹太大学的教授拥有了大学的管理权，他们属于学校的老板而非雇员，因而不享有相应的组织工会和集体谈判的权利。这样他们就不能被视为《国家劳工关系法案》中的雇员。当然法院同时也认定，犹太大学案只是一个特例。在其他那些教师没有多少管理权的大学仍然适用《国家劳工关系法案》，后来发生的大约半数关于大学管理权的案例都适用了这个《法案》。

（二）教师工会与集体谈判的影响及意义

及至今日，教师工会已经成为维护教师权益的重要组织渠道，集体谈判已经成为教师诉求自身权益的重要手段。在以往的大学中，代表教师权力的组织往往是评议会，评议会主要的权力领域是诸如课程内容、教育教学、科学研究、教师晋升等方面的学术问题，而在一些非学术领域诸如教师工资福利、教学人员的政策、工作量以及学校管理等方面则很少涉及与参与。在这样的情况下，以维护教师经济利益和职业安全为宗旨的教师工会的建立则恰好弥补了评议会权力的不足，打破了以往大学教师不同于"雇员"的传统观念以及教师仅以个人的身份与校方谈判聘任和工作条件的惯例，使教师与校方之间形成一种正式的法定关系，从而保障了教师的

---

① 欧阳光华：《董事、校长与教授：美国大学治理结构研究》，高等教育出版社 2011 年版，第 251 页。

经济利益与职业安全。① 事实上，恰恰是在那些评议会尚未建立或运作欠佳的院校，教师工会往往最先建立起来并获得较快的发展。正如有些学者们认为的，集体谈判极大地影响着高校管理的实践，在某种程度上改变了高校内部的力量结构，成为了高校管理中的重要部分。②

由于大学的规模越来越大，以及新式州一级的协调委员会的建立，大学教师参与学术决策的方式越来越间接。而教师工会的兴起与发展直接有效影响着终身教职、工作条件及教师薪酬，推动了教师积极参与高校的管理，有力地改变了许多高校内部的权力结构。③ 集体谈判的出现迫使董事会不得不开始重视教师工会，从而使得大学内部权力结构更为平衡。可以说，教师获得集体谈判的权利是教授治校历史上的一个重要发展。事实上，集体谈判已经逐步发展成为具有美国特色的一种制度，促进了美国高等教育管理的改革，保护了教师的学术自由与终身聘任制等方面权利的实现，成为了当前教授治校的一个重要途径与方式。

基于以上对于 20 世纪 60 年代以来教授治校的发展梳理可以发现，本阶段的大学治理出现了两个基本的变化：首先是共同治理制度的发展与完善；其次是教师集体谈判与工会运动的兴起与发展。而这两者在高校治理中的交替出现，构成了这一阶段教授治校的基本图景。事实上，共同治理与集体谈判之间既有联系也有区别。一方面，共同治理与集体谈判存在一些基本的共同点，如两者都必须受制于美国联邦与各州的法律法规。同时从目的上来看，共同治理与集体谈判都是为了维护教师的权益。另外一方面，共同治理与集体谈判存在巨大的差异。从维权方式上看，共同治理更多强调协调与合作，而集体谈判更多体现为冲突与对抗。共同治理需要各利益相关者互相配合、互相支持、共同合作以追求大学的最佳治理，而集体谈判是教师对董事会与管理者的利益诉求，维护的是教师自身的权益，需要董事会与管理者作出让步。显然两者的出发点与立场也不尽相同。共同治理追求的是教师集体的治理权力，最终目的是希望实现大学的最佳治理，而集体谈判追求的是教师个人的经济权益，最终目的是提高教师个人

① 马立武：《二战后美国高等教育领域中的宪法权利保障探析》，博士学位论文，河北大学，2004 年。

② Kemerer, Frank R. & Baldridge J. Vivtor. *Unions on Campus.* San Fransicso：Jossey-Bass Publishers, 1976：1.

③ 陈学飞：《美国高等教育发展史》，四川大学出版社 1989 年版，第 256 页。

的经济地位与福利待遇。在所辖范围而言，两者之间也存在差异与争议。共同治理更多是基于教师的学术地位与专业特长维护教师群体在大学治理中的权益，参与的更多是学术领域的事务；而集体谈判更多是基于教师的雇员地位与员工福利，维护教师的工资福利与经济利益，更多是体现教师在大学工作中所能够获取的利益问题。此外集体谈判与共同治理在不同类型高校之间存在一定的差异。研究型大学的教师更为倾向于通过共同治理维护自身权益，实现对于大学治理的参与与控制，而社区学院与一般的专业性本科院校的教师则更为倾向于通过集体谈判维护自己权益。这主要是由于两个方面的原因：首先，研究型大学内的教师一般拥有较高的社会地位，在校内可以通过评议会等教师组织实现教授治校的权益，而社区学院与一般的专业性本科院校，专业地位一般并不高，这些学校内部的评议会并不能够完全发挥有效的作用，难以充分保证教师治校权益的实现，因而不得不转而求助于集体谈判的方式；其次，两类学校的教师所持价值观存在差异，研究型大学往往更具有专业主义理想与信念，他们往往更多将自己视为学校的主人，是学校专业社团的重要组成，而进行集体谈判则将教师降低为学校雇员的位置，与教授在学校内的专业地位不相符合，因而对此存有不屑。而社区学院与一般专业性本科学院的教师由于很多都是兼职教师，他们的社会专业地位并不高，因而缺乏强烈的专业主义理想，更多持有工会主义信念，他们往往更多关注自己的经济与职业利益，因而更为支持集体谈判。[①]

随着共同治理制度的完善，作为教授治校的基本组织平台，评议会与教授会变得越发组织严密而有力，发挥出了更为重要的作用。教授会在学院学系层面几乎全面负责了相关事务，评议会在大学层面则获得了学术事务方面的基本权利，甚至也扩展了其在非学术事务方面的影响力。教师代表在越来越多的公立院校董事会出现。有些规模较大的高校评议会甚至成立了自己的常设委员会或特别委员会，以加强院系之间以及教师与校长、董事会之间的交流，从而进一步完善了教授治校的实施机制。

---

① 甘永涛：《集体谈判，还是共同治理？——美国高校教师权利维护的两种战略选择》，《中国高等教育评估》2008 年第 3 期。

第三章

美国大学教授治校的权力空间

第一节 大学共同治理模式

当前美国大学普遍实行共同治理。作为一种独特的治理模式,美国大学共同治理较好地兼顾了学术自由与公共利益、教师民主参与和行政主管日程管理、决策质量与执行效率之间的关系,从而为美国大学的发展奠定了良好的制度基础与平台,使得美国大学得以在世界高等教育体系中独领风骚。在世界的高等教育模式中,美国大学的共同治理模式及其结构具有典型性。

一 大学共同治理内涵

(一) 共同治理的内涵

1966 年 AAUP、ACE 和 AGB 发表《联合声明》,该声明对共同治理(Shared governance)的概念作了明确界定,即共同治理就是"教师和行政部门基于各自首要能力而进行的权力与职责的划分"。① 所谓"共同治理",有很多种翻译与表达,如共享管理、共同管理、共享治理、共治、分享治理、联合治理、共事决策等。② 但不论如何表达,从其基本的内容来看,共同治理就是大学的利益相关者如董事会、校长及其行政系统与教师等共同参与大学治理。《联合声明》的发布首次明确了教师在大学治理中的正式地位。该声明对共同治理中的教师权力与职责范围也作了明确规

---

① AAUP. *Statement on Government of Colleges and Universities 1966.* http://www. AAUP. org/AAUP/pubsres/policydocs/governancestatement. htm.

② 屈琼斐:《美国大学"共治"管理理念述评及启示》,《大学教育科学》2006 年第 6 期。

定，提出教师不仅仅能够参与一般性的学术事务，而且还应该参与一些大学的非学术的决策，如战略规划、财务预算、校长遴选等。显然，共同治理理念的提出对于教师的权益保护具有重要的意义，经过几十年的发展，共同治理作为美国大学治理的基本理念已经对美国大学的发展产生了深远的影响。

综合各方学者对共同治理理解，可以概括为三点：第一是参与观。即董事会、校长、教师等大学内外的利益相关者共同参与大学治理。第二是自治观。即共同治理体现的是一种分享自治模式的具体过程或程序，是涵括政策、决策和程序的一种组织系统，也是一种新型管理模式。第三是权变观。即共同治理可以依据需要而有不同的理解与阐释，可以是一种治理形态，也可以是一种政治手段或一种理论体系。①

总体而言，共同治理是一种新的管理模式，涵盖所有正式制度和规则，同时也包含各种非正式的制度安排，呈现的是一套政策参与者都能接受的运作模式。与以往的管理模式相比，共同治理更注重协调，而不是控制，主张各个利益群体共同参与大学事务的管理。也就是说，这个管理的过程体现基本的理念就是"共同分享"，大学的核心利益相关者如董事会、校长为首的行政部门、教师以及其他利益相关者共同分享大学管理的职责与权力，并在此过程中进行彼此权力的制衡与监督，最终实现大学的有效治理。

（二）共同治理的要素

20 世纪 70 年代开始，美国学者采取了多种理论视角研究高等教育问题。并且认为在大学里，不同的利益群体都试图参与到决策过程，谈判、协商、联合是常有的现象。参与者将意见提出，希望能够获得所需要的答案，但是除非参与者有意去建构合作关系，否则协商将会变成冲突，而若缺乏信任，权力共享的组织文化便不会建立。实际上，无论共同治理呈现何种形式，共同治理都具有几个基本的要素：② 第一，共同治理的首要基础是"责任—专业"。③ 也就是说，参与共同治理首先是要基于自己的专

---

① 甘永涛：《美国大学共同治理界说及制度演进》，《外国教育研究》2008 年第 6 期。

② 同上。

③ Alfred. , R. L. , *Report of the Faculty Senate-Presidential Task Force on the Implementation of Shared GovernanceStructure.* http：//www. senate. ufl. edu/publications/reports/shared ＿ governance/Final＿ Joint＿ T＿ F＿ Shared＿ Gov＿ Report. pdf.

业能力，才可以承担相应的职责。第二，共同治理真正实现需要以信任为前提。波普认为，信任是建立和谐关系的元素，是共同治理的基础，评议会与管理者之间应该以合作互惠的态度行事，因为只有在信任的前提下，才能实现共享和共治。① 第三，共享权力是共同治理的核心。共同治理要求各治理主体之间进行合作与共享，这是共同治理的核心问题。而合作与共享并不意味着就是平均分配，而是基于各自的首要能力进行权力划分，共同承担起大学的治理职责，也就是说，这样的权力分配需要以共同职责与共同目标为前提。第四，共同治理的难点是各方关系的协调。由于各方利益相关者都参与到大学治理中来，导致共同治理呈现更为复杂的利益与权力关系，因而，共同治理需要更为有效地协调好各方关系，保证各方利益的诉求。

二　大学共同治理结构

大学共同治理结构的建立有助于使大学内外部的各利益相关主体在权力、责任和利益上相互制衡，实现内外部效率和公平合理。

（一）共同治理的总体结构

作为典型的利益相关者组织，大学包含了众多的大学内外部利益相关者。美国大学的治理总体结构包括内部治理与外部治理两个方面。美国大学的内部治理结构，其核心治理主体是董事会、校长与教师。1966 年共同治理模式中，AAUP 等《联合声明》中将大学治理的主体扩展到学生。就大学内部治理而言，勒德曼（Redmond）指出，共同治理模式实质上是根据机构群体的不同责任层级（layers of responsibility）来设计的，包括学校整体、董事会、校长、教师以及学生的参与。AAUP 在宣言中对共同治理模式中的各个层面的主体及其责任进行了分配与描述。如表 3.1 所示。

表 3.1　　　　　　　　　　AAUP 的共同治理模式

层级	责任
学校整体	为了学校的整体利益，行政人员和教师必须在一系列事务上进行合作，包括课程、校内运动队、战略与财政规划、教师与行政人员的招聘以及教师终身制与晋升等

---

① Pope M. L. *A Conceptual Framework of Faculty Trust and Participation in Governance*. New Directions for Higher Education. 2004 （127）：75 – 84.

续表

层级	责任
董事会	董事会有权就财政和政策事务做出最终决策，但要吸纳教师的意见
校长	大学的首要长官为领导目标实现以及与大学全部共同体（包括董事会和教师）沟通确定基调。在履行职责时，校长可以寻求教师的意见，但 AAUP 模式把这一责任赋予校长。因此，教师的意见可供参考，但不是必需的
教师	教师在课程、教师的招聘、晋升与解雇等领域的决策上起核心作用。而且，凡是影响到机构学术发展的所有方面，教师都要有话语权
学生	承认学生参加决策的意愿；当这种意愿得到认可，学生应该被允许就校风、校内运动队以及学生认为其能够发挥专长的领域，发挥他们的影响力

资料来源：AAUP. Statement on Government of Colleges and Universities. http：//www. aaup. org/statements/redbook/Governance，html.

随着共同治理理论的兴起以及实践的推进，当前的共同治理中的利益相关者群体越来越多，涵括了校友、政府、工商业代表、学生家长等。事实上，当前的美国大学共同治理也确实更为全面地考虑到了各个利益群体在大学共同治理中的地位，充分支持与发挥各群体的作用，这也使得美国大学获得了广泛的社会支持。从外部治理的角度看，一方面，美国大学获得了来自工商业精英代表、富豪以及校友等自然人的大力支持，这些人或给予大学更多的捐赠，或给予大学更多的社会联系、项目支持或学生就业机会等，甚至他们可以直接成为大学董事会的成员，从而在更为广泛的层面间接或直接地影响着大学的治理与发展。另一方面，一些政府机构或中介组织如联邦政府、州政府、基金会和专业认证协会等可以通过资金资助、财政拨款、政策引领、认证评估等方式直接或间接地影响大学的治理。美国大学共同治理的内外部治理主体在大学中构筑了美国大学共同治理的总体结构。

（二）共同治理的特点

美国大学共同治理拥有了比较鲜明的特点，主要包括治理主体的多样性、治理权力关系的系统性与制衡性，以及治理机制的完善与丰富性。[①]

其一是治理主体的多样性。美国大学共同治理中出现了多元化的治理主体，从大学内部来看，既包括大学内部的董事会及其成员、校长及

---

① 程北南：《美国大学治理结构的经济学分析》，中国财政经济出版社 2009 年版，第298 页。

其行政系统成员如副校长、教务长、各院长与系主任，也包括教师及其所在的治理机构如评议会与教授会、学生以及学校一般员工；从大学的外部来看，既包括联邦政府、州政府、基金会、专业认证协会等机构与组织，也包括工商业代表、富豪、校友、学生家长等个人。此外，各个治理主体在共同治理中的角色也是各不相同。从大学内部来看，董事会是大学的法人，具有大学所有者的角色，以及最终决策者与监督者角色；校长及其行政系统则主要具有大学管理者角色以及决策执行者角色；教师则具有大学的学术事务决策者以及执行者角色，同时也具有其他相关事务的咨询者与建议者角色。从大学外部看，联邦政府和基金会主要是出资者、监督者、政策引领者；州政府和校友会一方面主要是出资者、监督者，同时在一些大学也一定程度上成为大学内部事务的参与者；而专业认证协会则主要是评价者。总之，共同治理是一种典型的利益相关者治理模式，各类治理主体共同参与、互相影响、共同作用，成为了作用与角色交错的权力之网。

其二是治理权力关系的系统性与制衡性。尽管美国大学共同治理中的权力关系复杂，从财产权利这个角度分析则会发现，共同治理中的权力关系具有高度的系统性。董事会基于其物质财产所有权对教师——人力资本所有者进行委托—代理式的系统约束。而教师则对于董事会具有均衡性的反制。由此在大学内部形成一个完整而均衡的权力制衡环路。美国大学共同治理外部结构的运转逻辑同样以财产权利为核心。联邦政府、州政府、基金会、校友会和富豪等凭借其出资者身份行使其外部治理的各种权利。从根本上说，美国大学共同治理的权力制衡关系始终体现为物质资本所有权和人力资本所有权的相互制衡，其中以物质资本对人力资本的制衡为主。

其三是治理机制的完善与丰富性。美国大学共同治理体现出丰富而完善的治理机制，包括制衡、激励和筛选三大机制。美国大学共同治理的权力制衡机制非常完善。在大学内部，一方面董事会通过权力的委托代理实现对于校长和教师的权力分配与监督；另一方面教师通过评议会组织实现对校长和董事会的反制。在大学外部，联邦政府、基金会和校友们以经济资助的方式制约与监督着董事会；州政府可以资助方式干预公立大学的董事会和校长任免，甚至直接参与董事会，或具有校长的最终任免权；专业认证协会以评估或认证的方式制约与影响着董事会的决策；而校友会则以捐赠者、董事会参与者的身份影响着董事会的构成与决策。此外，受益于美国特定的制度环境，美国大学共同治理中的董事会所具有的法人权能够成为董事会于校长的最大激励来源。由于董事会拥有了大学的全部产权，因而充分保证了董事会对校长、教师等利益相关者群体进行所有权的让渡，实现财产所有权与人力资本所有权的价值交换。实际上，这就是一种最大的激励。最后，美国大学共同治理还具有极富特色的筛选机制。包括董事会成员和校长的遴选制度，以及董事的零薪酬制度和校长的中等薪酬制度。美国大学董事会成员基本是兼职人员而且实现零薪酬制度，参与大学的董事会更多是一种荣誉与理想性的社会服务工作。此外美国大学校长的薪酬水平远低于企业的管理层。据美国劳工联盟和工业组织联合会的权威调查显示，2009 年 292 家公司 CEO 的平均年薪是 925 万美元；而美国大学校长的薪酬几乎只相当于企业 CEO 的零头。显然，遴选制度能够有效遴选出德才兼备且符合具体大学特点和要求的合适人选；薪酬制度则很容易将潜在的机会主义者排斥在外。[1]

三　共同治理的价值

美国大学共同治理模式不仅具有清晰的发展路径和缜密的制度安排，而且蕴含着独特的价值取向。其之所以能够得到美国大学乃至美国社会的认可，赢得其存在的合法性，主要在于其蕴涵着几对既相互冲突又彼此兼容的竞争性价值。在较好地处理与平衡学术自由与公共利益、教师民主参与和多元精英、质量与效率之间关系的基础上，[2] 共同治理为美国大学的发展奠定了良好的制度基础与平台。

其一是学术自由与公共利益。大学发展离不开学术自由，学术自由是美国大学最普遍的价值准则。美国大学捍卫学术自由的基本制度是共同治理与教授终身制度。尽管共同治理不能完全保证大学的学术自由，但是在大学决策方面，共同治理能够基本保证教师的学术自由不受侵犯，尤其是在涉及学术领域的决策方面，共同治理能够有效保证教师的参与，从而保

---

① 程北南：《美国大学治理结构的经济学分析》，中国财政经济出版社 2009 年版，第 298 页。

② 欧阳光华：《董事、校长与教授：美国大学治理结构研究》，高等教育出版社 2011 年版，第 25 页。

证教师有效参与大学的治理，保证大学的发展不至于偏离学术自由的轨道。尽管共同治理并不能够完全保证实现充分的学术自由，但是至少从理念与实践两个层面来看，其出发点与实践目标都是为了充分实现与保障大学教师的学术自由与大学治理权力。因而，学术自由就是共同治理所具有的价值追求与治理目的之一。而且，学术自由与共同治理也是相互促进的，学术自由有助于实现良好的共同治理。从另外一个角度看，作为社会公共机构，大学具有日益广泛的社会服务职能，具有普遍的公共利益价值。共同治理是大学内外的利益相关者共同参与大学治理，以实现大学的最佳治理。作为大学治理中的基本权力机构，董事会保证了大学自治。同时，作为一种公益性的慈善信托机构，董事会主要由大学校外人士组成，其主要的职责是实现社会公共利益的最大化。而共同治理制度的实现，其所代理的利益相关者群体具有更为广泛的代表性，从这个角度看，共同治理能够实现大学的公共利益诉求。

事实上，对于大学来说，学术自由与公共利益是一对互补性的价值。片面维护学术自由与公共利益都是不可取的，共同治理的目标就是要保证两者之间的协调与平衡。一方面，共同治理要推动大学积极主动地走出象牙塔，服务于社会公共利益，另一方面，大学的本质属性还是学术性，学术自由不容侵犯。而学术自由的实现能够保证大学的学术发展，保证大学更好地成为社会的发动机与服务站，更好地实现社会的公共利益。可见，只有两者协调发展，才能够更好地发展大学，实现大学的自治与大学的目标。美国大学共同治理中的董事会保证了大学自治，让大学与社会保持了适当的联系和距离，而共同治理中的评议会及教师组织则保证了大学学术自由的价值追求，保证了大学的学术本质属性。

其二是民主参与和多元精英。民主参与是美国大学共同治理的基本特性。这表现在董事会与评议会的成员选举及议事规程方面。1966 年 AAUP 等组织发布的《联合声明》中提出共同治理的原则就是"凡重要行动领域既需要首要能力，又需要大学所有成员的参与"。[①] 也就是说大学各利益相关者均可依据其能力参与大学的决策，从而实现了共同治理中的民主参与原则。当然，这个民主的前提是"首要能力"。大学是一种具有知识的高深性、专门性、探究性以及自由性的组织，这种组织的治理必然需要

---

① AAUP. *Chapters*. http：//www. AAUP. org/aboutAAUP/LINKCHAP. HTM.

少数具有专门创造性能力的人才参与其中，才可以实现有效的治理。由此，《联合声明》明确提出"大学各成员依据其所承担的不同职责拥有不同的发言权"。也就是说，在共同治理中，不同的群体拥有不同的责任和权力，董事会拥有大学的最终决策权，校长及其行政系统拥有行政权力，而以教授为主导的评议会主要负责学术事务。显然，各个治理主体的权力依据其精英特性而担负着各自领域中的职责。

其三是决策的高质量与执行的高效率。共同治理的价值追求是在能够实现高质量决策的同时也能够保证决策执行中的高效率。① 大学在决策中需要考虑各个利益相关者的合作与协调以达成符合各方共同利益的决策目标，采纳各个领域中精英群体的意见，以实现高质量的决策，同时，在执行决策的时候又需要尽量考虑降低运行的时间与资金成本，以保证大学组织的运行效率，就如伯恩鲍姆所说的："组织运行的有效性不是基于效率和速度，而是基于可靠性与信任。教师参与共同治理可能会延缓决策，但也保证讨论的彻底性，从而保证学校运行的有序性和稳定感。"② 事实上，大学规模越大，其决策的复杂性就越强，效率也就难以保证，但是通过共同治理所达成的政策可以得到参与治理的各利益相关者的理解与认同，政策的执行自然会更为顺畅。显然，在共同治理中需要优先考虑决策的高质量，因为对于效率的过分追求反而可能难以达到预设的目标。

总之，尽管美国大学共同治理中存在很多内在的矛盾，也经常受到这样那样的批评与质疑，但是作为当前世界独具特色的大学治理模式，美国大学的共同治理能够比较好地处理各种价值追求之间的关系，为美国大学的发展奠定了坚实的治理基础，成为"美国高等教育推向全球的一个最有价值的出口"。③

---

① 欧阳光华：《董事、校长与教授：美国大学治理结构研究》，高等教育出版社 2011 年版，第 25 页。

② Birnbaum, R. *The End of Shared Governance: Looking Ahead or Looking Back*, Poetry, 1990, 156 (5).

③ Paul E. Pitre, etc. *The Globalization of Shared Governance: Implications of the International Study of Higher Education Governance (ISHEG).* http://ednet. kku. ac. th /-edad/research globalization% 20governance. pdf.

第二节 共同治理模式下的权力结构

美国大学治理实行的是一种共同治理模式，其实质是大学决策权力的制度安排问题，既表现为大学内部权力的分配、协调与行使的制度，也表现为大学与外部环境，如政府和社会等其他利益相关群体相互作用的规则。[1] 共同治理的权力关系体现在内外两个层面。第一层面是外部权力关系，即大学在其广泛环境中的地位，体现为高等教育系统中的权力、权威与责任的平衡。第二个层面是内部权力关系，即院校内部学术人员、管理人员、校长和其他利益相关者之间的关系。

一 大学外部权力关系

（一）大学、政府与市场权力关系的理论分析

高等教育发展中的一个全局性的问题是政府、大学和社会三者的关系，而这也是各国高等教育体制改革所需要解决的核心问题。尤其是近现代以来，随着大学日益成为社会的中心，大学与政府以及社会各方面都有了更为紧密的联系，政府机构、利益集团、市场力量都对大学产生了极为重要的影响，大学一方面成为政府实现政治、经济、文化目的的重要机构，另一方面，大学越来越依赖政府、社会的资源。三者之间的关系更为密切的同时，也展开了更为复杂的权力博弈，构建了大学的外部权力关系之网。当前对于大学权力关系的解读主要是两个基本的理论，一是伯顿·克拉克（Burton R. Clark）提出的三角协调理论，一个是柯根（M. Kogan）等人提出的"权力—目的"理论。

1. 三角协调理论

伯顿·克拉克认为，高等教育系统面临各种各样的困难，高等教育的任务激增，信念繁多，各种形式的权力往不同的方向牵拉，从而构成了国家权力（政府）、市场力量（社会）和学术权威（大学）三者相互博弈的三角协调模型，以此为基点，高等教育系统的协调模式大致分为国家协调

---

[1] 刘向东、陈英霞：《大学治理结构剖析》，《中国软科学》2007 年第 7 期。

体制、市场协调体制和学术协调体制。① 该理论认为政府、大学、社会三者的关系因为不同国家在不同时期的政治、经济和文化发展状况而不同，但是相对于某一个国家或者一个国家的某一个时期，这三者又处于相对运动变化的平衡状态中。伯顿·克拉克提出，理想状态的国家权力、学术权威与市场三者关系是一种既互相排斥又互相牵制的三角鼎立关系。如图3.1所示。

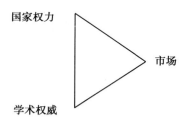

图 3.1 克拉克三角协调模型

三角协调模型中的国家权力指代的是政府部门通过制定法律法规、国家政策以及财政拨款等方面影响高等教育的运行；学术权威指代的是大学教授等学术人员依靠自己的专业知识与能力，通过各种正式与非正式的渠道来影响高等教育的发展；模型中的市场指代的是高等教育所处的市场，也就是说高等教育受到来自市场中的消费者的影响，主要是通过市场价格与供求关系的变化来影响高等教育的运行。高等教育的发展受到市场中的产品与价格变化以及市场需求的影响。② 三角模型下的政府、大学与市场都并非完全非此即彼，没有完全极端的模式，任何一种大学的模式都是受到三个方面的综合影响，三角的不同位置代表了三个方面不同程度的结合。事实上，也并没有完全理想的模式，各种模式都是基于不同国家的政治、文化、经济以及高等教育发展的历史呈现不同的特征，由此导致某种程度上不同模式的区别，正是在这个意义上说，各国高等教育的模式一般都呈现多样化的特征。当然，不同国家的高等教育模式不论如何发展，都必然处于这三角模式之中，而问题的关键就是如何协调好大学与政府以及

① Clark，B. R. *The Higher Education System*：*Academic Organization in Cross-National Perspective*. University of California Press，1983：43.

② 王宾齐：《关于政府、大学和社会三角关系的定量研究假设——对伯顿·克拉克"三角协调模式"的物理学解析》，《黑龙江高教研究》2011年第5期。

社会之间的关系，表现出最优良的整合模式。在三角关系中，国家对高等教育的控制会因为其对高等教育投入的经费而会有提升，而如果市场的力量在高等教育投入的经费中占据主体位置，国家对高等教育的控制则会减弱。

在克拉克的三角模式中，大学的权力主要体现于学术权威。学术权威主要通过教授权力而实现，在某些国家或某些历史时期教授权力非常大。教授权力在国家层面的表现主要体现为直接进入国家行政管理部门，或通过组建全国性的教授行会、团体、协会等组织，发挥教授在全国高等教育方面的协调作用与影响力。学术权威在讲座制的高等教育系统中表现得最为突出，因为"教授个人的权力非常集中，形成多个小的垄断集团，并且以各种方式参与国家的各种委员会，从而将一部分教授推到了国家权力的位置。"[1]

克拉克的三角协调理论在考虑大学、国家、市场三者关系的时候，在大学权力的维度上更多考虑的是来自学术权威的作用，而实际上，大学的权力并非只有学术权威，大学作为一种组织其权力影响来自更为广泛的领域。除了学术权力，还应该包括院校的行政权力、院校的质量与声誉、院校的地位与影响等。其中院校的行政权力指的是院校的董事和官僚行政人员具有的权力，这里的权力客体是政府、市场等校外对象，而不是人们一般所说的校内行政权力；院校的质量和声誉也影响着院校的权力，一般而言，那些办学质量越高、历史越长、拥有的社会声誉越好的大学会拥有越高的院校权力，能够争取更多的来自社会、政府方面的资源，直接或间接地影响到其他院校的运行，甚至能够对整个高等教育系统产生深远的影响；而以上两个因素的最终影响体现为院校的地位和影响，也就是说院校的地位与影响受到来自院校的行政权力、院校的质量与声誉的双重影响，同时也受到院校对于社会的服务职能的表现的影响。[2] 一般而言，院校服务社会的质量及满足社会需要的程度决定了大学在国家、社会中的地位与影响力高低。

克拉克的三角协调理论提出后的二十多年里，很多国家的高等教育系

---

[1]　Clark，B. R. *The Higher Education System*：*Academic Organization in Cross-national Perspective.* University of California Press，1983：33.

[2]　郑文：《高等教育权力理论的形成和发展》，《教育研究》2007 年第 6 期。

统发生了一些变化。也就是说，这些国家在三角形中的位置发生了一些位移与改变。参照克拉克的三角协调模式，结合一些国家所面临的问题及其相关高等教育管理体制的变化，米勒（Miller）对一些国家高等教育系统中的权力格局进行了重新描述与定位。在米勒的描述中，加拿大、澳大利亚和英国自1982年以来更多地靠近于市场和国家控制，学术权威认为他们对于大学的控制权力有所减少。从院校内部而言，学术人员不仅受到了更多来自国家与市场方面的控制与影响，而且也受到了更多来自校内一般行政管理者的控制与影响。如图3.2所示。①

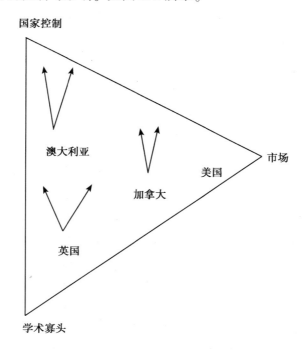

图3.2　米勒的大学控制和变化方向图

在米勒的描述中，英国、澳大利亚、加拿大与美国在1983年以来都不同程度地发生了一些变化，显示了这些国家在三角形中在国家与市场之间摇摆的程度。箭头所示为其变化的方向。从图3.2可以看出，美国仍然处于市场的一角，来自国家与学术寡头的影响比较小，而另外三国都在朝着国家控

① Miller, M. & Caplow, J. *Policy and University Faculty Governance.* Information Age Publishing, 2003：74.

制的方向发展，并显示出在国家控制和市场之间不同程度的摇摆，也就是说国家控制与市场两种力量更多地共同影响着这三个国家的高等教育的发展，而相较之下，高等教育越来越多地显示出脱离学术寡头控制的趋势。受到国家计划以及市场效率的影响，高等教育逐渐充斥着理念、政策和利益的冲突，倡导市场控制的人意欲减少国家控制和学术寡头的权力。① 国家干预可以与市场控制相抗衡。但是国家计划与市场效率之间也是可以互相联系与互相妥协的。米勒认为，作为一个非常复杂的系统，大学涉及国家、社会的方方面面，国家对大学实施一定程度的控制是必要而且合适的，而且由于市场本身对于大学的控制存在一定的困难，政府的干预则可以弥补市场控制的不足。在国家控制趋势加强的同时，由于 20 世纪 80 年代以来大学所面临的各方面压力和问题，三个国家也体现了比较明显的市场化趋势。生源争夺、教育经费的吸纳及其使用效率、高等教育质量等问题都日益成为大学面临的重要问题，市场文化成为大学的流行文化。米勒认为"大学的市场定向已经体现并盛行于院校组织中，并得到包括院长、系主任、研究中心主任、高级课程导师等各个层次领导和管理人员的赞同"。②

2. "权力—目的"理论

通过对克拉克的三角协调模式的解读与分析，我们可以从整体上理解高等教育与政府、市场、社会之间的关系，更为明确大学在整个社会中的地位与作用。但是这种理论更多是从权力或控制的角度进行的分析，而大学的行为本身具有更为复杂的特征，也就是说，仅从权力的维度还不足以解读大学的所有行为。由此，柯根等人在克拉克的三角协调理论基础上提出从权力和目的两个维度对大学进行分析，③ 我们称之为"权力—目的"理论。如图 3.3 所示。

权力—目的理论的基本结构体现为两个维度：一个维度显示权力的强度，一端是集权化，另一端则是分权化，权力在这二者之间具有不同强度

① 郑文：《论三角形权力理论及其超越》，《华南师范大学学报》（社会科学版）2007 年第 1 期。

② Williams, G. L. The "Marketization" of Higher Education: Reforms and Potential Reforms in Higher Education Finance. Dill, D. D. & Sporn, B. Emerging Patterns of Social Demand and University Reform: Through a Glass Darkly. Oxford: Pergamon Press, 1995: 172 – 173.

③ Kogan, M., Bauer, M., Bleiklie, I. & Henkel, M. Transforming Higher Education: A Comparative Study. London: Jessia Kingsley Publishers, 2000: 94.

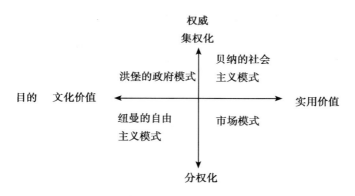

图 3.3　权力—目的理论模型

的权力分布，集权化表示大学权力更为集中，受到更多来自国家的控制与影响，分权化表示大学的权力更为分散，受到来自更多权力主体的权力影响；另外一个维度则是目的，一端是文化价值，另一端则是实用价值，大学越靠近文化价值这一端，就越突出体现大学的文化性特征，更为崇尚对于"闲暇"知识的追求，大学越靠近实用价值这一端，就越突出体现大学的工具性特征，更为崇尚对于市场实用性知识的追求。①

基于三角协调理论的分析，大学的权力意味着大学的自治程度，也就是说大学的自治程度与权力的大小成正相关，自治程度越高，其权力也越大。② 而大学的自治与大学的目的密不可分，所以要完全理解大学的权力与目的，必先了解大学的自治。伯达尔（R. Berdahl）认为自治分为实质自治与程序自治。③ 一般而言，自治程度越高的大学更能够保证学术人员的学术自由。实质自治是大学以法人的形式决定自身的目的和程序的权力，指代的是大学是什么；程序自治是大学以法人的形式决定自身目的和程序方式的权力，指代的是大学运营方式。通过对大学在权力与目的两个维度中的适当定位，可以比较不同国家大学系统的自治状况。具体而言，可以分为四种治理模式。

洪堡的政府模式，主要表现为政府对大学的集权管理，以及大学崇尚

① 甘永涛：《权威—目的两分法：大学治理模式解析》，《教育发展研究》2006 年第 21 期。

② 郑文：《论三角形权力理论及其超越》，《华南师范大学学报》（社会科学版）2007 年第 1 期。

③ Berdal，R. *Academic Freedom*，*Autumy and Accountability in British Universities*. Studies in Higher Education，1990（2）：173.

对于文化价值的目的追求。这一模式的典型代表是德国的洪堡大学。这种模式中的大学其核心职能是教学与科学研究，大学拥有充分的学术自由与实质自治。政府能够给予大学充分的自治权，使得大学不受外力的影响，但同时政府也通过对大学的财政拨款以及教师的任免而对大学保持控制。

纽曼的自由主义模式，主要崇尚追求文化价值，培养学生的独立个性，是自由主义与文化价值的结合。这一模式的典型代表是牛津与剑桥大学。大学拥有充分的学术自由与实质自治，很少受到政府的直接干预。

贝纳（Bernal）的社会主义模式，主要表现为国家控制以及崇尚实用价值。这一模式下的大学基本成为国家的某个行政部门，政府能够通过法律、财政预算等集权手段实现对大学的实质性控制。大学的实质自治受到很大限制，大学更多成为政府与社会的服务机构。

市场模式，主要体现为市场调节与崇尚实用价值。这一模式下的大学更多受到来自市场影响，大学的办学目的与方向都需要考虑社会的需求，体现更多市场的供求关系。比如大学更多依赖社会的资源，学术成果更多进入市场进行自由交易，学生以及师资力量都进入市场，反映市场的需求变化。政府在这一模式下一般不直接参与大学的管理，因而大学拥有实质自治。显然，美国的大学处于典型的市场模式之中。[①]

（二）政府对美国大学管理的影响

在伯顿·克拉克的三角协调模式中，国家对高等教育的管理是通过政府机构来实施的。在美国，国家权力分别由国会、总统和法院行使，依据三权分立与制衡原则，三者之间各自独立并互相制约；同时美国实行的是联邦制的国家，联邦政府与州政府之间相对独立，除宪法规定给予联邦政府的权力，其余权力都保留给州政府，各州行使宪法规定保留给州政府的权力时，联邦政府一般不得干涉。

1. 联邦政府

美国大学实行的是大学自治。各级政府包括联邦政府都不具有宪法赋予的直接管理大学的授权，因而联邦政府一般以间接的方式施加对大学的影响。这里的联邦层面国家机构主要包括国会、总统、联邦教育部以及联邦法院。

首先是国会。国会主要是通过制定与大学有关的重要法律，对大学的发展施加重要影响。美国历史上国会通过的法律极大地影响着高等教育的

---

① 甘永涛：《权威—目的两分法：大学治理模式解析》，《教育发展研究》2006 年第 21 期。

发展,如《莫雷尔法》《军人权力法案》《国防教育法》等。

其次是总统。总统影响高等教育发展的方式主要有:签署联邦教育法律、任免联邦教育行政机构和教育审议机构人员、批准组织高等教育咨议机构、提出联邦大学教育发展政策等。

第三是联邦教育部的影响。教育部没有对大学的直接领导力,但是可以借助联邦政府的一些高等教育项目来影响大学的发展。联邦政府对大学的最直接的影响应该是联邦政府对高等教育的资助,这已经成为大学外部资助的重要来源。

第四是联邦法院。联邦最高法院的判决对大学的发展影响广泛而深远。这主要基于两个方面的理由。一是由于美国是一个成文法与判例法并存的国家,判例法的一个原则就是坚持"遵循先例",先例往往成为以后类似案件判决的法律基础。二是联邦最高法院的判决对大学的影响往往是全国性的。联邦最高法院在一些涉及高校法律地位、学术自由、教师聘用、集体协商等方面的判例极大影响了美国教师的权益。

2. 州政府

联邦宪法规定教育的管辖及责任属于各州,州议会、州长和州法院一定程度上影响着大学的管理。首先是州议会。州议会拥有制定相关本州大学发展的法律、决定本州大学发展的基本政策和标准、批准创办公立大学、审核本州公立大学预算计划等方面的职权。其次是州长。州长主要通过参与与大学有关的立法和编制公立大学预算计划影响州的大学教育政策。最后是州法院。通过一些相关法案判决,州法院在维护大学正常秩序、保障大学机构和教师的正当权利等方面发挥了重要作用。总之,州政府主要是通过立法、经费预算、教育规划、司法审判等方式影响着大学尤其是公立大学的发展。

总体而言,美国大学受到了越来越多来自政府在拨款、立法、判例方面的影响。政府对于大学干预和控制的加强有两个基本的原因。首先是由于大学日益走向社会中心的位置,对于国家的作用和意义日益突出,"就像战争意义太重大,不能完全交给将军们决定一样",大学也"不能完全留给教授们决定";① 其次是随着大学运行成为一项十分昂贵的事业,政

---

① [美] 约翰·S. 布鲁贝克:《高等教育哲学》,王承绪等译,浙江教育出版社 2001 年版,第 43 页。

府等投资机构不得不加强了对于所投入经费的问责。当然这种问责制的要求并没有改变大学与政府关系的本质。大学仍然保持自己的独立，而政府仍然不能够干涉大学的内部事务。

(三) 市场对美国大学的影响

伯顿·克拉克在三角协调模式中对市场进行了具体的分类，分别包括消费者市场、劳动力市场和院校市场。消费者市场对于大学来说意味着学生作为消费者对于大学的选择，这导致大学之间为争取生源而互相竞争。学术劳动力市场对于大学来说意味着教师进入师资人才市场，这导致大学之间为争取优秀师资而展开竞争，结果就是给予教师更为优越的学术环境，优化学校管理体制与人事政策，保证学术自由与教授治校。而教授明星制度就是典型的学术劳动力市场的案例。院校市场对于大学来说意味着各院校在争取社会与国家资源方面的竞争，而为了获得更多的资源，各院校必须提升院校声誉、增强教育质量、提高社会服务品质。美国大学深受市场文化的影响，其大学治理的结构与体制也建立于市场调节机制基础之上。除了受到上述高等教育系统内的三种市场影响外，美国大学还受到了由社会评估组织、基金会、工商企业等构成的"外部市场"的影响。①

1. 社会评估机构对大学的影响

美国社会对高等教育进行评估的组织主要有民间评价组织、新闻媒体，也包括各类学会、协会等。像美国教育委员会和全国研究委员会这类社会机构通过对大学的评估，影响着大学的管理。民间评估机构对大学的影响完全是基于提供建设性的评判，是一种专业性的评价。它们不具有强制性，主要是通过为大学提供参照，让大学自己改变运行方式，评判自己的发展道路。此类机构不仅能够促进大学之间的竞争，推动大学的发展，而且还可以避免因政府管理而可能产生的对学术自由和大学自治的干预。

2. 基金会对大学的影响

美国著名的社会学家刘易斯·科塞（Lewis Coser）认为："基金会控制着研究者从事工作所需要的资金，仅这一个理由就可以说它是一个对研

---

① 谷贤林：《美国研究型大学管理：国家、市场和学术权力的平衡与制约》，教育科学出版社 2008 年版，第 278 页。

究者行使着重要权力的机构。"① 基金会对大学发展主要体现在两个方面，一是为大学提供参照标准，二是为大学提供政策指导。对美国大学来说，基金会不仅是科学研究的重要资助者，而且还为大学发展的政策研究提供资助。像卡内基基金会、皮尤慈善基金会（the Pew Charitable Trust）、凯洛格（Kellogg）基金会、麦克阿瑟基金会、洛克菲勒基金会、福特基金会等都对美国高等教育的政策发展作出了重要贡献。

3. 工商业对大学的影响

首先，工商业通过大学董事会中的工商业成员而实现对大学管理的影响。大学董事会成员很多都是来自商业界。在1996年的一个对大学董事会成员的调查中，10所美国大学的共298名董事会成员，来自工商企业的董事超过一半占50.3%。这些来自工商业的大学董事自然会将他们在工商业的管理经验带入大学管理，并影响到大学的政策、项目和管理实践，并且也"把他们所关心的问题置于大学最优先考虑的日程中"。其次，校企合作也影响着大学的管理。这种影响与大学和企业在性质上的根本差异有关。企业对工作人员一般采用科层制的管理方式，要求在规定的时间内拿出研究报告。这种差异不可避免会引发二者在管理理念上的冲突。企业的价值体系有可能导致教师背离学术职业操守，偏离本职而难以高质量完成教学与研究工作。

总体而言，市场因素对大学管理的影响主要表现在以下几点。② 第一，通过评价让不同类型的高校在消费者市场、劳动力市场和院校市场上进行竞争，迫使评价较低的大学为了获得更好的市场空间向那些地位较高的大学学习，从而推动高等教育系统的发展与进步。第二，市场力量在大学发展过程中担负起了其他国家教育管理部门所行使的职能。一方面，确立各项评价指标、发表相关的调查研究报告为大学的发展提供参照标准和政策指导，另一方面从专业评价或指导的角度影响大学，保护了大学的学术自由与大学自治。第三，工商业对大学既有积极影响，也有消极影响。一方面它在大学与社会之间形成了一种互动效应；另一方面它不仅日益冲击学

① ［美］刘易斯·科塞：《理念人：一项社会学的考察》，郭方等译，中央编译出版社2001年版，第368页。

② 谷贤林：《美国研究型大学管理：国家、市场和学术权力的平衡与制约》，教育科学出版社2008年版，第278页。

术价值，也使大学的管理日益演变成为学术、科层与企业三者混合的模式，使大学的管理面临越来越多的挑战。

二　美国大学内部治理的权力关系

(一) 美国大学内部的权力主体

经过了三百多年的发展，美国大学已经形成了独具特色的内部组织结构：从组织层次看，大学的基本组织结构为校、院、系三级；从权力结构看，大学呈现典型的二元权力结构，由教授所代表的学术权力和以校长及其行政体系所代表的行政权力所构成。大学内部的权力主体主要分为三部分：董事会、校长为首的行政体系、教授及其代表组织。董事会是大学的法人机构，拥有大学的所有权，对大学负总责；校长及其行政体系主要负责大学的行政事务，行使行政权力；评议会则代表教授主要负责大学的学术事务，行使学术权力。

1. 董事会

美国大学的董事会（Board of Trustees）又称校监委员会（Board of O-verseers）或管理委员会（Governing Board）等，是学校的最高决策与审议机构。美国大学董事会为两种类型，一是只管理一所大学的董事会，还有一种是同时管理多所大学的董事会。目前美国公立高校中，约有三分之一的高校设有独立董事会，其他高校也受不同形式的董事会领导，而美国的私立高校基本都设有独立董事会。美国大学董事会都有自己的章程或相关条例，具体规定了董事会的构成与规模、目的与职责、董事资格与选拔、组织结构、会议制度等方面。董事会依据董事会章程的规定开展各项工作。

其一，董事会的构成与规模。

（1）董事会的成员。美国公立与私立大学的董事会其成员产生方式存在明显的区别。政府任命和公民选举一般是公立大学董事会成员产生的主要方式；私立大学董事会成员一般由现有董事会成员共同选举或是校友推选产生，成员多为工商企业界人士、社会知名人士、知名校友以及现任校长。选举方式比较受到推崇，因为"选举更可能反映多数人的意见"。[①]

---

① ［美］亨利·罗索夫斯基：《美国校园文化——学生·教授·管理》，谢宗仙等译，山东人民出版社 1996 年版，第 267 页。

（2）董事会的结构。董事会一般内设四个基本的职位，包括董事会主席、副主席、秘书、财务主管。此外，董事会还会依据实际工作需要而设立一些常设委员会、特设委员会或其他相关职能委员会。（3）董事会的规模。一般而言，公立大学董事会规模比私立大学董事会规模要小。各个大学董事会规模并不完全一致，如内布拉斯加大学董事会成员只有 6 名，而北卡罗来纳州大学则有 102 名。[①]

其二，董事会的职权范围。

董事会根据批准建校的公法或特许状，制定董事会章程，并在章程规定的范围内开展各项工作，其基本宗旨是为本校的有效管理和健康发展服务。在美国，无论是公立还是私立大学，在大学管理中董事会都拥有最高权力，作为大学的最高决策机构，董事会享有裁决学校事务的最终权力。其基本职责在于处理大学的外部关系，维护大学的自治，制定大学的大政方针，保证大学有效运行。具体而言，美国大学董事会主要职权包括 11 项：（1）挑选和任命校长。（2）评估和帮助校长。（3）筹措办学资源。（4）审批长期规划。（5）监督大学运作。（6）在校长举荐的基础上任命教授和行政人员。（7）批准校内各项规章。（8）批准收支预算和基建预算。（9）监督捐赠基金的使用。（10）选择校外审计员。（11）对外代表学校。

其三，董事会的运作机制。

董事会运转一般是通过这么几种方式进行的。其一，定期召开会议。开会是董事会的基本工作，关于会议的次数、时间、程序、投票制度、会议记录以及会议内容的发布制度等都在董事会的章程里有明确规定。一般董事会都会定期召开会议，据统计，公立高校的董事会一般每年开 10 次会议，每次会议时间为 4 小时左右，而私立高校一般每年开会 4 次，但每次时间较长，一般为 7 小时，甚至有时候是 1—2 天。其二，议题提交。董事会要作出相关的决策都需要依据议题进行，而议题一般都由校长及其行政系统或董事会的下设职能委员会提交。其三，集体决策。董事会的权力是基于整个董事会组织的，而非董事会里任何个人。也就是说董事会要发挥作用实施决策，必须依靠整个董事会组织，进行集体决策。正如伯

---

① 郭为禄、林炊利：《美国大学董事会的运行模式》，《全球教育展望》2011 年第 12 期。

顿·克拉克所说："董事个人没有任何法律地位。"① 其四，投票决策。董事会的决策依靠投票的方式进行，实行少数服从多数原则。一般规定支持某项议题的投票人数达到会议人数的一半或三分之二票数，即可获得通过。此外，参与董事会的人员分为两类，一类是有投票权的，一类是无投票权的。投票前，所有会议成员都可以进行讨论与发表自己的看法，但是投票的时候则只有具有投票权的人才有资格投票。其五，各职能机构的运作。由于董事会一年只开几次会议，平时的大量具体工作是由董事会的下设各职能委员会与机构实施的。董事会一般都下设各类职能委员会或机构，具体负责各项工作的相关调查、信息整理、提出报告、接受提议、沟通联络等。一般董事会的成员都广泛参与各职能委员会。可以说，董事会的运行主要依靠其职能机构的运作。其六，校长负责实施。董事会形成的决策一般都要依靠校长进行具体实施，校长是董事会管理学校行政事务的首要负责人，校长对董事会负责，而董事会通过对校长的遴选而实现对学校的控制。

应该说，董事会在美国大学中有着巨大的作用。首先，董事会保证了大学的自治。这是由于董事会充当了政府与大学之间矛盾的"缓冲器"，能够避免大学遭受来自政府的直接干预，也保障了学校工作的稳定性和连续性。其次，董事会充当了大学与社会之间联系的"桥梁与纽带"，密切了大学与社会的联系。再次，董事会在筹集资金方面发挥了重要作用，促进了高等教育的发展。

2. 校长为首的行政系统

以校长为首的行政系统包括校长、院长、系主任等管理人员，他们是大学决策的具体执行者。校长处于大学行政系统的顶点，他有权任命其他行政人员，并有效指挥整个行政系统运转。大学校长的权力是由董事会的授权而得到的，校长向董事会负责，而大学校长权力在大学宪章中有明确的规定。董事会任命校长的前提是校长要作为大学管理者和政策执行者，而不仅是学者的代表，在很大意义上，管理的要求要大大超过学术的要求。美国私立大学的校长一般都是董事会中拥有投票权的成员。具体而言，可以从以下几个方面对校长及其行政系统的权力与运行进行了解。

---

① Clark，Burdon R.，Guy Neave. *The Encyclopedia of Higher Education*. Oxford：Pergamon Press，1992：1497.

其一，校长的基本作用。

大学校长在美国大学发展中具有核心作用。由于美国大学一般实行董事会领导下的校长负责制，校长在大学中承担最高行政长官的作用，是大学内部行政事务方面的最高负责人，同时一般还承担评议会的主席，负责学术事务决策的执行人。可以说，一所学校的发展很大程度上依靠大学校长的工作，一所大学能否有效、健康、有序的运行很大程度上也取决于校长。事实上，随着美国大学的发展，校长所承担的职能也在不断的改变。在美国大学的发展早期，由于大学结构单一，规模较小，校长需要全面承担大学的所有事务，而随着大学的发展，尤其是大学规模与功能的扩展以及教师队伍的日益强大，校长也开始逐步走向了职业化，更多承担起行政方面的事务，学术事务方面则基本交给评议会等教师组织，校长更多关注的是学校发展的财务与预算问题、外部筹款等问题。"大学校长在管理学校中近乎绝对的权力已逐渐丧失"。① 校长基本不过问大学的学术事务，在大学的学术整体发展上，校长更多起到监督教学、科学研究方面的作用。同时由于校长既是董事会的当然成员，也是评议会的主席，因而能够起到教师与董事会之间沟通的桥梁作用。当然不管怎么样，校长仍然在大学的管理中起到主导作用。为协作校长工作，大学在具体的事务管理方面设立了很多专门性的机构与职能部门，如校务委员会、副校长、教务长、各类事务委员会等，以专门主管学术、财务、筹款、校外联络、体育、招生等各项相关事务。这些职能部门都直接对校长负责，同时也拥有较大的自主权。

其二，校长的职责与角色。

关于校长的职责，可分为内部事务和外部事务。内部事务包括大学的财政及其预算、长期的规划、学术项目的协调以及维持质量的恰当标准、人事政策以及学生事务；外部事务方面则需要得到立法者、捐赠者、校友以及其他利益相关者的支持，并与大学运动队周旋及处理有关运动的问题，保护学术自由，并且对教育问题做公开的发言表态。作为大学行政事务方面的总负责人，校长在董事会领导下充分行使校长职权。

大学的校长往往具有多种角色，通常情况下校长首先是被视为大学的行政负责人与教师的学术领导者。正如罗伯特·伯恩鲍姆教授所说，"人

---

① Cowley, W. H. & Williams, D. T. *Presidents*, *Professors*, *and Trustees*. Jossey-Bass, 1980.

们期待大学校长既是一位复杂的科层体制的行政首长，同时又是一个专业社团的同僚召集人；既像是大学校园文化中共有价值与符号的象征性长老，又是（在某些学校）对董事会负责、对其他政府机构的要求予以回应的公务员"。① 而随着大学的发展、规模的扩大、职能的增多、学科的分化、大学社会联系的复杂，大学校长也越来越趋向于三种角色：行政者、企业家和政治家。② 作为行政者，校长是大学科层组织的首席行政长官，执行董事会的政策，监督下属，分配资源，建立绩效责任系统，确保实现董事会的政策目标。作为企业家，大学校长要善于开拓并利用市场资源，尤其是在资源紧张、财政紧缩的时代，校长的工作在很大程度上就是募集资金，募集资金的数量成为衡量校长成绩的最主要指标。作为政治家，大学校长必须要善于协调与处理大学内外各利益相关者之间的关系，在面临冲突与分歧的时候，校长要善于通过协商与谈判的方式进行合适的处理，以保证大学的顺利运行。同时，要善于与一些利益相关者进行合作，寻求良好的合作机会与方式，为大学发展创造更好的条件与环境。事实上，校长处于一个多元而民主的组织之中，善于运用政治方式处理各类事务是校长的一个重要的能力与素质。

其三，校长权力的运行。

权力运作的过程在某种意义上就是权力分配的过程。在美国大学，最高行政管理层主要包括由校长、教务长和各种副校长共同组成的高级管理团队，在高级管理团队之下分别设立各职能办公室。从理论上来说，校长依据董事会的授权，拥有对大学学术、财务、人事、公共关系等全部事务的权力，并对大学的全部事务负责，但校长并不直接参与某一具体的工作，因为某一个具体办公室的工作主要由分管副校长负责。如果校长直接参与某一具体办公室的工作，势必会影响与副校长之间的关系。传统上，副校长的主要职责是协助校长处理校务，并主要集中于学术研究以及教师的晋升、终身教职的审议等学术事务上，其职责大多限于大学内部。但是随着大学内外境况的变迁，不仅大学校长的权责逐渐增多，副校长的影响力也随之与日俱增。除传统的学术事务之外，大学副校长开始涉及诸如资

---

① ［美］Philip G. Altbach，Robert O. Berdahl，Patricia J. Gumport 等：《21 世纪美国高等教育：社会、政治、经济的挑战》，杨耕、周作宇译，北京师范大学出版社 2005 年版，第 231 页。

② 欧阳光华：《美国大学治理结构中的校长角色分析》，《教育研究与实验》2011 年第 3 期。

源的分配、经费的预算、建筑工程的监督乃至校园环保、师生健康、公共娱乐（如校际体育运动）等方方面面，甚至代表校长与各级立法机构磋商、参与筹款等校外公关活动。目前，尽管由于大学的规模和复杂性各不相同，各大学根据各自的需要设置了不同的副校长职位，但通常都包括教务长、行政或财政副校长、学生事务副校长、发展副校长以及法律顾问和校务秘书等。

在美国大学，校长权力与职责的分配并没有一定之规，各大学可以依据各自特定的历史传统和现实需要设置不同的副校长职位，其中教务长、行政或财政副校长、发展副校长、法律顾问均属于美国各大学普遍设置的副校长职位。除此之外，各大学还分别设立一些特别的副校长职位。在这些特别的副校长职位中，比较普遍的当属学生事务副校长（vice president for student affairs）和大学秘书（secretary）职位。例如，密歇根大学、芝加哥大学、加州大学洛杉矶分校均设立学生事务副校长；而哈佛大学、耶鲁大学、斯坦福大学等大学则将学生事务置于教务长和其他副校长的权力与职责范围之内。在耶鲁大学、芝加哥大学和密歇根大学设立大学秘书职位，大学秘书享有与其他副校长同等的地位。有的大学直接称为副校长兼秘书（vice president and secretary），他们主要负责董事会与大学行政之间的联系；而哈佛大学、斯坦福大学、加州大学洛杉矶分校则将大学秘书纳入董事会的范畴。此外，哈佛大学还设立政策副校长（vice president for policy），密歇根大学设立传播副校长（vice president for communications）、研究副校长（vice president for research）和医疗事务副校长（vice president for medical affairs）。加州大学洛杉矶分校设立研究副校长和设施服务副校长（vice chancellor for facilities services）等。芝加哥大学副校长人数较多，其职位设置达 16 个之多。[①]

其四，强有力的中层管理——院长和系主任。

美国大学基本组织结构是校、院、系三级结构。大学下属的学院是一个独立实体。美国大学管理中的一个重要特点就是拥有强有力的中层管理者。所谓中层管理，主要是院系的管理机构。院系是强有力的中层力量，有效地把学校与基层联系在一起，并独立地承担起院系发展的责任，这是美国大学能够灵活地适应社会发展需要而及时调整政策并有效运行的基

① 李巧针：《美国研究型大学校长的权力研究》，博士学位论文，北京师范大学，2006 年。

础。学院的院长也是校长行政系统内的一部分，在行政方面院长向校长负责，领导学院的具体行政事务。学院还设立各项职能委员会如学院行政委员会、课程委员会、教师聘任与晋升委员会、学分与文凭委员会、文化委员会、指导教师委员会等。这些委员会在学院管理中发挥实质性的作用，是学院行政管理系统的重要部分。此外，在某些规模较大的学院，甚至还设立有学院理事会及其相关下设委员会。学院下设多个学系，学系主任属于行政系统内的一部分，承担学系内的相关行政事务，对学院院长负责。随着大学规模的扩大与功能复杂化，院长与系主任在大学管理中的作用日益重要，因而对他们的行政管理能力也提出了更高的要求。

3. 评议会

评议会的名称多种多样，有评议会（senate）、教师评议会（faculty senate）、学术评议会（academic senate）、大学评议会（university senate）、教师委员会（council）、教授会（faculty），以及大学委员会（university councils）等，甚至一些学校也会把此类结构称为行政委员会（administrative council）或是计划委员会（planning council）。美国大学教授协会（AAUP）对于评议会作出了明确的界定："作为合法的教师代表机构，评议会负责处理大学所有相关学术方面的事务，能够与校长一起负责达成大学的教育目标，并充当校长的顾问咨询机构。这个机构能够有利于教师参与学校政策的制定，是教师表达自己意愿与要求的主要机构。"[1] 事实上，从目的上看，评议会必须是在教师成员的控制下，通过教师参与大学范围内决策的组织。在美国，大概90%以上的高校都设置了评议会或类似机构。[2] 教授在大学层面通过学术评议会、院系层面通过教授会实施对大学学术事务的立法权、管理权、决策权，并对其他非学术事务施加重要的影响。

其一，评议会在大学治理结构中的地位。

显然，评议会在大学治理结构中扮演着重要的作用，是教师在学校层面参与大学治理的基本平台，代表教师在大学层面管理大学的学术事务，因而可以说是大学学术权力的象征。评议会在大学治理中主要处理与教师

---

① AAUP：Academe：*Bulletin of the AAUP*. American Association of University Professors，2009.

② Gilmour Jr J. E. *Participative Governance Bodies in Higher Education*：*Report of A National Study*. New Directions for Higher Education，1991（75）：27 – 39.

权益有关的大学政策问题，如学术政策、教育教学、授予学位标准、学生入学条件、教师聘任与晋升、课程设置与内容选择、学术评价等，也会处理与教师具体利益相关或教师比较感兴趣的问题，同时还可以向校长及其行政系统提出建议或要求。评议会同时还可以向董事会提出某些方面的咨询或相关信息，就学术方面或大学其他方面的事务要求董事会进行调查或作出决策。评议会能够就学术方面的事务要求董事会进行立法或考虑出台相关政策，董事会则在学术事务方面充分考虑评议会的建议，并支持评议会在学术事务方面开展工作。

　　美国大学内部是典型的二元权力结构，校长及其行政系统行使行政权力，评议会及其学术系统代表教师行使学术权力，而行政权力与学术权力二者在大学管理中既有分工也有交叉，很难完全分开。评议会在行使学术权力的时候也需要行政系统给予配合与支持。事实上，评议会主席一般由校长担任，并主持评议会会议。学校主要行政官员如副校长、教务长以及各学院院长及系主任都是评议会的当然成员。评议会的相关决策最后需要行政系统给予执行与实施，因而校长及主要行政官员成为协调行政权力与学术权力的关键角色。而评议会成员也可以参与一些行政机构或校长下设的职能委员会，保证教师能够直接参与某些行政事务的决策。总之，行政权力与学术权力并非非此即彼，二者之间存在着千丝万缕的联系，呈现互相渗透、管理共享的良好机制。

　　其二，评议会的法律性质。

　　从法律方面来看，评议会的权力来源于大学的章程。一般而言，大学章程都会对评议会的权力与职责范围给予明确界定。由于大学董事会是大学的最高权力机构，负责大学的总体事务，而基于董事会的外行性质，董事会一般将大学的学术权力授予评议会，评议会由此获得大学学术方面的基本权力。如斯坦福大学评议会的权力源于 1904 年斯坦福大学董事会发布的"评议会组织章程"（Articles of Organization of the Faculty），该章程正式确立了斯坦福大学评议会的学术管理权力，而伯克利大学评议会通过 1920 年加州大学董事会发布的第 105 号委托书而获得大学学术管理的正式权力。[①] 事实上，评议会需要获得董事会的授权才可以成立，而评议会

———————————

　　① 郭卉：《美国大学评议会制度研究——以斯坦福大学为例》，《比较教育研究》2005 年第 3 期。

的解散也需要董事会的批准，评议会的权力也是经董事会的授权，并通过评议会的章程而明确获得，因而从法律层面来看，美国大学的评议会一般都是董事会的立法产物。

其三，评议会的类型。

美国大学评议会数量庞大，功能各异，发挥的作用也多种多样。总体而言，评议会可以分为四类：功能型（functional）、影响型（influential）、仪式型（ceremonial）与冲突型（subverted）。[①] 不同类型的评议会表现出不同的特点，都有一定的优点与不足。（1）功能型。功能型评议会主要是代表和保护教师在大学决策中的利益。管理者保持强势的地位和作用，而评议会地位不断上升，评议会和管理者能够保持一定的合作，但是也经常发生冲突。此类评议会的成员基本都是通过选举产生，并下设一个教师执行委员会来运行。此类评议会职责明确，其决策一般都是通过正式的程序和投票来进行的。评议会的职权在大学章程和教师手册中有明确规定并受其保护。此类模式评议会主要权力限于传统的学术领域，比如课程、教师职称晋升、终身教职以及学术标准。而在非学术领域中影响力很小，只具有咨询和建议权。（2）影响型。影响型评议会不仅仅具有大学治理的合法性地位，具有传统的选举机制与组织结构，而且最主要的是，它们与管理者之间的关系是合作的而不是对抗的。与功能型评议会一样，这样的评议会在学术事务方面具有主要的权力，但是影响型评议会的权力更为全面和广泛，它们对学校的各方面事务具有广泛的影响，包括一些非学术领域比如体育运动、预算制定和校长选举等都有实质性的参与。这类评议会组织良好，信息通达，能够对学校各方面事务产生有效的影响，获得了教师与管理者的一致认可。管理者甚至认为，没有评议会的参与和运作，大学的决策和发展将难以进行。作为"行政首脑"和"教师代表"的双重代表，校长充当评议会和董事会之间的中间联络人，起到平衡学术权力与行政权力的作用。（3）仪式型。尽管此类评议会具有合作意识，但是与核心管理者之间没有多少联系，评议会表现也很被动。此类评议会的存在更多是名义上的，不能够发挥实质性作用，因而它们被称为是仪式型的。仪式型评议会很少定期开会，教师对治理也没什么兴趣。此类评议会不是

---

① Minor J. T. *Understanding Faculty Senates*：*Moving From Mystery to Models*. The Review of Higher Education，2004，27（3）：343 – 363.

大学治理的重要部分，教师通常与治理过程是脱离的关系。在仪式型评议会的大学里，校长和管理者的权力相对来说很强大。（4）冲突型。这类评议会在大学治理结构中尽管也占据重要的一席，并经常参与一些具体事务的运作，但是它们却很难得到管理者的充分支持与协作。教师或管理者之间的关系往往是怀疑与对抗的。教师把管理者视为压迫者，而管理者认为教师过于闲散。这些评议会保持了传统评议会的一些功能，在课程、终身教职、职称晋升和教学等学术事务方面具有重要的影响力，但是由于与行政管理者之间时常发生冲突，评议会在运行中遇到的困难与阻力非常大，因而治理效果通常不是很好。此类评议会通常被其他教师参与形式比如教师工会所替代。

其四，评议会的功能。

伯恩鲍姆认为评议会兼具显性与隐性功能，并将大学组织分为官僚模式、政治模式与社团模式，而评议会的显性功能在不同组织模式下体现出不同的特点。[1] 第一，在官僚模式下，评议会是"大学理性组织的组成部分"，具有高效率的特征，一般采用理性程序去处理大学事务，并能够制定大学法规、规章，根据立法程序去解决大学问题。官僚模式下的评议会需要处理全面的学术和行政事务，它们的目的"大约就是大学的管理"，他们协助董事会和校长处理财政赤字和不断增加的入学率，也会处理学生问题、课程扩张、教师工资以及停车等方面的事务。第二，在政治模式下，评议会的运行效率，关键在于评议会内部组织成员之间能否就大学目标和政策达成一致。评议会被视为一个利益表达的论坛，主要通过妥协、谈判和结盟的方式进行决策。评议会成为校园内部利益群体解决冲突的平台，甚至成为"校园政客们练习讨价还价的场所"。如若处理得当，可能出现的最好情况就是评议会能够"成为一个能解决大学使命和运行相关事务的论坛"，而若处理不当，就可能出现最糟糕的情况，即被人称为"极少有人参与的演说家机构"。[2] 第三，在社团模式下，评议会更能够体现大学作为学术共同体的特质，能够充分尊重专业职权，充分尊重教师在各自专业领域的学术地位和能力。在此类评议会中，大家能够充分感受到学术的平等地位。此类评议会拥有充

① Birnbaum, R. *The Latent Organizational Functions of the Academic Senate*: *Why Senates Do Not Work But Will Not Go Away*. The Journal of Higher Education, 1989, 60 (4): 423 – 443.

② Ibid. .

分广泛而自由的交流，为了达成某些议题的一致意见，甚至可能要经过彻底而漫长的审议，因而往往效率不高。尽管社团模式可能是理想多于现实，但是教师们往往为达成学术决策的一致而不懈努力着。

评议会的隐性功能主要有象征性（symbolic）功能，伯恩鲍姆认为某些评议会在结构上被认为是无效的，仅在一般性学术事务中具有决策权力，而在一些"敏感性领域"，如教师聘任、财政事务以及战略规划中，评议会基本不具有实质性的权力，但是这些评议会能够在共同治理过程中承担象征性功能。① 此外，评议会的隐性功能还有防护性功能，以及发挥诸如"垃圾桶和电冰箱"（garbage can and deep freezer）、"身份提供者"（status provider）、"人员筛选设备"（personnel screen device）等功能。

尽管各个大学的评议会由于所处大学组织模式不同，表现出不同的特点与功能，其在人员组成以及在各自大学中所发挥的作用也不尽相同，但是从评议会的基本性质来看，评议会仍然是大学教师在学校层面行使学术权力的基本组织。一般而言，评议会代表的是学术权威，追求学术价值，拥有在学术方面如课程设置、教育教学、学术评价与标准、教师聘任与晋升等方面的基本权力，能够起到保障教师权益的基本作用。总体上看，评议会在美国大学治理中发挥着非常重要的作用，评议会代表教师与校长为首的行政系统共同构成了大学的二元权力结构，在董事会的领导下实现大学的共同治理，保证了大学的学术共同体特质，有效促进了大学的学术发展与教师权益的实现。

（二）美国大学治理主体之间的权力关系

尽管美国高等教育具有典型的多元化特质，在大学治理方面也呈现各个学校之间的差异性，各个大学的具体制度以及治理方式并不完全相同，但是总体而言，美国大学内部治理实行的共同治理制度，即在董事会的领导下，校长负责行政事务，评议会负责学术事务，三者共同实现对于大学的治理。

在董事会、校长、评议会的三方权力结构中，董事会处于最顶层，是美国大学的最高决策和最高权力机构。董事会对大学负有总责，重点负责学校大政方针、经费预算、财务管理、对外关系方面的决策，但是董事会不负责学校的具体行政与学术事务，而是将权力分别授予校长为首的行政系统与评议会为代表的教师组织。在行政方面，实行董事会领导下的校长

---

① 甘永涛、单中惠：《美国大学评议会制度探析》，《大学教育科学》2010 年第 1 期。

负责制，校长受到董事会的直接领导，董事会有权任免校长。校长一方面要接受董事会的质询与任免，对董事会负责，另一方面还要受到来自评议会的权力制衡与监督。总体来看，美国大学内部治理主体之间的权力关系可以用图3.4表示。① 董事会任命校长实现对大学行政事务的总体控制，校长在董事会任命下主持行政事务的日常管理，对董事会负责；董事会委托大学评议会实现对大学学术事务的总体控制，评议会在董事会委托下实现对学术事务的总体控制；大学校长通常兼任评议会的主席，主持评议会的工作，评议会拥有对行政事务的质询、建议权，并对大学行政事务的运行提供学术方面的服务。

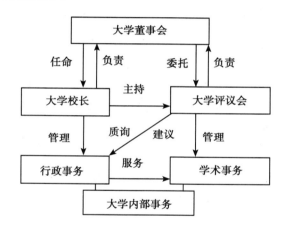

图 3.4　评议会与董事会、校长的关系

1. 董事会与校长之间的关系

总体而言，基于董事会与校长之间职责与地位的不同，董事会与校长之间保持制约与合作的关系。

其一，董事会与校长的制约关系。

大部分情况下，除了保留最终控制与裁决权，作为法人机构的董事会将学校行政权力授予校长，董事会拥有任免校长、审核校长的规划、审批各项基本决策、批准预算、监督校长工作与职责等各项权力；而校长在董事会的支持与监督下执行董事会的决策及各项授权，提交学校发展规划与各项计划，给予董事会建议，倾听董事会意见等。事实上，由于董事会成

---

① 郭为禄、林炊利：《美国大学评议会的运行模式》，《全球教育展望》2012 年第 4 期。

员构成复杂多元，代表各方利益群体的利益，由此董事会的决策往往就是各方利益权衡的博弈过程，避免校长权力扩大化，此外，董事会拥有校长的任免权，校长的权力最终是来自于董事会的授权，这从根本上决定了校长职权的有限性。因而校长职权总体上是受到董事会的制约的。校长的权力受制于董事会，董事会能够保证校长权力的扩张，保证校长的权力在大学章程授权范围内实施，防止校长作出有损于大学发展的行为，保证大学校长作出正确与合适的决策。

其二，董事会对校长的支持。

董事会除了在权力上对于校长的制约，由于两者根本利益一致，因而更多的时候表现为合作关系。校长为顺利开展各项工作必须争取董事会的支持，获得各项决策措施的批准与认可，以便更好地实施其办学理念，如果失去董事会的支持，校长的工作将无法开展。考夫曼（Kauffman）指出，"当董事会已经失去对校长的信任时，校长将很难保证继续获得各方利益相关者的支持。"作为董事会则需要更多理解与支持校长的工作，充分了解大学运行及教育规律，充当好校长的咨询者、政策制定者的角色，为大学的发展开拓资源、开发空间，服务于校长并充分放权，而不能够随意干涉校长的日常工作削弱校长的职权。马丁·迈克尔森认为，"校长和董事会之间的合作关系是大学治理的核心"，并指出大学校长和董事会之间合作关系的成功取决于"相互让与特权（primacy）"。① 校长要获得董事会的信任与支持，就必须在募集资金、平衡预算、危机处理、提高入学率、提高大学质量与声誉等方面作出成绩，这样将会获得来自董事会更多的支持。同时，校长应该更多保持与董事会的一致，如果出现矛盾，董事会的支持就会减少。尽管矛盾难以避免，但是校长应该积极主动去查找原因、反馈意见、保持沟通，以消除董事会的担忧，争取董事会的理解。只有董事会与校长保持充分信任与良好沟通，校长的工作才会更为顺畅，董事会对校长的支持才会更为坚实。②

2. 评议会与校长的关系

其一，评议会对校长的制约。

---

① Bornstein, Rita. *Legitimacy in the Academic Presidency: From Entrance to Exit*. Westport, Conn: Praeger. 2003: 109.

② 郭为禄、林炊利：《美国大学评议会的运行模式》，《全球教育展望》2012 年第 4 期。

评议会拥有来自董事会对于大学学术权力的授权。评议会作为一个行使学术权力的决策机构，拥有在课程设置、学术评价、教师聘任、招生考试、专业发展等学术方面的决策权。评议会与校长之间具有矛盾性。一方面，大学作为科层组织，校长作为科层组织的首席行政官员，在工作中往往会考虑大学组织的运行效率与科层管理的等级性，而评议会组织代表着教师的利益，更多从学术性、大学质量以及学术的平等性方面考虑，更多考虑的是学术自由、民主参与，因而，两者之间在价值理念、行为方式上不可避免会有冲突。尤其是在当前大学规模扩大，大学的等级性与科层性日益强化，教师在学术决策中的地位受到更多的挑战。另一方面，随着学术力量的强大与专业地位的提高，以及教师民主意识的增强，评议会在大学中的地位与作用也愈加重要，评议会不仅仅获得了学术方面的决策权，而且在非学术方面也逐步增强了其影响力，这样的情况下，评议会与校长之间的关系就显得更为复杂与紧密。校长代表的行政力量与评议会代表的学术力量互相制衡实现大学的共同治理，在共同治理模式下，评议会能够对校长形成有效制衡，保证大学校长不至于专权，实现学术权力对行政权力的有效监督，形成大学二元权力的良性互动，促进大学的有效治理。

其二，评议会与校长的合作。

评议会对校长形成制约，同时也要建立彼此互信与合作的关系。校长既要处理好校外利益相关者的关系，同时在校内要获得教师的支持，也必须建立与评议会的良好互动合作关系。事实上，评议会主席一般由校长担任，校长主持评议会的工作，评议会的决策由校长及其行政系统执行，而校长本身往往也是某一领域中的教授或学者，善于聆听并理解评议会中教师的诉求与需要，这有助于校长建立与教师之家的良性关系。实际上，校长在工作中必须考虑教师的意见，积极听取教师在学术决策方面的建议，并保持学校行政工作的信息公开与透明，以获得教师的充分信任，而一个强有力的评议会也可以给予校长在政策执行方面以建议与咨询，从而增强校长的权力，实现校长对大学的有效治理。从根本上说，校长要获得评议会的支持与信任，就必须认同教师的学术文化，尊重共同治理结构，鼓励教师的奉献和参与。①

由于校长一般兼任评议会主席，且不少大学的行政职能部门负责人往

---

① 李巧针：《探析美国大学校长的权力制衡制度》，《高教探索》2008 年第 1 期。

往也是评议会的成员，因而校长及其行政系统对评议会也具有监督作用。总之，评议会与校长的关系是学术方面的立法机构与行政管理的关系，二者相互合作又相互监督。

3. 评议会与董事会的关系

评议会的权力源自董事会的委托。由于董事会本身的外行性质，不能够直接胜任大学的学术管理，因而董事会授权评议会实现对于大学的学术管理。事实上，董事会更多负责大学发展的总体政策、大政方针、对外关系以及预算与财务，很少直接介入大学的学术事务。评议会负责学术方面的管理，对董事会负责。在大学决策方面，评议会可以给予董事会在学术方面的建议，甚至在非学术事务方面如财政预算、战略规划、建筑设计等方面也拥有对董事会的咨询与建议权。在某些大学，评议会中的教师可以旁听董事会的会议，尽管不拥有投票权，但是拥有知情权、意见表达权。这些都有助于评议会与董事会之间保持互信、互动、沟通与理解。

通过以上分析，可以看出，董事会、校长与评议会之间只有保持良性互动与协作，才能够最终实现大学的共同治理。共同治理中的三方需要各司其职、各负其责，既互相制约又保持合作。董事会作为大学的法人，保证大学的外部自治与内部权力制衡，校长作为大学首席行政官员，保证大学日常行政管理，执行董事会总体决策与评议会的学术决策，校长同时也是保持教师与董事会之间联系的重要枢纽，评议会作为大学的学术决策机构，代表教授实施学术权力。三个基本的权力主体之间只有保持既分权与制衡，又协作与配合的关系，才能够维持大学的良好有效运行。

第三节　共同治理模式下的教授权力

一　大学的权力分配

权力分配是大学治理的根本性问题。大学的权力分配意味着各种决策权力在各个主体之间的配置与行使。

（一）大学权力的类型

大学权力可以划分为不同的类型。我国学者普遍将大学内部的权力归纳为两种：学术权力与行政权力。而国外学者则对大学权力的研究更为系统，对于大学权力的类型划分也更为具体，如迪特里希·戈尔德施米特①和经济合作与发展组织（OECD）②以及美国全国教育协会（NEA）分别对大学的权力类型进行了具体的描述（见表3.2）。

表3.2　　　　　　　　　大学权力的类型

迪特里希的大学权力类型（6种）	OECD的大学权力类型（8种）	NEA大学权力类型（7种）	综合
总体规划决策权	房屋与设备资产权	政策决定权	房屋与设备资产权
预算与财政权	财务预算权	预算决定权	预算与财务权
教师聘任权	聘任与解雇权	同僚考核权	教师聘任与晋升权
课程与考试权	学科课程制定权	课程与学术标准权	学科与课程设置权
招生权	招生权	学位授予权	招生权
研究决策权	学费订定权	薪资决定权	研究决策权
	薪资审议权	行政评价权	
	借贷权		

从表3.2可以看出，迪特里希将大学权力划分为6种，OECD则将大学权力划分为8种，NEA将大学权力划分为7种。三者对大学的权力划分具有一些共同的特点，如三者都将预算与财务权、招生或授予学位权、学科与课程设置、教师聘任与解雇权纳入其中，显然这四种权力得到了较为一致的认同。这些都是与大学关系最为密切的权力。但是三种不同的权力划分也有一些不同，如迪特里希特别提出了总体规划与决策权、研究决策权，OECD提出了房屋与设备资产权、借贷权、学费订定权和薪资审议权，NEA则强调了政策决定权、薪资决定权和行政评价权。综合这三种对大学权力的划分，基于对大学权力的理解，总体上看，可以对大学的权力类型归纳为6种，即房屋与设备资产权、预算与财务权、教师聘任与晋升权、学科与课程设置权、招生权、研究决策权。依照这六种权力类型可以对美国大学的权力分配进行进一步的探讨。

（二）美国大学的权力分配

1. 美国大学体系的权力分配

美国大学权力分配具有多样性，各个学校并不完全相同，但是总体上

---

① ［加］约翰·范德格拉夫等编著：《学术权力——七国高等教育管理体制比较》，王承绪等译，浙江教育出版社2001年版，第218页。

② *Institutional Management in Higher Education.* IMHE OECD Report，2003.

看，大学的权力分配具有一些基本的共同特征。如其决策权力相对集中于学校层面，在学术事务方面学院与学系拥有建议权，而各个权力主体之间的权力配置相对均衡，主要表现为学术权力与行政权力的二元结构。从美国大学的内外部治理主体和各个层次来划分，美国大学权力依次在学系、学院、大学、州政府和联邦政府中进行分配，而每个层次的主要权力主体分别为系主任、学术权威、其他所有教师、院长及院行政、院教授会、校长及校行政、董事会、评议会、州政府和联邦政府。主要的权力包括预算与财政权、学术成员聘任与晋升权、房屋与设备资产权、招生权、学科与课程设置权以及研究决策权 6 类。① 如表 3.3 所示。

表 3.3   美国大学权力分配

层次	每个层次的主要主体	预算与财政权	学术成员聘任与晋升权	房屋与设备资产权	招生权	学科与课程设置权	研究决策权
系	系主任		☆			☆	☆
	学术权威		☆			☆	☆
	其他所有教师		☆			☆	☆
学院	院长及院行政		☆			☆	☆
	院教授会		☆			☆	☆
大学	校长及校行政	▲	▲	▲	▲	▲	▲
	董事会（州政府）	●	●	●	●	●	●
	评议会				▲	▲	▲
州政府	州政府						
联邦政府	联邦政府						

注：1. ●表示拥有最终决策权，▲表示拥有部分决策权，☆表示具有建议权或咨询权，空行表示基本没有什么权力或权力很小。2. 在州立大学，州政府对大学的控制主要是通过校董事会。

表 3.3 对美国大学体系的权力配置进行了基本的描述与归类。可以看出，尽管在州立大学中，州政府通过董事会而实现了一定程度对大学的控制，但是政府包括联邦政府与州政府在大学权力体系中基本没有什么权力或权力很小。显然，大学权力的分配更多体现在大学内部。大学在学校层面的权力主要在董事会、校长及其行政、评议会三方进行分配。董事会拥

---

① 刘向东、陈英霞：《大学治理结构剖析》，《中国软科学》2007 年第 7 期。

有学术成员聘任与晋升、房屋与设备资产、招生、学科与课程设置以及研究决策方面的最终决策权,校长拥有预算与财政、学术成员聘任与晋升、房屋与设备资产、招生、学科与课程设置权以及研究决策方面的部分决策权,而评议会则在招生、学科与课程设置权以及研究决策方面拥有部分决策权。学院的权力主要在院长及院行政、院教授会之间进行分配,二者都拥有对于学术成员聘任与晋升、学科与课程设置、研究决策方面的建议与咨询权。在学系层面,权力主要在系主任、系学术权威、其他教师之间进行分配。他们都拥有在学术成员聘任与晋升、学科与课程设置、研究决策方面的建议与咨询权。学院与学系在预算、房屋设备资产、招生方面的权力很小。

当然,美国大学中的私立大学与公立大学在权力分配上具有较大的差异性。不论是从法律层面还是资金来源看,私立大学与政府之间的依赖关系都很弱。美国宪法明确规定了教育事务归属于各州,联邦政府对此无权干涉,因而联邦政府在美国大学权力分配体系中并没有直接的表现。州政府基本都规定私立大学的成立必须得到州政府的认可,而一旦成立,私立大学就拥有了完全独立的法人地位,享有充分的自治权。而且私立大学的资金主要依靠自己筹款,并不依赖政府资源。州立大学的举办人是州政府,资金来源也主要依靠州政府拨款,因而与州政府形成一定的依赖关系,州政府对大学拥有一定的公权力约束,主要体现于州立大学董事会的组建与成员结构。州政府一般可以任免州立大学的董事会成员,州政府的意志通过州立大学董事会的运作而实现。

美国大学的权力分配有两项基本的传统,保证了大学的有效运行。一个是美国传统的"企业家精神",[1] 参照美国成熟的企业运作经验,美国大学建立了比较完善的企业式的科层管理结构,保证了校长为首的行政系统的有效运作。另外一个是美国大学的学术自由传统,这保证了大学的学术运行方式,保证了大学教师的学术自由权利。此外,美国大学的董事会制度保证了大学自治,既为大学争取到了充分的发展资源与社会空间,也保证了行政力量与学术力量在大学内部的相对均衡,实现了大学的共同治理。

---

[1]　刘向东、陈英霞:《大学治理结构剖析》,《中国软科学》2007 年第 7 期。

2. 美国共同治理模式下的内部权力分配

1966 年 AAUP、ACE、AGB 发表《联合声明》，提出了共同治理原则，并对共同治理中的大学内部权力分配进行了详细的划分和界定。[①] 如表 3.4 所示。

表 3.4　　　　　　　　　　　《联合声明》中的权力责任分配

决策类型	1966 年《联合声明》中的权责分配
1. 大学总体决策 2. 战略导向和宏观规划 3. 物质和财政资源 4. 预算和资金分配 5. 建立学部、系、学院、公司或大学项目 6. 财政赤字方面的决策 7. 选举和评价校长与院长	董事会及其行政机构对此负有首要责任，但决策应该与教师协商，教师负有咨询与建议权
8. 课程 9. 学生教育程序 10. 教师能力标准和行为包括教师任命和教师地位 11. 招生政策 12. 学生能力标准 13. 学习适应环境 14. 对因财政问题终止的全部学术项目进行审查 15. 对无紧急原因宣布的终止项目进行审查	教师对此负有首要权力，董事会和行政机构支持教师的决策
16. 研究 17. 教师的教学行为	教授个人对该事务具有首要权力，服从同行评议

资料来源：Hamilton，N. W. Academic Ethics：Problems and Materials on Professional Conduct and Shared Governance. Praeger Publisher，Westport，2002：58.

表 3.4 对共同治理中的权力分为 17 项。按照首要能力与首要职责的原则，董事会及其行政机构在大学总体决策、战略规划、财政与预算分配、新建项目、校长及院长的选举与评价等方面拥有首要权力与职责，但是必须要与教师进行协商，教师对此负有咨询与建议权。而在课程、教育程序、教师评价、学生评价、招生政策等学术事务方面，教师拥有首要权

---

① Hamilton，N. W. *Academic Ethics*：*Problems and Materials on Professional Conduct and Shared Governance.* Praeger Publisher，Westport，2002：58.

力，董事会与校长在一般情况下都要支持教师的决策。在科研以及教师的教学行为方面，教授个人负有首要权力，同时接受同行评议。显然，与表3.3相比，《联合声明》更多考虑到了教师在大学内部治理中的地位与作用，权力的划分更为细致，体现了共同治理下权力分配的比较理想的模式。

3. 教师在共同治理模式中的角色与作用

《联合声明》是对共同治理权力分配的一种理想的要求。在《联合声明》发布之后接近40年的时间里，在美国共同治理实践中，教师具有何种实际上的影响力或权力，是否与共同治理中的权力分配模式相一致，是否真正实现了理想的教师权力呢？显然，仅仅依靠个案描述或质性研究都难以获得详细的证据。为更具体而切实了解美国教师在大学治理中的角色与作用，就必须进行具体的调查研究。美国历史上针对教授治校进行过几次比较大型的调查，根据不同历史时期的调查，我们可以得出比较系统而直观的了解。

（1）1970年AAUP调查[①]

美国大学教授协会（AAUP）下面的学院和大学治理调查委员会于1970年开展了一项大规模的全国性调查，此次调查共收到970所高校的1056份有效问卷。调查目的就是调查和了解教师参与大学治理的程度，以比较1966年《联合声明》中阐述的治理原则之实践状况。问卷设计了关于教师参与31个重要领域的看法，并按其参与的程度依次分为决策、联合决策、咨询、讨论以及无参与等五类。最后基于所有被调查者对每个领域给出的回答得出平均比重。见表3.5（表中黑体阴影部分为各项参与程度最高值）。

表3.5　　　　教师参与大学治理的领域及其程度

相关领域	决策（%）	联合决策（%）	咨询（%）	讨论（%）	无参与（%）
1. 教师聘任	4.3	25.1	28.1	29.1	13.1
2. 教师续聘	4.3	20.9	29.8	25.5	19.6
3. 教师晋升	4.9	26.4	30.8	18.9	19.1

①　AAUP. *Report of the Survey Subcommittee of Committee T*. AAUP Bulletin. 1971，57（1）：68－124.

续表

相关领域	决策 （％）	联合决策 （％）	咨询 （％）	讨论 （％）	无参与 （％）
4. 终身教职	5.4	29.0	29.1	16.4	20.1
5. 教师解聘	4.9	29.5	32.3	12.4	20.8
6. 课程内容	41.1	38.7	12.9	6.0	1.3
7. 获得学位要求	43.4	35.1	11.9	6.2	3.5
8. 学术评价	85.9	8.7	2.9	1.8	0.7
9. 学位类型	18.6	49.5	15.7	8.0	8.2
10. 新项目建立	14.2	51.4	18.2	10.9	5.4
11. 入学要求	14.7	27.5	18.0	16.0	23.8
12. 职员规模	1.3	9.5	19.7	30.2	39.3
13. 建筑项目	0.4	7.3	28.4	38.3	25.6
14. 校长遴选	0.4	9.2	36.7	20.4	33.3
15. 学院院长遴选	0.5	12.2	32.4	24.0	31.0
16. 系主任遴选	6.8	15.7	26.6	24.9	25.9
17. 教师薪酬标准	0.4	10.4	24.0	18.8	46.4
18. 教师个人薪酬	1.0	8.4	14.9	25.7	50.0
19. 短期预算规划	0.6	4.7	22.8	29.2	42.8
20. 长期预算规划	0.3	2.6	16.4	25.8	54.9
21. 教学工作量	4.1	21.2	22.3	29.6	22.8
22. 教学任务	13.9	49.6	14.2	17.0	5.2
23. 学系委员会	41.0	24.8.	12.2	10.9	11.0
24. 学系委员会资格	47.1	21.2	9.8	10.9	11.1
25. 校园管理权力	9.8	36.9	27.5	7.2	18.6
26. 评议会	21.0	35.5	17.8	10.1	15.6
27. 评议会资格	32.2	28.2	14.1	9.3	16.2
28. 学科设置	26.0	35.9	17.4	10.5	10.3
29. 学生课外活动条例	5.0	25.0	22.3	20.4	27.3
30. 学生课外行为	3.9	25.6	21.4	18.1	31.0
31. 学生在管理中的作用	15.2	32.8	21.6	15.5	14.8

数据来源：AAUP. Report of the Survey Subcommittee of Committee T. AAUP Bulletin. 1971，57 (1)：68－124.

调查显示，教师参与决策的程度因应不同类型大学和不同决策项目而各不相同。被调查的大学中，教师最具有决策权的领域分别是学术评价、课程内容、获得学位要求、学系委员会、学系委员会资格、评议会资格，分别占 85.9%、41.1%、43.4%、41.0%、47.1%、32.2%；而最没有参与权的领域分别是教师薪酬标准、教师个人薪酬、短期预算规划、长期预算规划、学生课外活动条例、学生课外活动，所占比例分别是 46.4%、50.0%、42.8%、54.9%、27.3%、31.0%。显然，教师在学术领域的权力很普遍，在一般行政事务及学生行政管理事务方面权力则较小。而在涉及经济与财务预算等方面，一半左右的回答认为教师"无参与"。总体上看，教师和管理者认为教师在大学决策中的作用为"决策""联合决策"和"咨询"层面上的，其最高值分别为 6 项、8 项和 7 项，占 31 项中的比例分别为 19.3%、25.8%、22.6%，三项合计占到 67.7%。可见教师已经广泛参与了大学的治理，在很多领域尤其是学术领域拥有较大的决策或联合决策权。

（2）2001 年卡普兰调查

为调查美国大学教师在治理中的作用，2001 年哈佛大学博士生卡普兰（Kaplan）受美国大学教授协会资助，主持了一项全国性的调查。[①] 最后得到了来自 882 个院校（其中 350 所公立学校，532 所私立学校）的有效数据。卡普兰采用问卷调查了教师在 15 个治理领域中的作用。与 1970 年 AAUP 调查一样，按照参与程度依次分为决策、联合决策、咨询、讨论和无参与。见表 3.6（表中黑体阴影部分为各项参与程度最高值）。

表 3.6　　　　2001 年教师参与大学治理的领域及程度

相关领域	决定（%）	联合决策（%）	咨询（%）	讨论（%）	无参与（%）
1. 全职教师的任命	14.09	58.26	24.44	2.37	0.82
2. 终身教职的晋升	12.72	57.80	26.43	1.48	1.58
3. 课程内容	62.79	30.54	5.34	0.88	0.41
4. 学位要求	54.24	36.80	6.85	1.46	0.64
5. 所提供的学位类型	22.70	53.63	17.95	4.18	1.51
6. 学科规模	5.89	29.67	40.99	17.79	5.64

　　① Kaplan G. E. *Preliminary Results From the* 2001 *Survey on Higher Education Governance.* AAUP Bulletin. 2001.

续表

相关领域	决定 （%）	联合决策 （%）	咨询 （%）	讨论 （%）	无参与 （%）
7. 建筑建设规划	1.23	7.23	41.20	38.22	12.09
8. 教学工作量	6.39	33.26	31.58	22.53	6.30
9. 学院院长遴选	2.82	29.84	53.58	8.89	4.70
10. 系主任遴选	15.94	37.89	36.23	6.26	3.67
11. 教师薪酬标准设置	1.71	17.79	30.41	34.12	14.87
12. 个别教师薪酬的制定	2.52	15.64	24.51	30.14	27.25
13. 短期预算编制	2.01	15.88	38.68	30.81	12.64
14. 校园治理中教师权力	12.44	50.92	22.04	11.02	3.62
15. 学校委员会及评议会成员遴选	53.14	27.22	12.85	4.02	2.72

数据来源：Kaplan, G. E. Preliminary results from the 2001 survey on higher education governance. AAUP Bulletin. 2001.

数据显示，在本次调查 15 个项目中教师最具决策权的有 3 项，分别是确定课程内容（62.79%）、设置学位要求（54.24%）以及为学校层面委员会与评议会遴选成员（53.14%）；教师参与联合决策的项目中有 6 项比例为最高，分别是全职教师的任命（58.26%）、终身教职的晋升（57.80%）、所提供学位类型（53.63%）、教学工作量（33.26%）、系主任遴选（37.89%）以及教师在校园治理中的权力（50.92%）。而教师"无参与"一栏中没有一项是最高的比例，这就是说，在所有决策项目中，教师至少都有"讨论"或"咨询"以上程度的参与。而教师在大学治理中的作用主要集中在"联合决策"和"咨询"两个层次上，最高值分别占 6 项和 4 项。教师发挥"咨询"作用最大的项目分别是学科规模、建筑设施规划、学院院长遴选以及短期预算编制。调查结果表明，教师在传统学术领域的权力保持了稳定，而在一些非学术项目，比如建筑规划及设定工作量等方面权力有所增加，从 1970 的"讨论"转向了"咨询"，甚至是"联合决策"；短期预算规划从 1970 年调查中的"无参与"转向了"咨询"。

总体而言，教师权力有了一定程度的增加，而教师权力主要体现在学术领域如学位要求、课程内容、终身教职、教师聘任和学位类型等方面。在涉及学科规模、预算编制、薪酬标准、建筑规划决策时，教师似乎还是没发挥重要作用，大多属于"咨询"和"讨论"的角色。在教学工作量、院长和系主任遴选等方面，教师扮演了一个稍微重要的角色，但是多数决策权是属于行政管理者或董事会的。

（3）2007 年 CAP 调查

2007 年卡耐基教学促进基金会资助了一项涉及几十个国家的学术职业的调查，称为变化的国际学术职业调查（CAP 调查），其中一项是美国大学教师在不同决策领域中的影响力的调查。[①] 该调查涵括 80 所四年制高校（包括大型/研究型大学、小型/本科大学、公立大学、私立大学）的共 5772 名教师。从表 3.7 可见教师在不同决策领域中的影响力大小。（表中阴影部分为比例较高的前 5 项）

表 3.7　　　　教师在各项决策中的影响力比重 （%）

1. 核心管理者遴选	8.3
2. 新教师聘任	61.4
3. 教师晋升和终身教职决策	51.1
4. 制定优先预算	2.2
5. 教师所有教学工作量决策	11.0
6. 本科生入学标准制定	21.6
7. 批准新学术项目	35.6
8. 教学评估	27.3
9. 内部优先研究设置	43.1
10. 研究成果评估	53.1
11. 建立国际联系	41.3

数据来源：Locke W．，Cummings W. K．，Fisher D．，*Changing Governance and Management in Higher Education.* Springer Netherlands，2011：2，199.

从表 3.7 可以看出，在 11 个决策项目中，教师在新教师聘任、研究成果评估、教师晋升和终身教职决策、内部优先研究设置，以及建立国际联系这 5 个方面影响力最大，分别为 61.4%、53.1%、51.1%、43.1% 和 41.3%，基本都在 50% 左右。显然，教师在这些领域拥有主要的影响力。在核心管理者遴选方面教师影响力只占 8.3%，而在预算中的地位最

①　Finkelstein M．，Ju M．，Cummings W. K. *The United States of America：Perspectives on Faculty Governance，1992—2007.* Locke W，Cummings W K，Fisher D，*Changing Governance and Management in Higher Education，*Springer Netherlands，2011：2，199.

低，只有2.2%的影响力。看来校长和董事会仍然拥有强大的预算主导权，而在遴选校长等高层管理者的时候，教师能够发挥作用的空间也依然很小。这再次清晰体现了教师在学术和非学术领域中的作用具有明显区别。

以上三个调查报告的结果说明，在过去接近40年的时间里，美国大学教授治校的情况总体还是乐观的。基于此，我们可以得出这样一些基本的结论:[1] 第一，教师在大学治理中仍然扮演着重要角色，共同治理依然是美国大学治理的基本模式。第二，教师以多种方式和途径参与治校，不仅仅是决策和联合决策，也可以是咨询和讨论。尽管参与程度不同，但是在实践上都发挥着一定的作用。第三，教师在多个领域、多个层次和多重场合广泛地参与治校。第四，学术领域仍然是教师参与治校的主要舞台。比如课程、学位要求、教师聘任和职位晋升、学术评价以及教师内部权力的分配等，这些决策领域需要教师提供权威性的意见。第五，在传统的行政管理领域如预算编制、战略规划和建筑工程等方面，依然是管理者和董事会在发挥主要作用，但在这些领域教师的影响力有一定提升。

二　美国大学的权力模式及特点

美国实行的是一种高度分权的高等教育体制，同时如前文所述，美国大学是一种典型的共同治理的模式，共同治理中的各权力主体分享大学的治理权力，大学内外的利益相关者之间既有合作又有制衡。董事会作为大学的监督者与法人，控制着大学的总体决策，并对校长为首的行政权力和评议会为代表的学术权力实行权力约束。在这种高度分权的高等教育体制下，大学在与政府、市场的关系中处于比较自主的优势地位，也就是说，从外部治理的角度看，大学具有非常明显的自治地位。作为独立而自治的法人组织，大学拥有比较完善的法律环境、学术自由传统，权力的重心在大学。从内部治理的角度看，内部各治理主体之间的权力保持适度的制约与平衡，教师权力得到充分保证。可以说，大学共同治理的实现最为关键的问题就是如何处理好各权力主体之间的关系，从这个意义上看，美国大学的权力模式是一种共同治理下的关系型权力模式。在这种关系型权力模式下，各个治理主体通过保持权力之间的互相制约与平衡，各司其职，各

---

① 刘庆斌:《美国教师在大学治理中的作用与角色》,《江苏高教》2012年第3期。

负其责，在各自权力范围内充分发挥出各自的作用，共同实现对大学的有效治理。通过对美国大学关系型权力模式的分析，我们可以更为清晰地认识这种权力模式的基本特征与内涵。

（一）政府间接影响

由于美国高等教育实行的是分权制管理模式，联邦政府对于教育不拥有直接管理权力，教育权归属于各州与地方政府。在高等教育方面，大学一般都具有独立的法人地位，联邦政府与州政府在大学治理中都不拥有对大学的直接权力，政府对大学的影响更多是基于财政拨款、立法、判例、协调等方式实现间接影响。公立大学受到更多来自州政府的控制，州政府对公立大学的控制主要是通过影响董事会组建及人员构成而实现。州政府对公立大学的影响也仅限于间接方式，而极少直接干涉大学内部事务。近年来联邦政府对大学的影响日益加强，大学治理体现出更多的政治色彩。总体而言，政府在大学治理中扮演着关系协调者、政策引领者、资源投入者的角色。政府不直接参与大学治理，这保证了大学充足的外部治理空间。

（二）董事会控制

董事会控制大学是美国大学权力模式的主要特点。作为大学的最高权力机构，美国大学董事会拥有广泛的权力。美国大学董事会具有法人地位，在决策机制中起着实质性作用，拥有对大学的所有权。在大学治理方面，董事会反映了美国大学自身的市场性，能够保证大学充分的自治。董事会是美国大学的法定代表和最高决策机构，是大学权力系统的核心，也是共同治理实现的基本保证。美国大学董事会实行集体决策、少数服从多数的投票机制，也就是说，董事会只有以集体的形式才能够真正发挥作用，董事会的任何个人都不具有决策的权力，也只有在董事会的授权之下，董事个人才能够发挥其决策的作用。董事会有权制定并修改大学的章程，大学的一切行动都应该依据大学章程的规定而进行。同时，为了更有效地推行大学的决策，董事会一般都制定了一套大学制度规章，设立了相关的职能部门，从而使得大学的运行有章可循，实现了大学治理的制度化与规范化。总体上看，董事会能够实现对于大学的总体控制。

（三）校长治校

董事会实行的是一种外行领导，因而其最重要的职责是将权力委托给内行进行大学治理。校长就是董事会任命的大学行政负责人，除了保留对大学的最终法律控制权以及决定大政方针、任命校长、战略规划、最终裁决权之外，董事会将大部分的日常行政管理权力都委托给了校长。校长对董事会负责，董事会委托校长实现对大学的行政管理，在某种程度上看，校长是董事会在大学管理中的代言人。随着大学规模的扩大以及大学治理的专业化，校长所领导的行政系统内逐步出现了一大批专家型行政人员，这些人都是招生、预算、图书馆管理、人事政策、档案管理、公共关系、设施管理、大学规划和校友事务方面的专家。① 这些人属于校长及其行政管理团体的系列，实行上级管理下级的科层管理模式，完全听从校长的领导，为校长负责。可以说，美国大学的校长拥有大学管理尤其是行政管理方面的最高权力，可以在学校的具体管理中贯彻自己的治校理念。在某种程度上讲，大学的命运决定于校长的能力。

（四）教授治校

美国大学教师在大学治理中具有十分重要的地位。教授治校机制的实现有赖于外部治理的充足空间与内部治理的充分放权。一方面，政府不干涉大学内部事务，大学是完全的法人自治团体，具有充足的大学自治地位，因而，教授治校拥有了充足的大学外部权力空间；另一方面，由于大学实行的是董事会外行治理，大学内部实行分权制度，董事会将学术权力委托给评议会为代表的教师群体，并尊重与保护学术自由与教师的专业权力，教师拥有了自主管理学术事务的基本权力，可以说，教师在大学治理中拥有充分的大学内部权力空间。在这样的权力空间内，教授治校具有了比较充分的自由与自主权，教师在教什么、怎么教、谁能教以及其他相关学术方面都拥有基本的决定权，而在谁受雇、谁晋升、经费如何分配与使用、大学如何发展与规划方面也有了比较重要的参与决策与咨询建议权。通过对教授治校的调查更是可以清楚地看到，美国大学教师在过去的几十年里，不仅仅在学术方面，而且在非学术方面都拥有了比较重要的权力，在共同治理的模式下，教授治校权力在某种程度上甚至得到了一定程度的增长，教师的权力空间获得了充分的保障。在共同治理模式下，教师在学校层面通过评议会组织，在学院与学系层面通过教授会组织，分享了大学的治理权力，比较充分地体现了教师的学术地位与治理作用。

---

① 张正锋：《美国大学校长权力来源的组织学分析》，《煤炭高等教育》2004 年第 6 期。

（五）权力制衡机制

本质上讲，大学治理权力模式就是大学各治理主体在长期互相博弈基础上的结果。良好的权力模式往往能够顾及各利益相关者的利益，具有比较均衡的特点。而美国大学的权力模式是一种典型的权力制衡模式。可以说，美国大学权力模式能够保持良好的运行，一个重要的保障是其具有良好的权力制衡机制。如前所述，董事会拥有大学的所有权，掌握着大学的最终决策权力，由于其外行性质，授予校长及其行政系统以行政权力，授予评议会为代表的教师以学术权力，二类权力之间保持良性互动与制衡。

事实上，教授治校与校长治校并不意味着教师完全控制学术事务，或校长完全控制行政事务，任何一种大学事务包括学术或行政事务都不可能完全由一个权力主体决定，只是一项事务由某一个主体负有主要职责。在共同治理的模式下，实际上任何一个事务的决定都是由教师（及其学术群体）与校长（及其行政系统）共同决定。也就说，教授治校与校长治校本身都是一种限制性的概念，共同治理模式下的教授治校与校长治校更是需要双方的合作与协调，只有如此才可以保证大学治理逐步走向大学的最佳治理状态，从而实现大学的有效治理。也就是说，基于权力的分享性与治理主体的有限性，权力制衡机制是实现大学最佳治理或有效治理的基本途径。[①] 由此可见，所有权、行政权力和学术权力的相互制衡共同决定了美国大学的最佳治理。

---

① 郑文全：《大学的本质》，博士学位论文，东北财经大学，2006 年。

第四章

美国大学教授治校的运行机制

第一节 教授治校的组织建制

美国大学内部的基本组织结构是"大学—学院—学系"的形式。美国大学尤其是研究型大学大多数采用传统的多科综合文理学院为主体、专业学院为辅的学院组织架构，实行校、院、系三级分权管理。校院系三级在学校事务的管理中，各有自己的权力重点和职责范围。美国大学教师的权力主要通过各个层级的教师组织来实现。因此，美国大学教授治校的组织建制也分为三个层面。在学校层面一般称为评议会（faculty senate），而在学院与学系层面一般称为教授会（professoriate）。

一 学校层面的组织建制

美国大学教授治校在学校层面的实施机构是评议会。据南加州大学高等教育政策分析中心（Center for Higher Education Policy Analysis）2002 年的调查，目前美国 93% 的博士授予权院校、90% 的硕士授予权院校和 82% 的学士授予权院校均设立有学术评议会或此类机构。[1] 美国大学评议会依据其大学章程规定及学校管理的传统而有所差异。在那些评议会历史悠久、大学声望较高的大学，评议会的权力比较高。比如美国研究型大学和一些精英文理学院，评议会的作用比较明显。总体上看，评议会在大学学术管理方面发挥了重大的作用，甚至在某些非学术领域方面也发挥了一

---

① Finkelstein M，Ju M，Cummings W K. *The United States of America：Perspectives on Faculty Governance*，*1992 – 2007*. Locke W，Cummings W K，Fisher D，*Changing Governance and Management in Higher Education*，Springer Netherlands，2011：2，199.

定的作用，可以说评议会是教授治校在学校层面的基本组织平台。

（一）评议会的人员结构

1. 评议会的成员结构

评议会主要由大学教师组成，基本上可视为教师自己的组织。总体而言，评议会的人员按照两种基本的方式构成。在某些大学里，评议会成员包含了大学的所有教师。如密歇根大学的所有教师都是评议会的会员，都具有评议会的投票权。而在某些大学里，评议会则只由教师代表组成。如弗吉尼亚大学的评议会只有80名教师代表，各院系投票选出各自名额的教师代表进入评议会。据调查，美国当前的大学评议会中，第一种评议会，即大学所有教师都进入评议会的占到学士授予权院校中的60％，而在硕士授予权院校，这一比例为30％，在博士授予权高校，这一比例为13％。[①] 一般来说，美国大学评议会的成员包括校长、副校长、教务长、院长、系主任、图书馆馆长等高级行政管理者，也包括正教授、副教授、助理教授以及部分讲师。

2. 评议会的职位结构

评议会的职位设置各个学校有所不同，但一般来说有一些基本的职位，比如评议会主席、副主席、秘书兼财务主管，有的大学还有议事法规专家。首先是评议会主席。评议会主席一般由两种方式产生。一种是由校长兼任，一种是由评议会成员选举产生。比如波士顿大学的评议会主席就由校长兼任，也在其评议会章程中有明确规定。而评议会成员选举产生的评议会主席则相对而言更为多见。评议会主席一般任期为一年，其职责是提议、主持评议会会议、参与评议会讨论。其次是评议会副主席。这个职位一般是由评议会下设的人事委员会任免，任期基本上也是一年。主要负责履行评议会主席缺席情况下的各项职责，同时配合评议会主席做好各项评议会工作。此外一个比较重要的职位就是评议会秘书兼财务主管。这个职位一般也是由评议会下设的人事委员会任命，一般负责协作评议会确定会议议程、在评议会主席与副主席缺席情况下履行他们的职责、做好会议的准备工作、记录会议财务情况、保存会议档案等。

（二）评议会的组织结构

评议会日常的工作主要通过设置下设的几个专门委员会来进行。不同

---

① Tierney, W. G. and J. T. Minor. *Challenges for Governance: A National Report.* http://www.usc. edu/dept/chepa/pdf/gov_ monograph03. pdf.

类型与规模的大学里，评议会下设的职能委员会的情况也各不相同。如密歇根大学评议会下设 19 个职能委员会，而弗吉尼亚大学评议会有 11 个。事实上，这些职能委员会的设置会因时因事而设而撤，也就是说，职能委员会的设置是根据评议会的工作需要而定的。不同事情的处理需要设置不同的职能委员会，而这些事情处理好之后，若不再需要就可能会被撤掉。一般而言，美国大学评议会比较常见的职能委员会有这么几类。第一是执行委员会。调查显示美国"87% 的博士授予权院校、75% 的硕士授予权院校和 57% 的学士授予权院校，其评议会都设有执行委员会"。① 执行委员会的职责主要是审查评议会报告与建议、协调各部门观点、综合各职能委员会的意见。事实上，由于评议会一年当中会议次数有限，评议会的日常运行工作基本是由执行委员会所负责。第二是科学研究委员会。负责大学科研经费使用以及政策咨询，制定科研政策及协调部门之间的科研关系等。第三是学生事务委员会。主要负责学生入学标准的制定与审查、负责审批与审查学生教育计划与专业计划等。第四是教育政策委员会。主要负责学生教育方面的有关政策和规则。第五是学术人事委员会。主要负责评议会成员入会政策及审查。第六是教师福利委员会。主要负责教师的福利方面的政策与相关事务。第七是预算和计划委员会。负责大学预算方面的质询与建议。

（三）评议会的职责

评议会主要负责大学的学术事务管理，所以其基本职责主要包括学校学术政策的制定、学科建设及发展规划、校历的制定、教师聘任考核与晋升、学生教学工作、课程设置、学位要求与毕业标准、对外学术交流、校内设施使用等方面。比如在教师的聘任晋升等方面，评议会拥有基本的人事权力，董事会在评议会的建议与认可的情况下最终给予批准。事实上，评议会的职责更多是交给其下设的各职能委员会具体开展工作。由于在大学治理中的学术事务与行政事务往往交织在一起，甚至有时相互重叠，很难截然分开，因此评议会成员尽管主要是由教师构成，但是也包含了部分行政人员，甚至是学生。近年来，美国大学评议会还获得了一些财政的权力。评议会职责在管理内容上可以分为学生事务、教学事务、教师事务、

---

① Tierney, W. G. & Minor, J. T. *Challenges for Governance*: *A National Report.* http://www.usc. edu/dept/chepa/pdf/gov_ monograph03. pdf.

科研事务、学术相关的事务等。总体而言，评议会在管理权限方面主要拥有制定学术政策方面的立法权、向校长和董事会提供咨询与建议的咨询建议权、讨论和审查评议会各项提案和报告的审议权、大学学术发展方面的决策权。

二　学院层面的组织建制

（一）学院的组织结构

学院是美国大学三级结构的中间层级学术组织。美国大学的学院一般分为两个类别：一个是文理学院，从事基础学科教育；一个是专业学院，从事专业教育，如医学院、法学院、商学院等。学院一般是由众多学系集合在一起的教学科研单位。作为中间层面的学术组织，美国大学学院同时也是一级行政单位，处于大学行政科层体系的中间一环。作为大学科层体系中的核心行政人员，院长是由校长直接任命，受到校长的直接领导，在校长的领导下开展行政管理工作。院长一般配备有一些行政助理，以协助处理相关事务。院长对内全面负责学院的工作，拥有在内部日常管理、课程设置及政策、教师聘任及晋升、学位授予标准等方面的权力。同时院长还负责协调院内各系之间的关系，同时要定期对其工作向校长或副校长进行汇报。一般来说，院长拥有基本独立的处理行政事务的权力，具有一定程度的自治权力，比如在院内预算分配等方面，院长可以做到基本控制。另外，院长本身是有一定学术成就的教授，因而也是学院教授会的当然成员，并参与学院教授会的工作。一般每个学院都会设立几个教授会，以负责学院内部的学术政策及学术计划方面的制定与审核。学院教授会一般拥有对学院内的教师实施聘任、预算经费、学院内课程监督、协助院长做好学生工作等方面的职权。

学院内部教授的权力主要是在教授会的组织平台下实现其对学术事务的管理。学院内部的权力分配其实与大学层面的权力分配有一定的相似之处，即都有一个二元权力结构。院长代表的是行政权力，而院教授会则代表教授的学术权力。美国大学在入学标准、课程设置、学位获得等方面的学术事务下移到了学院层面，因而院长具有比较大的行政权力，而教授会也拥有了基本的学院学术方面的权力。学院教授会成员往往是来自院内各系的教授代表，院教授会的工作机制仍然是民主决策机制，通过民主投票决定相关事务。

（二）学院教授会的组织建制

学院教授会一般是由学院内的教师包括教授、副教授以及助理教授组成。学院教授会往往也下设几个职能委员会，如学院学术委员会、课程与教学委员会、学生指导与评价委员会等。这些职能委员会负责各自领域中的事务调查、信息收集与发布、议题提出与审议、提出报告、实施决策等，同时他们还需要向院长提出咨询意见。学院教授会一般都建有自己的教授会章程，在章程的规范下开展各项工作，学院教授会对学院内的各项重要事务进行集体决策，院教授会的所有成员都可以依据相关规则进行投票。教授会的各职能委员会也一般以会议投票方式进行决策，同时遵循集体决策、少数服从多数的原则。

事实上，学院教授会与大学评议会是一脉相承的，都是教师实施学术权力的组织机构，也就是说，学院教授会归属于大学评议会的体系内，学院教授会是大学评议会体系的一部分，大学评议会有权对学院教授会进行质询与指导。一般而言，学院教授会的主席由学院教授会成员选举产生，但主席不能是各自学院或专业学院的执行院长，这是由于他们本身就是学校行政管理系统的职员。但是他们可以作为学院教授会的成员参与学院教授会的各项工作，听取学院教授会的建议与要求，并且在学院教授会中拥有决策投票权。在治理权力方面，学院教授会依据大学评议会的章程以及相关规定参与学院的学术事务方面的决策。具体而言，学院教授会一般能够参与制定学院的教育政策，同时在学院的学生教学、科学研究项目、课程设置、教师晋升与聘任、学科建设与发展等学术事务方面拥有决定权。

由于学院院长既属于学校行政管理系统中的重要一员，又是院教授会中的当然成员，拥有学院学术决策方面的权力，因而院长的设立就是大学二元权力机构比较明显的体现。而且由于院长的角色与地位，其在行政权力与学术权力之间具有沟通与协调作用，因而在学院内存在着大学二元权力的相互渗透，形成了权力分享的良好机制。如图4.1所示。

从图4.1可以看出，学院层面的权力结构是一种典型的二元权力并行的格局，以院长等为代表的行政人员同以教授为代表的学术权力互相交织整合，形成一种联合共治的基本态势。联合共治的过程既有分工与合作，也有监督和制衡。作为两种权力的代言人，行政官员主要处理行政事务，教授团体主要决策学术事务，两者在这种二元结构中有各自的分工，并在分工中形成联合；同时，由于两种权力机构都赋予了比较独立的地位，因

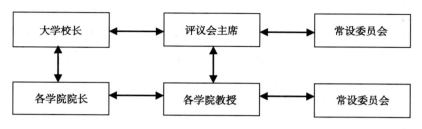

图 4.1　学院的基本组织结构

而还形成了一种强有力的监督和制衡机制。

三　学系层面的组织建制

（一）学系的组织结构

美国大学中最先出现学系这一组织的是 1825 年的哈佛大学，之后一直到 1880 年在康奈尔、霍普金斯大学也组建了学系，到 19 世纪 90 年代末，芝加哥大学与哥伦比亚大学也出现了学系。[①] 随后其他大学也开始组建学系，由此学系逐渐发展成为美国大学最基层的学术组织，成为教授治校的主要平台。一般来讲，学系是一个学者社团组织，其主要成员包括正教授、副教授、助理教授、讲师等教学研究第一线的教师。学系在组织结构上也分为两个层面，一个是系主任，一个是学系教授会。两者共同分享学系的管理权力。首先，学系的权力是分布于教师们之间的，教师们一般都是教授会的当然成员，学系的重大决策一般都是基于教授会的决定基础上。教授选举产生系主任，在院长批准后由校长任命。学系教授会拥有在教学改革、课程设置、学生毕业标准、教师聘任等方面的基本职权。教授会通过平等民主的投票方式进行决策。尽管学系也是学校行政机构的一部分，但是在重大的问题上，系主任必须与所有的教师进行协商，通过少数服从多数的原则进行集体决策。也就是说，学系更多体现为一个学者社团式的机构，是一个基于学科共同利益而结合起来的相对统一的组织，其在纵向科层机构上的等级性并不是非常严格。

学系的学术权力给予不同专业化学科领域内的教师，这是因为教师在其学科领域中最具有发言权，最懂得如何开展教学、科研，以及诸如入学

① Alain Touraine. *The Academic System in American Society*. New Brunswick and London：Transaction Publishers. 1997：33.

要求、学术标准、毕业要求等学术政策方面的问题。也就是说，大学教师的学术权力是基于其最为核心的学术专业化知识与能力的，从这个意义上看，学系的决策权"必须大量地分配给不同专门化的教师"，也就是直接分配给各学院中的不同科系。在学术方面应该主要由这一层级独立地作出上述决策，从而使得"在最具声望的机构中，系科的影响力最为根本，一般而言最具决定意义"。① 这就是说，教师的权力首先是基于知识论意义的学科基础，而教师的权力属性在学系层面最为直接地体现了学术权力的基本特征。随着学科专业化的发展、知识的日渐分化与综合，教师的专业化地位也必然得到更进一步的提升。一门学科的出现与发展，一般来说都必须要求其学科成员经过非常专业而特殊的训练，否则很难得以进入学科。从本质上讲，学系组织内的学术权力就是专业权力，而专业权力又是以技术能力为基础的，这就决定了权力应该完全分配到具有技术能力的主体身上。美国大学的学科组织正是体现了这一权力分配的知识论原则。当然，美国大学学系权力的实施并没有出现欧洲大陆"正教授"垄断学术权力的局面，而是在知识论的基础上，结合了政治论的组织基础，体现了民主治校的特色，即学系内的所有教师都有权力参与到学系的教授会中，并采取了投票决定的民主化方式。在处理一些学术事务的过程中，学系主任完全尊重教师们的意见。而在重要事务决策方面，学系主任往往只是会议的主持者，会议的内容与会议的决策完全交给教师们去决定，学系主任更多体现了服务者、协调者的角色，这种组织机制"使得系主任更少地处在最高权力位置上"。② 在学系内，教师们包括正教授、副教授、助理教授以及讲师，不论等级都拥有平等而广泛的参与权、投票权。由此可以认为，美国大学的教授治校更多是一种教师治校，与欧洲大陆的正教授治校具有比较明显的区别。

（二）学系教授会的组织建制

学系层面的教师组织类型多样、功能各异。一般而言，美国大学学系的教师组织有以下几类。

---

① Howard R. Bowen & Jack H. Schuster. *American Professor：A National Resource Imperiled*. Oxford：Oxford University press，1986. 21. 转引自陈伟《西方大学教师专业化》，北京大学出版社 2008 年版，第 160 页。

② Alain Touraine. *The Academic System in American Society*. New Brunswick and London：Transaction Publishers，1997. 158.

　　第一，学系教授会。这是最为基本的教师组织。如前所述，系教授会一般由所有的终身制教师构成，负责系里全部学术事务和内部管理事务，只服从由董事会、校长和评议会授权的控制。系主任既是系教授会的主持人，又是学校科层体系的一部分，是学系层面的行政负责人，在学院财务、人事方面对院长负责，并负责学系与学校、校长、评议会以及与其他各系之间的联系与协调工作。各个系的教授会都有自己的教授会规章，所有事务都依据教授会章程进行运作。一般来说，学系内部的基本事务都是交给教授会决定，所有成员都有表决权，体现了学术共同体的社团模式。

　　第二，学系教师委员会。除了最为基本的学系教授会，学系层面还设有一些常设性或临时性的教师委员会组织，以在某些具体性或专门性事务方面开展针对性的工作。比如在学生入学和教师评价方面的委员会往往是常设性的，这些教师组织常年开展工作，不会随意撤换。而在新教师聘任或遴选方面则设有一些临时性的委员会，任务完成以后即随之解散。此外，学系所设的这些教师组织名称与职责各异，并没有统一的规定。一般比较常见的常设委员会名称有课程设置委员会、科学研究委员会、大学生委员会、长期规划委员会、图书委员会、社会活动委员会、教授晋升委员会等。

　　第三，组织委员会。在处理某些专业领域的问题时，很多大学还通过建立组织委员会的形式进行处理。组织委员会通常是依据系主任的委托，在一位教授的召集下由5—6名教授组成，其主要任务是对系里有关教学、科研、教师评聘等学术方面的事务进行讨论，在达成基本决议的基础上，经教授会的复决，由系主任批准或继续上报学院与学校并经核准后付诸实施。如在教师的遴选和聘任方面，通常是先由系主任委托一些教师组成教师聘任与遴选委员会，在听取所有教师的意见的基础上，拟定教师招聘方面的要求、标准与条件，然后将招聘信息发布到相关刊物或媒体上，随后在收到相关应聘材料后，教师聘任与遴选委员会对材料进行审核遴选，最终选出5—6人提交给系教授会进行审议，并以投票方式再次遴选出2—3名应聘者，然后邀请这几名应聘者到系里接受面试，面试后提交给系教授会进行审议遴选，投票决定最后名单，最终提交给院长、校长甚至董事会批准。

　　第四，执行委员会。由于学系所涉事务的多元化以及教授会会议规程所限，系教授会的事务更多时候是由其属下的执行委员会负责具体日常事务。执行委员会的成员一般由学系内的终身制教授组成。

通过以上分析可以看出，美国大学教师在学系层面的管理与决策中发挥出了实质性的作用，学系成为了教师实现学术权力的基本组织依托，成为了教师发表意见的首要场所，体现了学术的社团属性。美国大学学系的权力更多采用"一人一票"的民主参与制方式进行，权力在所有的教师之间平等分配，真正实现了学术共同体"共同掌权"的特质，系主任也是由教师们选举产生。这种共同掌权的特质使得系主任必须要更为广泛地听取教师们的意见，从而导致系主任更多地成为了一种"平等成员中的首要一员"的角色。① 也就是说，系主任这一职位并不具备某种特权性质。而作为学校科层链条中的一级，学系组织也受到科层权力的制约，系主任还要对院长负责，甚至对校长、学术副校长、教务长负责，完全成为了"一个处于上挤下压地位的中间人物"。② 从而使得学系组织明显形成了要接受学术权力与行政权力双重制约的属性。这种属性具有一定的优越性，既保障了学术人员对于学术事务的掌控，也有助于构建教授会与行政之间的互相监督机制，有效地防范专制独裁行为，从而从根本上保护了教师的权益。

通过以上分析可以看出，美国大学教师通过学校的评议会组织、学院与学系的教授会组织能够实质性参与大学的管理与决策，评议会组织与教授会组织在大学各个层面发挥了基本的作用，为美国大学教授治校提供了基本的组织平台，具有确保大学学术本色的组织功能。此外，评议会与教授会的组织设置具有比较明显的民主参与性质，能够有效防范绝对权力的生成，从制度上杜绝了权力腐败的发生。就如斯坦福大学前校长所说的，"如果绝对的权力导致绝对的腐败，那么不用担心大学校长：他永远不会处于这样的危险境况中，因为他没有绝对的权力"。③

---

① Burton R. Clark. *The Academic Life*：*Small Worlds*，*Different Worlds*. The Carnegie Foundation for the Advancement of Teaching，1987：150.

② ［加］约翰·范德格拉夫等编著：《学术权力——七国高等教育管理体制比较》，王承绪等译，浙江教育出版社 2001 年版，第 218 页。

③ 教育部中外大学校长论坛领导小组：《中外大学校长论坛文集》，高等教育出版社 2002 年版，第 18 页。

第二节　教授治校的运行机制

教授治校在学校层面的运行主要是基于评议会组织进行，而教授治校在学校层面的运行机制主要体现为评议会的内部运行机制。事实上，评议会作为一个学术管理的机构，其组织机构构成与平台的组建仅仅只是搭建了教授治校的平台与框架结构，或者说只是提供了教授治校的组织基础，而要最终实现教授治校，实质性发挥教授的作用，则要依据评议会的运行机制。学术系统的顺利运行是学术管理中最为关键而艰难的工作，也就是说评议会能否真正体现其有效性，关键在于评议会的运行，进一步说，评议会的实际效用如何，更多体现在评议会的运行机制上。美国大学评议会尽管类型不同、功能多样，但不论是学校层面的评议会，还是学院和学系层面的教授会，其内部的管理制度和运行过程都有着相似的形式。而这些组织的运行，最为决定性的因素是其决策方式、工作流程、信息传递与沟通等动态性的工作机制。由此，可以从评议会的会议机制、决策程序、人事机制、信息沟通四个方面进行分析，以更为深刻而全面地认识教授治校的运行实践。

一　评议会的会议机制

（一）定期会议

美国大学的评议会一般都定期举行大会，时间间隔从每月一次到半年一次不等。一般在那些规模较大的评议会定期会议相对较少，通常每学年举行1—2次。如波士顿大学评议会一年两个学期各举行一次评议会，而密歇根大学则一年召开一次，伯克利大学则为一年两次。在那些规模较小的评议会，则定期会议会较多一点，一年举行4—8次不等。如弗吉尼亚大学评议会的每个月举行1次例会。定期会议的主要内容一般是就相关学校发展的一些重大问题进行审议表决，如大学章程或重要制度的修订、校长或教务长工作汇报、表决常务委员会及各下属委员会工作报告、教师与学校福利政策等。① 此外，教师代表如能够找到更多的支持者，还可以在定期会议上提出各自的会议议题。

---

① 郭为禄、林炊利：《美国大学评议会的运行模式》，《全球教育展望》2012年第4期。

（二）特殊会议

除了定期会议，在遇到某些临时性的重大事项，或需要处理某些特殊问题的时候，大学评议会还可以设置特殊会议（special meeting）。像伯克利大学从 2002 年以来，就召开过两次特殊会议。一次是由 10 名教师代表提请大会讨论关于美国爱国法案可能威胁学术自由的问题（2004 年 5 月），另一次议题是关于能源生物机构的一些意见（2007 年 4 月）。一般而言，特殊会议需要得到一定数量的评议会成员的联名提议才可以召开，某些情况下评议会主席或评议会执行委员会也可以单独提出会议提议。如波士顿大学评议会章程规定，特殊会议由评议会主席提议召开，或由全体评议会成员的 5% 联名通过书面形式提议召开。特殊会议的决策采取集体投票、少数服从多数的原则进行决策。①

（三）会议准备

通常情况下，开会之前都需要做好很多准备工作，以有效地实现评议会的组织工作。评议会一般都设有评议会秘书，每一次会议之前，评议会秘书都需要及时将会议相关内容与议程提前通知给评议会的成员。一般而言，评议会主席要事先确定好评议会的议程，而评议会的成员若需要提出自己的议题，也需要提前通过评议会秘书告知评议会。如弗吉尼亚大学的评议会要求秘书至少提前一周将议程表送达每一位评议会成员。弗吉尼亚评议会对会议准备的相关内容也作出了基本的规定：第一，会议通知发布的同时要提交会议的议程及其相关文件；第二，常设或特别委员会负责对评议会提议提前作出研究报告；第三，校长可以在某些特殊情况下经过一般会议程序而提议召开会议，但这种特殊会议必须满足两个条件，即会议必须要达到开会法定人数，同时会议的议题需要达到一定比例的会议成员的赞同才可以进入讨论与决策程序；第四，评议会秘书负责保管评议会的花名册，并且负责确定会议法定人数是否达到一定的投票人数比例，一般而言这一比例要达到 50% 以上才算有效；第五，评议会会议要遵循经过修订的罗伯特议事规则。②

（四）会议法定人数

一般而言，评议会的会议都需要达到一定比例的人数才可以进入会议

① 郭为禄、林炊利：《美国大学评议会的运行模式》，《全球教育展望》2012 年第 4 期。

② Committee &task force，www. virginia. edu/facultysenate/committee. html.

议程，而且评议会在投票进行决策的时候都明确规定了投票人数要达到的会议法定人数比例。一般而言评议会的会员都比较多，在一些规模较大的评议会，其成员甚至多达几百、上千人。显然，这样的情况下，会议难以完全保证所有成员都能到会。为了评议会能够更为顺利地运行，评议会的章程一般都对会议法定人数有明确规定。有些评议会是按照出席会议人数的总量确定法定人数，如密歇根大学评议会，规定出席会议的有效人数达到 100 人就可以进行会议议程；有些评议会则是按照出席会议人数所占的比例来确定法定人数，如波士顿大学评议会，规定出席会议的成员数达到所有成员的 20% 以上为有效。

（五）会议表决方式

评议会开会过程中，代表们就会议的主题展开充分的、自由的讨论，并可要求相关行政人员直接回答自己的问题和意见，讨论完毕后，通过呼声表决和投票表决的方式予以决策。所谓呼声表决是指参与表决者叫喊"同意"或"不同意"，由呼声更大的一方决定事项。如果不能明显区别呼声的大小，则通过匿名投票的方式决定。

二 评议会的决策程序

管理活动中最为核心的问题就是决策的过程。在某种程度上说，决策是管理的代名词，管理中的决策无处不在，而决策能够最终决定管理活动的有效性，决定组织目标是否能够有效实现。与其他组织一样，评议会的决策也有其自身的决策程序，遵循一定的组织规则，在组织的规程范围内进行各项活动。事实上，评议会的有效性不仅仅取决于评议会的规章制度是否完善，组织结构是否合理，更多时候是取决于决策程序是否能够达到评议会的组织目的。如前所述，评议会在其会议机制中，会首先考虑教师的意见，教师有权提出评议会的相关议题，而评议会的相关组织会搜集教师的意见，并以提议的方式提供给评议会进行讨论审议，最终投票决定议题决议。如果评议会不能够对此作出最终决策，那这些提议将提交给董事会进行决策。

评议会组织的决策一般采取定期会议与特殊会议相结合的方式进行。具体方式根据各个大学本身的特点和需要而各有不同。通常决策过程是按照决策内容而定的。如华盛顿大学评议会的决策流程分三类：一是对评议会规则章程的制定和修改；二是对学术政策、法律法规以及学术标准等重要事务进行的讨论和决策;三是对评议会行政工作的审议。① 评议会主要是行使学术权力的机构,在学术事务方面的审议是其工作的重点。以此为例来探讨华盛顿大学评议会的决策程序可以了解美国大学评议会决策的基本程序。华盛顿大学评议会章程规定,除非获得对于议事日程的备案,或必须有三分之二以上成员投票许可,否则评议会的议题在首次提出的时候不会对其进行审议。这是基于评议会成员对提案的内容还不够熟悉的考虑,而留为下次会议进行审议。评议会成员可以要求评议会对其关心的议题在下次会议中作出解释,或要求执行委员会安排下一次的审议。所有的评议会议题都应该在评议会开会之前的大约 10 天提前送达评议会成员手里。而评议会成员可以对这些议题提前进行考量,如果有 5% 的成员签名反对或三分之二的教师投票反对,这些议题将不会马上提交到评议会进行审议,而会将这些议题延到下次。提出异议的评议会成员将提议提交给秘书处,秘书处对其进行 21 天的公示。在公示期间教师们可以对这些议题提出自己的意见。最终在评议会会议正式召开进行讨论表决的时候,若能够得到 2/3 以上成员的投票赞同,则这些提议可以获得通过。评议会对此审议结果进行公布。如果没能够获得通过,则这些议题不再进入审议程序,或进行再次修改完善后再次进入表决程序。如果在评议会修订与改善后仍然未能通过,也可以将议题提交给校长,校长可以在评议会章程许可的范围内做出最终决定,校长同意评议会修改后的提议则可以书面形式送达全校教师,并做出公开解释,教师在 4 天以内进行再次投票,同时在评议会的下次会议中宣示投票结果。这些提议若需要结合教师投票的结果综合决定,则在投票结束并获得通过后有效,若不需要结合教师投票的结果,在投票期间即可生效。②

以上分析可以看出,评议会决策基本是按照"提议—讨论—投票"三个基本的环节进行。在这样一个决策程序中,提议的基本前提是对教师意见的搜集,这个过程充分考虑到教师意见的提出,是整个决策过程的基础;讨论的环节是充分考虑教师意见的重要环节,可以说是再次搜集教师的意见;而投票的环节是教师意见得以实现的方式,投票方式能够保证多

---

① 甘宓:《美国公立大学学术评议会管理模式研究》,硕士学位论文,西南大学,2011 年。

② The Faculty Senate at the University of Washington. http://www.washington.edu/faculty/facsen/.

数教师的意见，这个环节保证了评议会的充分民主参与性质。从整个评议会的运行来看，评议会组织中虽然设置了最终决策部门，但是任何一个环节都在发挥着重要的作用，也就是说决策的最后达成不只是某一个部门独立运作的结果，而是评议会中每一个参与者的意见综合表达的结果。而评议会的组织分工与运行过程既有明确可以依据的操作规程，又在最大程度上体现了每一位评议会成员的参与意见，充分结合了决策的集体作用与个人意见。事实上，组织决策的有效性是与组织的机构、组织管理理念、组织决策方式密切相关的。评议会的组织决策方式需要遵循信息搜集、信息整合、多方讨论、共同决策的流程。这样的流程既需要动员每一位评议会的成员参与进来，也需要在决策过程中依照民主决议的方式进行。综上所述，评议会为教师参与治校提供了比较完善的平台，有利于教师参与评议会决策过程。总的说来，评议会的决策程序需要全面搜集教师意见，所有成员集体参与决策，投票民主表决，决策后积极搜集反馈信息，以利再次决策。

三　评议会的人事机制

评议会运行首先要考虑评议会的成员组成，也就是说，评议会运行的一个重要工作就是甄选、管理、任命与免职评议会成员。美国大学评议会中的成员广泛而众多，几乎涵盖了从学系、学院到学校的各方面成员，当然最基本的成员还是各院系的教师。有些大学评议会还有一定数额的学生代表。由于人员众多，有些时候就必须设置一定的灵活性的甄选制度，因而从一定程度上说，评议会的人事制度具有灵活性的重要特点。

密歇根州立大学在教师代表甄选方面具有比较完善而细致的规定。每个学院至少有 2 名代表名额，学院按照一定的比例选取代表。[①] 拥有 3 个名额以上的学院必须要安排一个非终身制教师，并且规定评议会中具有投票权的教师必须是学院的正式教师，非正式教师也可以参与评议会，但是并不具有投票权。每年的春季学期按照规则对教师代表进行甄选，一般情况下学院至少要有 2 名以上的教师代表，除非人数特别少的学院。有些不属于某个学院的正式教师与学院代表的甄选一样，按照其学术特长领域分

① The Faculty Senate at the University of Washington. http://www.washington.edu/faculty/facsen/.

类，代表其所属专业。教师代表的任期一般是从每年的 8 月开始，时间为两年，一般不能够连任超过两届。每一个学院的教师代表一般都轮流担任，每一个教师都有机会当选为代表。如果出现某种原因教师不能够担任评议会成员一个学期以上的，则要在学院的学术委员会提名下拟定代替人选。①

密歇根州立大学评议会人事制度主要是以学院为单位，从全校职员中进行的选举。代表的选举是通过民主投票的方式进行的，代表的分布要平衡学院、系和研究单位的权重，选举的过程力求公平和公开，评议会成员由学院教师交替担任，为保证每一个教师都有权被选举或参与选举，当选的成员有一定的任期，成员不重复也不连任，这就保证了所有教师都有可能参与到评议会工作中来，保证了代表的广泛性与全面性。② 同时，学校的行政管理层包括校长、副校长、教务长都能够成为评议会的成员，但是他们并非评议会的天然管理者，更多只是成员的角色，评议会的管理者是通过选举在教师成员中产生的。当然，在有些大学的评议会中，评议会主席是由校长兼任的。

尽管美国大学评议会人事机制各不相同，很难有一个统一的模式，但是总体而言，也具有一些基本的特点。比如它拥有广泛性，能够保证学校每一位教师成员都有机会参与其中；均衡性，尽最大可能保证各院系之间成员人数分配的平衡；民主性，投票选举方式保证了教师民主参与的权力；平等性，保证教师不因其学衔、职位、专业水平的差异而影响到其在评议会中的作用与位置；灵活性，评议会人员组成灵活多变，可以保证灵活选择评议会的成员代表。

四　评议会的信息流通

评议会作为一个组织要保持良好的沟通与互动，就必须要保持良好的信息流通。管理学家巴纳德认为信息的沟通是组织成功的三大要素之一，组织内部成员之间的相互沟通、协调与互动最基本的保障就是要保证组织内部信息渠道的畅通。评议会的运行很重要的一点也就是要有良好的信息

---

① 甘宓：《美国公立大学学术评议会管理模式研究》，硕士学位论文，西南大学，2011 年。

② The Faculty Senate at the University of Washington. http：//www. washington. edu/faculty/facs-en/.

沟通渠道，这是评议会能否有效运行的基本条件。从某种意义上说，信息流通决定了评议会的组织形式。

美国大学评议会中有两种基本的信息流通渠道。[①] 一种是正式渠道，这种渠道往往体现在评议会的会议、书面形式提交的意见、调查报告、发布信息的校报等方面；另一种是非正式渠道，这种渠道一般比较随意，往往是指评议会成员之间的平时沟通与交流，以及评议会的网络平台。一般而言，正式渠道的信息流通比较简单，主要就是正式地通过评议会各委员会进行协调与信息沟通，彼此交换意见同时也获得对方对意见的反馈，这种渠道信息的沟通是平等双向的，而非命令式的单向流动。这种信息的双向流动可以保持各组织部门之间的沟通更为顺畅，同时也能够更及时地获得意见的反馈，有利于问题及时有效地解决，也保证了评议会运行的效率。

另外一种渠道即非正式渠道的信息流通也日益受到重视。尤其是随着网络技术的成熟与发达，更为便捷地为组织内成员的交流与沟通建立了良好的信息平台，评议会成员之间在网络上的沟通更为多见。组织内信息的发布与交流完全可以通过网络平台进行，这不仅有利于信息流通的快速便捷，也降低了信息沟通的成本，提高了信息沟通的效率。当前美国绝大多数评议会都拥有自己的网站，大部分相关信息都会及时在网站上发布，比如评议会的会议议程、日常安排、成员联系方式、评议会最新的决议等。很多大学的评议会除了建有网站以外，还拥有一些其他形式的网络工具与沟通方式，比如博客、意见簿、BBS 等，并有专人负责管理这些网络平台。总之，信息沟通的渠道越来越多样化、及时化、虚拟化，为评议会成员提供了更为广泛而多样的信息沟通平台，保证了信息及时快速而便捷的流通。总体而言，评议会能够保证在成员内部之间的信息畅通，同时也能够及时有效地保证评议会外部的信息互动。在信息时代下，评议会的信息沟通渠道有了更为广泛的选择。

第三节　加州大学教授治校运行机制的案例分析

尽管教授治校是美国大学治理的主要形式，但是就其具体的实施模式

---

① 甘宓：《美国公立大学学术评议会管理模式研究》，硕士学位论文，西南大学，2011 年。

而言，各大学之间存在很大的差别。其中加州大学的教授治校较有代表性，并对其他大学产生过重大的影响。本节拟以加州大学为例，陈述并分析其教授治校实施模式及其运行机制。

加州大学系统是世界著名的美国公立大学系统之一。目前拥有 10 所分校，分别是伯克利、戴维斯、欧文、洛杉矶、里弗赛德、圣地亚哥、旧金山、圣巴巴拉、圣克鲁兹和莫斯德分校。总校位于伯克利分校。克拉克·克尔自 20 世纪 50 年代担任加州大学校长以后，极力维护教师学术自由，充分保障教师权益，在大学治理方面推崇教授治校，实行"简政"与"分权"，使得加州大学得到了极大的发展，成为世界顶尖大学，该校的治校理念与模式也成为了其他大学效仿的榜样。

一　加州大学的学术管理模式

在加州大学学术管理结构中，董事会是最高领导机构，主要负责制定大学的宏观发展政策和大政方针。董事会授予评议会在学术事务方面的基本权力，评议会在学术方面可以向董事会提出建议、参与决策、给予咨询等。作为在学术事务方面的基本代言人，评议会代表教师参与大学的决策与治理，评议会能够给予教师充分的意见表达、决策参与、咨询建议的权力，尤其在学术方面，评议会成为教师在学校层面参与大学治理的基本平台。董事会授予校长在行政事务方面的基本权力，而评议会的决策事务最后都需要经过校长等行政系统来实施，以保证学术决策的落实。评议会"有助于阻止一个独立的职业学术管理者阶层的发展，确保了教师在学术事务上长期的霸主地位……这在很多方面减少了教师与行政管理人员之间的潜在冲突"。①

（一）四级分权决策模式

就如所有大学都存在着二元权力结构一样，加州大学在其系统内的各个层面都存在二元的职权体系，学术权力与行政权力始终贯穿于总校、分校、学院、学系四个层面中。共同治理的原则体现于大学的每一个层面。

1. 总校层面

加州大学是美国最大的公立大学系统之一，这种大学系统在一般大学

---

① Russell H. Fitzgibbon. *The Academic Senate of the University of California*. Office of the President. UC. 1970：105.

的校、院、系三级管理基础上增加了总校的层面。总校也实行董事会领导下的校长负责制，校长与总校评议会共同决策，评议会在总校学术方面拥有基本的权力，但是在政策制定及执行方面的权力很小，更多是为校长与董事服务，给予他们咨询与建议。

2. 分校层面

加州大学在分校层面并没有分校的董事会，所以分校的学术与行政权力分别掌握在评议会与分校长为代表的行政部门手里。分校评议会的地位非常大，拥有学术方面的基本权力。如伯克利分校评议会在学校的学术政策、课程设置、教师聘任、学术规划等方面拥有基本的权力，决定权全属于评议会。分校校长更多负责执行评议会的决定，同时为评议会提供信息与政策服务。评议会还可以在校长遴选方面发挥无可替代的作用。事实上，伯克利分校评议会在大学治理中的作用极为重要。伯克利分校前校长田长霖说道："传统上伯克利校长与副校长人选常常从评议会里活跃人士中甄选，所以学校最高当局相当尊重评议会的决定。在如此优良传统中，校长与副校长即使在会议中与评议会的教授争得面红耳赤，但在原则上，最后一定会尊重评议会的决定。"①

3. 学院层面

加州大学各分校下面一般设有研究生院、本科生院、专业学院等。学院管理主要是由院长为首的行政职员以及学院教授会负责。各分校下面的学院中，教授会发挥了很大的作用，尤其是在课程设置、教学、学术评价、教师人事等方面拥有很大的决策权。学院教授会主席一般由院长兼任，院长负责执行教授会的决议，并负责协调行政权力与学术权力之间的关系。

4. 学系层面

大学中的基本组织单位是学系，加州大学中的学系拥有极为强大的学术自主管理权。学系主任作出的所有重要决定都必须基于学系教授会的意见。系主任通常要与所有教师协商处理相关事务，某些情况下还必须要与教授们共同商议，才可以作出最终决定。系教授会负责系内所有学术方面的事务，并在其他事务方面发挥着非常重要的作用。比如教学内容、课程

---

① 杜作润：《国外高校内部的民主管理特征、案例及启示》，《北京大学教育评论》2004 年第 1 期。

设置、学位要求、招生条件、教师聘任与晋升等基本由教授会决定。

（二）委员会制的组织结构

评议会及其下设组织基本由采用委员会形式的机构所组成，委员会制的组织符合民主参与的原则，有利于发挥教师的积极性，让大多数人的意见成为决策的基础，在一定程度上鼓励了更多教师参与其中，是一种典型的集体治理制度。加州大学评议会下设的委员会名称众多职能明确，在加州大学章程的规定下，这些组织基本发挥出了良好的作用。如一些重要的委员会组织包括评议会下设的立法会、常设委员会、特别委员会、各分校评议会等。这些委员会组织的结构与职能都在大学章程中得到了详细而明确的规定。一般而言，这些委员会职能比较单一，只拥有一种或两种基本的职能。

评议会总会是最高决策机构和立法机构，加州大学评议会总会的成员包括 35 名评议会教师代表、加州大学校长、加州大学各分校评议会主席、加州大学评议会各职能委员会的主席。同时加州大学评议会一般都设立有常设委员会和特别委员会，主要负责一些具体或特别事务的处理。加州大学的常设委员会主要有学术自由委员会、招生和教育关系委员会、研究生事务协调委员会、人事委员会、学生事务协调委员会、科学研究政策委员会、教育政策委员会等七个。而加州大学的特别委员会则有 18 个。[1] 各分校评议会的组织形式和职责在各个学校略有不同，圣巴巴拉分校评议会主要职责包括接受和审议学院教师及院长等提出的报告和建议、召开本校区的教工大会、传达总校评议会大会对某些问题的处理结果、起草向总校评议会提交的报告和建议、决定或参与决定本校区的相关学术事务等。

二　加州大学及其伯克利分校评议会的组织结构

加州大学评议会的权力在美国公立大学中颇负盛名，从某种程度上说，评议会组织系统的强大决定了加州大学教授治校的成功。加州大学拥有着强大而完备的组织系统，不但保证了评议会内部组织的严密性，同时也有效保证了评议会运作的流畅性与高效性。

（一）加州大学评议会的组织结构

评议会系统所属的各个委员会机构具体负责执行与实施评议会的职

---

① *The Berkeley Division of the Academic Senate*. http：//academic-senate. berkeley. edu/index. html.

责。委员会机构因为其具体职责范围不同而有着不同的决策、审议、咨询、参谋的功能，一般每一个委员会只负责一种或两种功能。各评议会组织结构也具有一定的科层性，但是各层次之间的关系并没有行政机构那样具有严格的上下级关系，更多表现为一种松散关系。

1. 评议会的成员组成

加州大学校内几乎所有教师都是评议会的成员，但成员之间的权力并不完全一样，有些有投票权，有些并不具有投票权而只有参与权。有投票权的成员包括与加州大学签有长期任职合约，且从事工作两年以上的教师。如全职从事学校教学工作的教授、副教授、助理教授，也包括拥有就业保障身份的高级讲师、讲师及相当职务的教师。而那些工作两年以下的教师则只有参与权，而并没有投票权。同时没有长期任职合同的教师如非正式教师与兼职教师也只有参与权而没有投票权。加州大学评议会成员除了教师还有一些其他行政人员，主要包括总校校长、副校长、教务长、分校校长、分校副校长、院长、系主任、科研单位主任、图书馆馆长等高级官员，以及学术课程主任、分校负责招生和校长办公室的主管、记录员、图书馆管理人员等。评议会的工作是通过评议会下设的多个委员会开展的，而这些委员会之间的组织、监督与协调工作则是由"委员委员会"（A Committee on Committees）负责实施。除了对各委员会的工作进行监督协调，委员委员会还要负责任命评议会主席、副主席、秘书和法律顾问。要成为委员委员会的成员，必须通过评议会提名、个人自荐或同事推荐等方式获得候选人资格，再通过评议会成员进行差额投票选举。马丁·特罗教授曾经对此进行过论述："那些一心想进入委员委员会的人往往会落选，因为教授们对这种人存有戒心，怀疑他们可能会有自己的政治意图。"[1] 教授们通常愿意把那些有个人主见，但又没有什么个人意图的人选进委员委员会。委员委员会成员只代表其个人发表对大学管理和决策方面的意见。同时，为了鼓励与促进教师积极参与评议会工作，体现教师对学校的服务，伯克利分校还将教师的工资评定、个人晋升与工作要求与参与评议会工作挂钩。事实上，为推动教师积极参与治校，更好地为学校发展服务，很多美国大学都在一定程度上制定了某些鼓励与约束政策。

---

① 马万华：《从伯克利到北大清华：中美公立研究型大学建设与运行》，教育科学出版社2004年版，第99页。

2. 加州大学评议会的组织

加州大学学术评议会总部下设的基本组织包括立法会、常设委员会与特别委员会、分校评议会、分校常务委员会和特别委员会以及分校教工会。① 如图 4.2 所示。

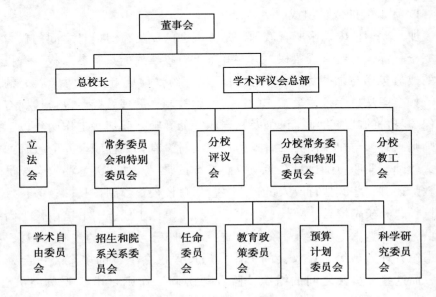

图 4.2　加州大学评议会的组织结构

立法会负责接收和审议其他各委员会的意见、报告与建议，在研究讨论的基础上作出最终报告提交校长，并经校长提交给董事会进行批准，立法会的意见不受到各分校校长以及其他行政管理人员的影响与约束。这就有利于董事会直接了解来自基层教师群体的意见，这些意见对董事会具有重要意义，董事会一般非常重视立法会的意见。常务委员会中最为重要的一个委员会就是学术委员会，也是评议会的执行委员会，学术委员会的成员包括各分校评议会的主席、副主席以及总校其他主要委员会的主席。董事会章程规定，学术委员会的主席与副主席是加州大学董事会的法定成员，但是不具有投票权。特别委员会共下设 18 个委员会，包括计划和财政委员会、教工福利委员会、教育政策委员会等。各校区按照大学的学术评议会章程决定成员的组成，并依据总校的学术评议会体制设立分会及其

---

① California University Academic Senate. http：//senate. universityofcalifornia. edu/.

他委员会，分会接受总校学术评议会的领导，但各校区的分会组织形式可能会有不同。此外，还有各分校常设委员会和特别委员会。这些委员会功能与总校下设的常务委员会与特别委员会一样，只是权力范围限于各分校。最后就是教工分会。如圣地亚哥分校的教工分会，主要是负责对分校的课程设置进行监督，向评议会提出内部修改意见，讨论如何促进教学与学生学习，促进教师之间的联系与交流等。

（二）加州大学伯克利分校评议会组织结构

1. 伯克利分校评议会人员组成

伯克利分校评议会根据委员会的性质和职责的不同，人员组成也有所区别，有些评议会中有学生代表。[①]（见表4.1）

表4.1　　　　　　　伯克利分校评议会部分委员会人员组成

委员会名称	成员组成
预算和院系关系委员会	7名评议会成员
任命委员会	8名评议会成员
教师表彰委员会	至少7名评议会成员
教师科研委员会	最多10名评议会成员
申诉委员会	至少3名评议会成员
待遇和终身教职委员会	主席、副主席和至少15名评议会成员
制度和选举委员会	至少3名评议会成员
信息交流委员会	9名评议会成员和2名学生
教育政策委员会	至少12名评议会成员和3名学生
研究生理事会	至少12名评议会成员和3名学生
奖学金委员会	评议会成员不固定和2名学生
学生多元化和学术发展委员会	至少10名评议会成员和2名学生
学生事务委员会	至少4名评议会成员，1名研究生和1名本科生
教学委员会	5名评议会成员和2名学生
本科学术和荣誉委员会	15名评议会成员和3名学生

从表4.1所列委员会及其成员组成可以看出，各委员会根据其担负的职责与管理事务类型，不同的委员会所涉及的相关事务不同在人员构成上

---

① The Berkeley Division of the Academic Senate. http：//academic-senate. berkeley. edu/index. html.

也有一定的区别。总体上看，各委员会的组成具有规范性与灵活性的特点，而在很多委员会中还有学生代表参与，充分体现了加州大学的学术自由与民主参与的理念。①

2. 伯克利分校评议会组织机构设置

伯克利分校评议会下设有常务委员会，负责评议会具体事务的管理工作。而常务委员会总体上可以分为两大类，一类是有关教师管理和评议会事务的委员会，一类是有关学术与教育事务的委员会。前者成员没有学生参加，后者成员则有学生。其中有关教师管理和评议会事务的委员会有13 个委员会；有关学术与教育事务的委员会有 16 个委员会。常务委员会下设的最主要委员会有这些：预算和院系关系委员会，负责批准各学院预算以及处理各院之间的关系，同时了解各学院在教师聘任、晋升和终身教职等方面的问题；学术规划与资源分配委员会，主要负责对学校经费使用、校园规划及建设、预算分配与规划等方面的事务；学术自由委员会，主要负责监督大学内部学术自由情况；教师表彰委员会，主要负责对教师进行表彰，授予教师各类奖项等；科学研究委员会，主要负责为大学科学研究的经费使用与科学研究政策提供信息与政策咨询；入学和预科教育委员会，主要负责处理学生招生与入学方面的问题，包括对于学生的种族歧视问题；教育政策委员会，主要处理大学的教育政策、教育目标、学科发展与建设、教育资源的分配等方面的问题；课程和教学委员会，主要关注并处理课程内容、教师教学、学位授予以及毕业要求等方面的问题。②

不同的委员会管理不同的学术事务，同时各委员会之间加强交流和联系，有利于学术评议会对大学进行全面而有序的学术管理，进而促进了加州大学伯克利分校的发展，也加强了分校与总部之间的联系。

三　加州大学评议会的职责和权力地位

（一）评议会的职责

评议会的职责范围和负责内容各个学校并不完全一致。但是评议会一般都具有一些类似而基本的职能。一方面，评议会一般需要服从董事会的

---

① 刘滨清：《美国部分研究型大学学术评议会研究》，硕士学位论文，上海交通大学，2009 年。

② The Berkeley Division of the Academic Senate. http：//academic-senate. berkeley. edu/index. html.

领导，评议会的权力来源于董事会的授权，评议会负责对大学的学术事务进行直接管理，对董事会提出学术方面的相关建议；另一方面，评议会成为校长在管理中的咨询机构，代表教师给予校长在大学管理方面的建议与意见。

加州大学的评议会职能范围比较广泛。具体而言包括这些方面：确定校历；制定、批准和监督全校课程，提出学科发展方向，审议专业和课程设置方案，制定学术规划，评价教学计划，制定有关教育教学方面的方针政策；审议教师的人事变动，确保教师聘用和晋升的公平；监督教师教学过程、教学进展、科研质量，监督教师的福利问题以吸引优秀教师；决定各种教学、科研设施的使用；制定学生入学、毕业与学位获得的标准，监督学生完成学位；监督和建议图书馆管理办法，保证教师所需的足够信息；协助校长、分校长、系主任在学术管理事务方面的工作；审议与讨论科研进程、学术项目的建立以及战略规划方面的相关问题；控制和监督加州大学出版社的出版物质量；制定评议会规章制度及管理条例；举行有关纠纷与指控的听证会；分析大学预算及其执行情况，向管理层提出财政和管理方面的建议与意见等。①

加州大学评议会所担负的职责代表了广大教师的意愿，对大学的发展具有重要的作用。一方面能够促进更广泛的教师参与，增强教师的主人翁意识，增加教师提高学术质量的责任心，使得教师对大学的理解更为深刻，满足了教师的民主参与的意愿与治理权力的实现。另一方面，评议会的成员一般都是具有终身教职职位的教师，他们在学校中的位置比较稳定，具有较强的稳定性，而学校行政管理方面的职员一般并非终身聘任，具有更多流动性，因而从这个意义上说，教师比行政职员对学校的了解更多，责任心要更为强烈。由此，教师基于评议会履行相关职责能够保证学校各项政策制定的科学性，保证学校政策的有效实施与大学的顺利运行。

（二）评议会在管理系统中的权力地位

从整个大学的权力系统来看，加州大学具有美国大学典型的双元权力特征：评议会所代表的学术权力与校长所代表的行政权力。学术权力与行政权力贯穿于大学的各个层面，在同一层级中，评议会与行政人员共同负责制定与实施各项管理政策。董事会对大学负有总责，评议会与校长为首

---

① The Berkeley Division of the Academic Senate. http：//academic-senate. berkeley. edu/index. html.

的行政系统都处于董事会的领导之下，获得董事会的授权，但是董事会不干涉他们的具体事务。可以说加州大学的权力系统是一种典型的共同治理权力模式。评议会的权力既能够有效保证教师对于学术事务的基本控制，又能够形成学术权力对行政权力的有效制衡。加州大学评议会的权力设置与实施能够保证教师的程序性权力与实质性权力的获得，促进大学治理的科学化与民主化，实现加州大学的有效治理。

首先从总校层面来看，评议会在总校管理中的作用主要是咨询、建议、资源配置与组织协调。总体上，总校评议会在政策制定和执行方面的权力比较小。其次从分校层面来看，分校评议会在分校管理中的权力与地位较总校评议会有了明显增强。分校评议会是决定教育方向、参与决策、推动实施的"主要力量"。再次是在学院层面中，教授掌握着大部分的管理和决策权。在学院权力结构中，教授会发挥着很大作用，决定着学院的一切重要事项，而院长只是担任教授会主席，要执行教授会决议，起着协调与平衡学术权力和行政权力的作用。最后是在学系层面，系教授会负责系内全部学术事务和相关其他事务。系教授会体现了学术共同体统治的原始模式，教授会的权力在学系层面发挥到了极致。

总的来说，加州大学评议会在整个学校权力结构中拥有明显的权力，具有较高的地位并发挥了很大的作用。加州大学教师学术权力的实现不仅仅有赖于评议会体系的功能与职责的完善，在共同治理中学术权力系统与行政权力系统相互合作，在学校管理中扬长避短，也保持了学术权力与行政权力之间的互相制约，防范了权力独大，使得加州大学的决策更为合理，达到了大学治理的动态平衡，实现了大学民主治理与科学治理的结合。

四 加州大学评议会的运行机制

加州大学拥有庞大的学术管理系统，属于典型的分权决策模式，而且评议会本身的组织结构也非常复杂，因而在决策的过程中，需要综合考虑各方面的利益与意见。事实上，大学内部的学术事务和行政事务往往纵横交错，很难截然分开。因而，学术权力系统与行政权力系统在运行中需要互相配合、共同协作。总体而言，加州大学评议会的运行既有纵向的运行，又有横向的参与。评议会的纵向运行体现了从"教授—学系（教授会）—学院（教授会）—分校（评议会）—总校（评议会）—董事会"

各级共同参与、良性互动的特点，而横向的参与体现了"你中有我、我中有你"的互相制约、彼此融合的特点。

（一）评议会的纵向运行

加州大学评议会的纵向运行机制可以通过伯克利分校的新专业设置的申请程序来进行说明。新的学科专业的设置关系需要考虑两个基本的条件。一方面是硬件方面，需要有学校财政与物质资源的支持；一个是软件方面，需要有一定比例与数量的师资力量与专业人才，同时还要配备一定的行政资源。因而在设置一个新的专业的时候，首先伯克利需要从原有的学系中抽调一些新的资金与教师，行政部门也需要重新规划好一些教师岗位。

一个新专业的设立，大部分情况下是首先由具备评议会成员资格的教师提出设立新专业的提案，详细说明该专业名称、专业特征、需要配备的教师与资源等，随后将提案提交给学系或学院的学科管理委员会进行审查论证。[①] 学科管理委员会在对新专业的优越性、学术相关性、专业化程度、对学生的吸引力、与学生需求的匹配性、是否适合建立行政机构等方面的问题进行详细论证的基础上，决定是否提交该提案给院长批准。若该提案获得批准，系主任就要在完成对系里意见的搜集整理和中学后教育委员会的问卷调查之后，将这些意见与问卷一并交给教务长进行审查论证。教务长在对此进行审查的同时，将这一提案发送给评议会中的教育政策委员会进行共同论证。在提案得到评议会和教务长共同批准后再提交给副校长，副校长则与预算和计划委员会对这一提案所需的经费预算，以及是否符合学校的总体学术计划等相关条件进行审查论证。预算和计划委员会办公室在对该提案进行论证后，要提交一份论证报告给副校长，说明该提案是否符合学院的总体预算，如果符合，则副校长就会将提案合并这些论证意见一并呈送总校校长和总校评议会副主席。最终该提案将由总校评议会、总校相关行政部门和董事会进行共同审议与论证，并由总校校长给出最终决议。[②] 具体流程如图4.3所示。若能够得到最终批准，该提案将获得具体实施。

---

① 黄镇：《美国加州大学教授会研究》，硕士学位论文，河南大学，2007年。

② Shuming Zhao. *Comparative Study of Governance in Chinese and American Universities*. Claremont Graduate School，1990：151.

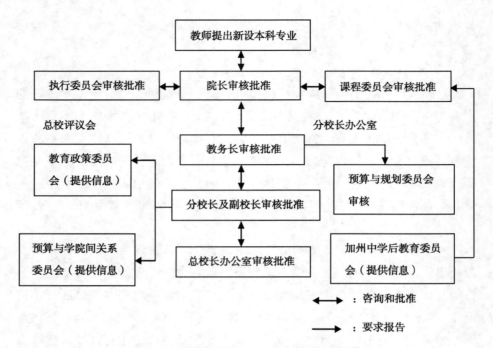

图 4.3　伯克利大学设立新本科专业的决策流程

　　通过以上对伯克利大学新设专业的决策程序的分析，可以看出评议会的运行程序是各个层面的机构协调合作的过程。运行的过程中既有各层级教师的积极参与，保证了教师在学术事务方面的有效管理，同时行政管理部门也职责明确、各司其职，并基于学校整体发展与现实情况进行全面权衡，层层把关，保证大学发展总体规划的实现。[1] 而无论是学术权力还是行政权力的运行，都依照大学章程、评议会章程以及行政管理制度进行，做到了有章可循，有章可依，依法治校。事实上，加州大学的各项规章制度非常完善，对大学运行中的具体问题都有比较详细而明确的说明与规定。加州大学评议会章程长达 18 页 235 条，另有 7 个说明附录，对评议会的人员组成、成员的权利和义务、评议会总体职责、内部组织结构、下属各委员会的职责、运行方式等进行了详细的规定。[2] 可以说，加州大学评议会的有效运行首先得益于其完备的组织规章制度。

---

① 黄镇：《美国加州大学教授会研究》，硕士学位论文，河南大学，2007 年。

② Bylaws of the Academic Senate. http：//www. universityofcalifornia. edu/senate/manual/bltoc. html.

（二）评议会的横向参与

　　加州大学的行政部门和评议会相互制约、相互融合的双元权力决策模式，不仅体现在纵向的校、院、系等管理层级之间，而且也体现在横向行政部门的各个职能委员会中，这主要表现为评议会成员大量参与到横向各层级的行政部门，甚至渗透到了行政部门的每一个支脉。这种参与方式使得学术权力全面影响到了学校的各个方面，最终形成了评议会与行政部门共同治理的民主决策形式，充分发挥了学术权力在学校战略规划、预算分配、沟通协调、行政政策等方面的监督、咨询、建议及参与管理的作用。

　　在评议会成员中，评议会及其执行委员会中的主席、副主席，以及评议会中各个常设委员会的主席，可以通过评议会体系中的各类委员会与特殊委员会或特别工作组，与行政系统内的官员进行定期磋商。评议会与行政部门的合作关系的建立主要是通过三个方式：一是通过评议会成员大量参与行政部门而建立；二是行政部门官员参与评议会体系内的各个委员会而建立；三是通过双方共同参与特殊委员会和特别工作组以解决特殊事务而建立。从评议会的横向参与来看，评议会成员主要是通过参与以下行政机构而实现大学管理和监督行政部门的职责。如表 4.2 所示。

表 4.2　　　　　　　　　　　评议会成员参与的行政机构

行政机构	表现方式
董事会	评议会总会和执行委员会的主席、副主席是董事会的成员，参与董事会政策的制定，但没有表决权
校长和教务长	校长是评议会的主席，主持评议会的审议、决策。评议会执行委员会的主席和副主席与校长、常务副校长和教务长以及其他成员，每月集会一次，就学校事务和财政问题展开讨论。负责科研的副校长就当前具体事务组织讨论并制定议事日程
预算执行委员会（Executive Budget Committee）	评议会执行委员会的主席、副主席是学校预算执行委员会的成员，该委员会就预算的增加和分配向校长提出建议。预算执行委员会由教务长和负责预算的副校长以及两位分校校长共同管理
学术规划委员会（Academic Planning Council）	该委员会主要由评议会执行委员会的主席和副主席、教育政策委员会主席、学生事务协调委员会主席、计划和预算委员会主席组成。由教务长任学术规划委员会主席，副主席由评议会执行委员会主席担任。该委员会其他成员还包括负责福利和健康的副校长、负责科研的副教务长、一个分校校长、一个分校常务副校长、一个分校负责学生事务的副校长和两个教师等
校长国家实验室委员会（President's Council on the National Laboratories）	评议会执行委员会的主席和副主席，或其中一人，作为评议会代表加入校长国家实验室委员会。各个委员就国家实验室的管理提出建议，按照能源部门的规章审查国家实验室的管理。评议会的代表还服务于校长委员会以下的专门小组，包括国家安全专门小组，环境安全和健康小组

续表

行政机构	表现方式
科研委员会（Council on Research）	评议会的执行委员会、预算和计划委员会和科研政策委员会的主席都是科研委员会成员。其主席由负责科研的副教务长担任，成员还包括各个分校负责科研的副校长
调查委员会（Search Committees）	评议会执行委员会的主席或副主席其中一人是学校调查委员会的成员，同时评议会其他常设委员会的主席也是其成员
专门问题小组和特殊计划工作组（Task Forces and special Projects）	评议会中常设委员会的主席都要被召集参加特别委员会的工作。他们的工作是发展对学生的资助模式，审查教师纪律情况，审查教授的学位和推荐政策，审查行政部门计划以及其他问题

资料来源：综合加州大学评议会网站资料绘制。

　　从表 4.2 可以看出，评议会成员与行政部门互相融合，在很多方面做到了"你中有我、我中有你"。评议会实行的是集体决策制，而行政部门更多实行的是个人负责制，两种权力运行方式的有效结合，体现了决策的科学性与民主性，也减少了学术权力与行政权力的冲突，有利于决策的顺利实施。[1]

　　通过加入各类行政机构，评议会成员能够对行政权力进行有效监督，并能够适当限制行政权力的扩张和滥用，一定程度上能够防范行政权力对教师权力的过多约束，从而体现了民主治校的理念。校长等行政官员参与到评议会组织中，有利于评议会的审议与决策，在平衡各方利益的基础上形成的决议也有利于校长及行政部门的顺利执行。教师权力的特性是自由，只有在自由的氛围与环境中，才有利于创造性地开展工作，因而，如果学术权力受到行政权力的压抑必然会恶化两者之间的关系，不利于学术的交叉、渗透与创新。评议会成员通过横向参与到各级行政部门中，有利于学术权力与行政的融合、对话与协商，形成学术权力与行政权力之间的良性互动，充分发挥各自的优势，从而实现有效的共同治理。

五　伯克利大学教授治校的运行机制

　　加州大学伯克利分校（下文简称伯克利大学）的运行是建立在共同治理制度基础上的，这种以教师、行政部门和董事会为治理主体的共同治

---

① Douglass, J. A. *Shared Governance at the University of California: An Historical Review.* 1998. http://ishi.lib.berkeley.edu/cshe/.

理模式为保障伯克利大学的学术卓越作出了重要贡献。教师真正成为伯克利大学的治理主体实现共同治理是源于 1919 年伯克利大学爆发的"教工革命"（faculty revolt），并在此后经过历届校长和教授们的不断努力，这种共同治理的制度与结构得到不断完善和革新，最终奠定了伯克利大学现代意义上的共同治理基本制度框架。此后"教授参与"这一理念与制度一直被伯克利大学奉为圭臬。在伯克利大学，教师不但能够在学术上发挥最为重要的积极作用，而且还可以发挥他们在国际交流、学校管理等方面的实质性作用，由此确立了教师在办学治校中的核心地位，学校基本上做到了真正意义上的教授参与治校。基于对伯克利大学教授治校运行机制的分析，可以发现其具有以下几个方面的基本特点。

（一）科学合理的共同治理机制

在伯克利大学，共同治理的理念深入人心，共同治理的实践也日渐完善。伯克利大学实行的是董事会最终决策、教师广泛参与、校内行政高效执行以及各方监督的共同治理模式，使得不同的利益主体能够共同参与到大学决策中，达到各自权力的制约与平衡。伯克利大学的共同治理机制有一套严密科学的管理制度和程序，可以确保大学机制有效运行。这种科学的制度可以保障大学管理与运行的科学化、规范化和透明化。比如在学校和专业评估，校长遴选，经费筹措和使用，教师聘任、考核、晋升，学生入学和管理，学位授予及实验室建设等凡是涉及大学运行的方方面面，伯克利大学均有明确、可行的规章制度作为管理的法律依据。比如在大学评议会运行方面，大学章程中就有特别条目对评议会及其各下属委员会的换届、任命、成员权利与义务等，都作了较为翔实而明确的规定。

这种科学合理性也在评议会的运行机制上得到体现。评议会决策会议一般先由评议会成员提议，在上报给相关的常务委员会并获得认可之后，才能进入更高一级的评议会大会进行投票表决，也就是说这样的决策程序是"自下而上"的，同时伯克利大学的学术评议会由全体教师组成，所有教师都拥有投票表决权，但行政主管如校长或院长则只有建议和发言权，而并没有实际的表决权和投票权，这些都可以确保"教授治校"理念得到科学合理的贯彻落实。伯克利大学评议会下设各委员会的组成人员也都经过严格的筛选和组织，可以保证决策的科学性和有效性。此外，伯克利大学上有加州大学总校的管理和监督，又下设不同的常务委员会分别处理学校的各项事宜，从上到下机构清晰、组织严密、分工明确、协同合作，体现了其科学合理的管理特点。

而且科学合理的治理机制在很大程度上也是通过现代信息技术实现的。如伯克利大学积极引进世界最先进的人力资源管理系统，在大学治理中全面采用线性规划、网络计划、在线决策、目标管理、绩效评估等科学的管理方法，同时还积极建立信息网络管理系统，将学校财务、人事、学生事务等方面的管理控制有效纳入信息网络管理系统，大大提高了管理的效率。这种信息管理系统可以增强校院系管理资源的共享，减少信息的不对称，为决策提供大量的基础数据，由此根据需要进行数据分析和处理，使决策更准确及时。这种信息化的管理系统可以使决策层与执行层的信息汇集和传递更为快捷方便，从而可以增强大学管理的幅度和力度，既可以减少组织机构和因组织重叠而导致的官僚主义，又可以降低人员的劳动消耗，提高管理的效率和效益。

总体而言，从大学治理机制来看，伯克利大学的共同治理机制具有科学合理性，能够给教师参与治理提供一个有效平台，既可以满足教师的治理需要，有助于教师集体责任感的形成和大学主人翁意识的增强，又能够激发教师的工作热情，增进行政与学术人员之间的互信，从而培育良好的大学治理文化，实现有效的大学治理。

（二）民主多元的教师参与机制

伯克利大学实行的是共同治理的机制，这种共同治理的一个基本架构就是学术权力与行政权力的并存，在这种权力结构中，董事会、校长和教授分享大学治理权力，既互相联合又相互制约，从而可以制约某种单一权力主体的独裁行为，避免出现一元化决策。民主化的分享式决策方式有利于作出符合学术规律的科学决策，因而代表学术利益的教师群体就很有必要在大学决策中占据重要一环。事实上，伯克利大学机制中很重要的一个特点就是不仅可以确保教师的民主参与决策，同时还有多元化的途径保证教师在各个领域和各个机构中参与大学的治理，从而最大限度发挥教师的智慧和作用。可以说，在伯克利大学成就一流大学的过程中，教师通过多元化途径参与大学民主决策是其中一个重要的保证。

比如在战略规划方面，伯克利大学会以多种方式公开征求全校教师员工的意见和建议，并对这些达成的初稿文本进行多次反复修改，确保教师群体的意见在规划中得到充分有效体现。对于一些存有异议的内容，战略规划委员会明确表示不会写入规划，可以说，伯克利大学战略规划中的所有内容都是在得到战略规划委员会全体成员的一致认同之后才最终定稿的。可见，伯克利大学的战略规划成果体现了包括教师在内的全校教职员工的意志，是教师民主参与大学决策的一个重要方面。又比如在新的学术项目设置方面，伯克利大学会首先征求教师的意见和建议，在此基础上选择一些具有发展前景的主题和领域，最终结合教师建议与专家意见来确定某些新的项目。事实上，战略规划委员会的看法是，伯克利大学作为一个多元化的巨型大学组织，只有通过民主程序和制度，把学术的事情交给教师，依靠广大教师的智慧，才可以选择具有广泛共识的学科领域，而这种民主的学术决策比那种自上而下的行政决策要更为有效更为科学。

伯克利大学的教师拥有广泛而多样的治校权力。在学校层面，代表广大教师权益的评议会拥有制定学校大政方针的诸多权力，比如制定学校学术方针、战略规划、学术政策及教师评聘等。在学院层面，代表学院教师权益的教授会则拥有更为全面而实质性的决策权力，几乎学院所有的决策事务都必须通过教授会的决议。而到了学系层面，作为行政代表的系主任，显示了其更多非个人化的特点，也就是说系主任本身的职位权力很小，在学系大小事务决策方面，系主任基本上都要与其他教授商议，甚至要与全体教学人员商讨，而大部分的决策都必须交由学系教授会或系务会进行最终决策，完全是实行少数服从多数的民主决策方式，学系内的每一位教师都有权在会上投票。

可见，在共同治理的基础上，伯克利大学教师不仅仅能够通过参与评议会实现对学术权力的基本控制，还可以学校评议会、学院教授会、学系教授会以及各类委员会成员的身份参与到各级决策机构中，发挥民主决策作用，形成民主多元的教师参与机制，保证了教师在学校各领域中的参与决策权力。

（三）完善规范的学术决策机制

秉承"教授就是大学"的理念，伯克利大学把教师和科研人员纳入大学决策主体之中。同时，伯克利大学拥有一套完善规范的学术决策机制，以保证教师在大学学术决策中的权益充分实现。在学术决策中，伯克利大学的广大教师不仅具有核心作用和地位，同时，为充分有效发挥其核心作用，伯克利大学还建立了完善规划的学术决策机制，以使得学校的管理工作规范、科学和有效。伯克利大学对学校的各方面工作都有十分具体的规定，在涉及学术决策方面也有一系列的健全规范的咨询、决策、执行和监督系统，以确保评议会、教授会及其各下属委员会稳定、规范和有效地发挥作用。

学术决策机制的完善规范首先体现在评议会和教授会制度方面。正如伯克利大学前校长田长霖所说："在美国大家有一种认识，哪个学校的教授会力量大，哪个学校将来就会成为最著名的学校。"正是基于这样的认识，所以伯克利大学管理者一直非常重视评议会的建设，从而使得伯克利大学拥有非常完善规范的评议会制度系统，其评议会亦被称为是美国大学内部最有权力的组织之一。作为大学治理的核心机构，伯克利大学学术评议会在学校教学、科研等学术决策等诸多事务方面都负有重要决策权力，由此也奠定了伯克利大学教授治校的制度基础。

大学评议会一般扎根于学科专业，它们对课程、教授晋升、终身任期制以及学术标准等拥有权力。在伯克利大学评议会管辖下，有许多教师委员会，这些委员会包括关于教育事务的委员会，负责诸如学术自由、学术计划和资源分配等，还有关于教师和议会事务的委员会，负责诸如评议会代表选举、预算与各部门之间的关系、教师福利以及科学研究等。为充分发挥评议会的力量，伯克利大学评议会还下设有 12 个左右常设或临时性的专门委员会，代表全体教师对学校的大政方针进行审议，并提出教师对学校建设的基本主张，在学术政策的制定中扮演着重要角色。评议会还下设学术委员会（Academic Council）以作为其执行机构，主要由校招生委员会、教育政策委员会、研究生事务协调委员会、学术人员委员会、研究与肯定性行动委员会，以及规划和预算委员会等各利益相关部门主席组成。

由于伯克利大学拥有比较完善规范的评议会制度，可以保证教师享有更大的话语权，因而也可以更为有效地保障并鼓励教师积极参与学校的学术事务。由于评议会在学校决策和管理中拥有相当大的权利，可以在学校决策中发出更多的声音，因而也可以在很多决策事务上与校长等行政管理层通过协商达成共识。可见，这样的制度设计既可以体现学术自由，又能避免大学决策偏离学术发展的规律。完善规范的学术决策机制同时也体现为教师可以与其他管理者实现对大学的共同治理。在共同治理中，教师与行政人员通过民主方式参与大学决策，最终达成各利益相关者都可以接受的决策。这种决策不是学术体系与行政体系的分离，而是一种互相制约、相互渗透又相互协调运作的完善规范的系统，这样的决策体系，既可以有效制约和监督行政体系的运行，又可以避免教授过多卷入行政事务。因而可以说，伯克利大学的学术评议会既可以充分调动教师参与决策的积极性，又可以防止行政权力独大，从而有利于决策的科学性和民主性。

（四）高效健全的沟通协商机制

由于大学内部治理中的各利益主体在价值追求、治理理念、运行方式等方面存在着很大的差异，因此需要建立高效健全的沟通协商机制。伯克利大学的校长和评议会虽然是相互独立的，但也是相互依存和紧密联系的。因为作为一所大学内部的两大权力系统，在处理关系大学发展的大小事务时总会有意见不统一的时候，面对这样的问题，伯克利大学的校长和评议会是通过内部协商的办法来解决的。

协商机制的基本前提就是要保持积极的沟通与信息畅通。保持各方的了解与信息畅通，才能保证各方的信息对称，避免冲突的产生。协商的办法和渠道多种多样，伯克利大学在沟通协调方面有自己的方式，并基于这些方式建立起校长和评议会之间的良好关系。伯克利大学中一个非常有名的地方就是教授俱乐部（Faculty Club），这是学校领导和教授探讨学校发展过程中共同关心的话题、导师了解学生研究进展情况以及进行各种非正式讨论的重要场所。每个工作日里，俱乐部的午餐时间总是显得非常繁忙，教师们与各级行政官员在这里进行着各种非正式的讨论，或是三五人的碰头会，或是教师们与校长探讨大学相关的问题。校长很重视借此渠道和教授们进行更好的沟通和协商，而在学校的管理或决策中出现不同意见时，校长也可以通过这一非正式渠道与教授会成员广泛接触，就大学发展的某些问题交换看法、共同磋商，使教授们更好地发挥对学校学术决策的参谋作用。此外，伯克利大学为促进不同团体之间的沟通交往，通过设立多元文化社区中心、互动剧场以及各种工作坊、讲习班和研讨会等促进不同团体之间的交往，营造包容性校园氛围。学校还设立教学和学习中心并举办一系列活动，促进教师之间定期不定期的见面，在分享彼此教学思想的同时也对学校学术政策进行一系列的沟通协商。伯克利大学还设立"师生思想交流聚餐计划"以增加师生沟通交流，在更好地做好教师教书育人工作的同时，也为教师参与学术决策提供更多来自学生方面的信息。

协商是大学治理中一个十分困难并且消耗时间的过程。协商时间过长就会延迟决策的制定。由于伯克利大学规模庞大，大学事务很难单由某一个核心部门来管理，更多的时候需要各个部门的协商与配合，只有通过广泛的内部协商才会发现决策中的错误并及时中止执行。所以要增强协商方式以实现治理中的广泛参与。李纳德教授提议在一个协商的决策机制中，大学校长应该把握决策的灵活性，使决策和执行协调起来。从这一意义上讲，校长与教授们沟通协商共同决策也是校长传达大学各种决策意图的有效途径，在某种程度上这也可以绕开行政管理体系的层层传达。伯克利大学的决策基本是在相关部门的协商与配合下而最终达成一致意见，从而实现了各利益主体的利益最大化。此外，伯克利大学校长本身也是伯克利大学评议会的主席，这可以减少学术权力与行政权力的冲突，增进双方的良好互动与协调。可以说，高效健全的沟通协商机制既是教授治校的体现，也是教授治校的保障条件。

（五）制度完备的监督评估机制

制度完备的监督评估机制的建立既能够防范大学治理中可能出现的问题，又能够及时找到已经出现的问题并采取有效措施及时解决。伯克利大学之所以如此优秀，很大程度上得益于其建立了一整套旨在提高办学质量的贯穿大学运作全过程的内外部监督制度体系。伯克利大学管理体制中的权力分设，形成良好的制衡机制，使董事会、行政机构和教授团体相互监督；明确的责任主体，清晰的权责关系，形成良好的自我约束和监督机制；而教职工广泛参与决策和管理的过程，同样也在起着有效的监督作用；教师的招聘、任用和解聘还受到 AAUP 等机构的监督；另外，在伯克利大学还设有成员具有广泛代表性的校务监督委员会。该委员会定期举行会议，对涉及学校的重大决策，诸如年度活动预算、资金项目、教研计划等进行调查研究，提供咨询意见，履行民主监督之职。

除了积极有效的外部监督以外，伯克利大学还建立了健全的大学内部"自我监督"机制，这种内部监督主要是通过定期院系评估、学术项目评估、不定期课程评估、教师工资评估等机制实现。定期院系评估是其中最重要的监督机制。通过院系评估能够更全面深入了解各院系的现状，分析院系中存在的积极因素和消极影响，为院系制定未来发展方向提供参考。学术项目评估由校内的教授会组织进行，以帮助院和系的教授增强开展新项目的可能性，提高在研项目质量。不定期课程评估主要是由系或教授会中相关的委员会组织实施的，是一项针对教师课程质量进行的评估，通常采取"学生评估制"。在伯克利大学，每位博士生在毕业离校前都要填写一张匿名调查表，对院系乃至学校的教学情况进行评价。教授加薪评估则由院系组织或者同行评议，用以检测教授的学术能力，及对教学、科研和院系工作的贡献。

此外，为保证高水平的师资力量，伯克利大学制定了严格而持续的教师绩效评估制度，每隔两到三年，会对每一位教师的教学、科研、专业能力及大学与公共服务情况进行一次全面评估，并将评估结果与任命、晋升以及终身教职的授予和获得终身教职后的晋升紧密结合，并为此建立了专门的评估委员会。伯克利大学评议会章程对评估委员会的职责与权力进行了明确规定，主要包括审议及决策权。教师的绩效评估大体分为：人事决策的评估（如聘任、续聘、晋升）和日常性评估（包括终身教授的职后评价）两类，它贯穿于教师管理的全过程，是教师发展的重要推动力。在伯克利大学，教师人事遴选、晋升的评估方面主要由学术人事委员会（academic personnel committee）提名的一个评审委员会（review committee）来负责，这是一个专门用于教师人事决策评估的临时性特别小组，是伯克利大学教师同行评估的重要组成部分，其成员虽然不一定是被评价者专业领域内的专家，但一定要对其领域所熟识。相关材料在经过评审委员会评审后，将提交给学术人事委员会作出综合评审，学术人事委员会则对此材料实行同行评议，最后得出评审意见提交校长或学术副校长来作出最终决策。

（六）层次分明的竞争激励机制

伯克利大学能在较短的时间内取得如此显著的成就，很重要一点在于建立了一整套完善的教师竞争激励机制，最大限度地激发教师的工作积极性和潜能，从而形成大学教师的创造性氛围，这也是伯克利大学学校治理方面的战略亮点和有效策略。伯克利大学拥有一套层次分明的竞争激励制度，给予那些在教学、研究与社会服务方面有所创新或成就的教师进行各种类型的竞争性奖励。这样的竞争也体现在学校之间对于优秀人才与师资方面的竞争。美国各大学之间对优秀师资竞争十分激烈，没有吸引人的工资与福利待遇很难留住一流的学者。因此，伯克利大学采用竞争性工资，即不同级别教授之间的工资，大致要与美国其他同类大学如哈佛、耶鲁和哥伦比亚等顶尖的大学保持一致或高于它们的工资。这种竞争性工资原则得到加州政府和伯克利大学董事会及教授会的普遍认可，并得到很好的实施。

伯克利大学还为教师提供不同类别的奖项和福利待遇激励教师努力工

作，同时也更好地保障了教师的工作和生活。在教师激励方面，伯克利大学设立了很多类型的教学与科研奖励项目，并将这些项目交由学术评议会下设的教师奖励委员会（Faculty Awards）进行专门管理。在教师课程与教学方面的奖励主要包括教学改进资助（Instructional Improvement Grants）与杰出教学奖（Distinguished Teaching Award）。教学改进资助主要资助两方面的教学项目。一类是改进现有课程、开发新课程、评估课程和教学需求方面的小项目，这方面的资助经费一般在 3000 美元左右，还有一类是比较大型的创新项目，比如新课程材料的开发、新教学方法的开发设计等，这些创新项目一旦落实将对伯克利大学的教学与学习产生较大的影响。杰出教学奖旨在鼓励在教学方面作出卓越贡献的教师，这也是伯克利大学教师在教学方面能够获得的最高荣誉。此外，伯克利大学还通过给予教师精神上的奖励，如授予克拉克·科尔奖、伯克利大学教师服务奖等荣誉来激励教师，并设立专门委员会监督奖励的授予及奖金的发放，保证大学教学质量的稳步提高，使大学充满生机与活力。

与其他美国大学一样，伯克利大学也实行教师的"非升即走"制，即新聘初级教师一般需经 7 年的试用。试用期满经学校就研究和教学进行评价后，只有少数初级教师获得晋升和续聘，落聘者须在一年内离校另行谋职。另外，在科研经费的分配上同样依据类似的程序，建立起公平的竞争机制。这种激励机制既可以有效防止终身制可能带来的弊端，又有效地促进和鼓励教师持续不断地发展学问、提高教学水平。这样，伯克利大学通过采用开放持续的方式，基本上建立起教师在聘任、工资、晋升、奖励等方面的一系列竞争激励机制。

（七）行之有效的督察申诉机制

伯克利大学拥有一套较为成熟的校内纠纷解决机制，在解决冲突的时候，不管是通过秘密的商议、非正式调解或正式听审的方式，评议会成员都能够为冲突双方提供必要的申诉帮助。伯克利大学的评议会通过多种方式和渠道解决教师在校分歧和冲突，确保教师的申诉权利，为创造和谐的校园生态提供了制度保证。

伯克利大学内部纠纷解决机制区分为两种：一种是正式的裁决机制，此机制往往需要经过严格规定的程序，如举证、质证、听证、裁决以及申诉等程序。另一种是通过非正式方式解决纠纷的机制，如谈话、调解、和解和谈判等途径。伯克利大学对调解、同行审查等非正式方式特别重视并普遍应用。这种非正式机制利用一个中立的第三方作为协调员或调解员来创造一个协商的机制，使双方遵循合理的规则，帮助将纠纷分解为可处理的问题，引导双方进行头脑风暴以达成协议。1984 年，伯克利大学成立了监察办公室以作为非正式解决冲突及相关事件的机构。教师之间或行政人员之间就沟通、待遇、职业声望及其他工作事宜的矛盾或问题都可以在这里进行秘密讨论。监察办公室的工作就是听取申述、给出非正式的咨询或相关事项的审核、提出参考意见。总体而言，监察办公室的工作都是采用秘密的、非正式的、非对抗性的方式。一旦申诉者开启正式的申诉程序，监察办公室将不再参与。在帮助教师解决涉及大学其他成员的非对抗性问题时，教师监察员有可能私下找委员会中的某个成员进行讨论，试图以非正式的方式解决问题。在非正式决议不能够解决问题的情况下，教师监察员会向教师提供进一步解决问题的途径。

伯克利大学的纪律及纠纷解决机制包括了投诉程序、调查程序、非正式程序、听证程序、裁决程序和申诉程序等主要环节。每一个程序内部又包含了很多细节内容。以其听证程序为例，其关于听证前的准备、听证提问方式、证据规则以及听证记录等的很多内容都是比照法院诉讼程序设计的。听证的受理部门为伯克利大学学术评议会下的特权与终身教职委员会（Divisional Privilege and Tenure Committee）。这是一个通过正式听审的方式来解决冲突的机构。该委员会负责听取有关职员在教师权力、任职以及终身教职和晋升等方面事宜的申诉。在申诉顾问的帮助下，首先要向该委员会主席提交书面申诉材料。对于那些有分歧的案件，伯克利大学特权与终身教职委员会主席需要与伯克利大学校长进行面谈或安排所有委员会成员与伯克利大学校长商讨最终决定。[①] 总体而言，在处理与教师之间争议时，伯克利大学通常会严格遵守相应的听证规则。伯克利大学学术评议会规程当中有专门条款细则对听证受理主体、听证过程、听证范围及听证结论作了明文规定。如果教师认为校方的决定不公，则可依据学术评议会规程和《学术人员手册》的相关规定提起申诉，以维护自身权益。

---

① 史伟：《伯克利加州大学内部治理结构研究》，硕士学位论文，吉林大学，2011 年。

第五章

美国大学教授治校的保障条件

美国大学教授之所以能够拥有治校权力，并且能够维持良好的运作，除了前面论及的共同治理权力模式、评议会制度等内在的权力空间和运作模式的保证，还因为美国大学有相应的传统、理念、法规、制度与组织支撑并捍卫着大学教师的权益。

第一节　传统与理念支撑

学术自由和大学自治是美国大学的精神和传统。美国学者爱德华·希尔斯认为："所谓大学自治是指大学作为一个法人团体享有不受国家、教会及任何其他官方或非官方法人团体和个人，如统治者、政治家、政府官员、教派官员、宣传人员或企业主干预的自由，大学自治是为实质保障学术自由的制度性保障"。① 结合美国大学的发展历史可以看出，美国的大学自治可以视为一种"团体性的学术自由"，与个人的学术自由相辅相成，因而是学术自由概念的一部分。保障学术自由是大学自治的初衷，是为了防止来自国家等外来势力的不当干预，强调大学的事务由大学自己来处理。"高深学问如此复杂，以至于只有那些入门者，即教师和管理人员，才有能力管理它的事务，因此它们应该是一个自治团体"。② 可见，美国大学在长期发展过程中形成的优良传统及理念支撑并保证着教授治校的实现。

---

① 陈学飞：《当代美国高等教育思想研究》，辽宁师范大学出版社1996年版，第76页。
② ［美］约翰·S. 布鲁贝克：《高等教育哲学》，王承绪等译，浙江教育出版社2002年版，第31—32页。

一　大学自治与学术自由

(一)　大学自治的内涵

大学自治可理解为大学作为一个学术单位，在机构管理、资金控制、教职员聘任、招生、课程和评价等方面相对独立于政府和社会其他管理体系。大学首先要有自治权，作为一个管理实体拥有在宏观层面的足够治理空间，然后才可能在大学内部微观层面给予教师在治理中的参与决策权力。从这个层面说，大学自治是内部主体参与治理的前提。"大学自治"是大学作为一个学术、教育和研究机构或团体，"为避免外界干扰而提出的属于大学整体需要的自我决策、自我管理的权力诉求"。① 因而，大学治理的基本内涵就是大学作为一个比较独立自主的机构或团体，自己决定和管理大学的事务，尽量避免外部的各类干扰，以保证大学的教育、教学、研究等各项工作的正常进行。自治的大学有权依据国家相关法律法规，基于大学本质与功能，按照大学自己的发展逻辑来做好大学的各项工作，并能尽量免受与学术事务相去甚远的一些非学术事务的影响。

(二)　学术自由的内涵

学术自由可以从广义与狭义两个层面进行分析。广义的学术自由包括机构自由和个体自由两个方面；狭义的学术自由主要是学术机构（大学或学院）中的学者个体（教师和学生）的教学、研究等学术方面的活动不受任何不合理干扰的自由。美国大学通行的一个基本理念是学术自由，即大学教授有教学自由、研究自由、学习自由、言论自由等。他们认为，学术自由是大学的立身之本，是大学探究高深学问的前提与基础。

学术自由是从事高深学问的学术性智力活动的保障，是永远不能放弃的"要塞"。② 美国法官沃伦（Earl Warren）曾对学术自由有着比较深刻的理解："对我们的学院和大学的理智领袖横加任何束缚都会葬送我们国家的未来。任何教育领域都没有被人们认识得如此深刻，以至于不再能取得新的发现。在社会科学方面更是如此，在这方面没有任何原理被认为是

---

① 眭依凡：《"大学自治"与校长治校》，《高教探索》2001 年第 4 期。
② 朱景坤：《美国大学教师学术自由的逻辑基础与制度保障》，《比较教育研究》2012 年第 2 期。

绝对的，即使有也极少。"① 可以说，大学的本质与使命必然要求大学拥有学术自由，没有学术自由，大学就无法进行高深学问探究，就无法成为一个真正的学术组织，也难以实现大学的基本职能。也只有拥有充分的学术自由，大学教师才可以更好地发挥学术的潜能，更好地履行大学教师的职责与使命，大学也才可以保持学术机构的本质特征。坚持学术自由，大学才成其为大学，才能保持大学精神与大学的理念，保障大学的发展与社会长远利益的实现。

（三）美国的大学自治

美国高校并非由政府管理，而是实行由来自校外的非教育人士组成的董事会管理模式。这种董事会管理模式使美国大学保持了高度自治。独立战争结束后，美国教育逐步走上了民主共和的道路，州政府对早先由教会控制的大学或一些私立学院进行了关闭或改建，由此导致政府与私立学院之间产生了管辖权的纠纷，而达特茅斯学院案的胜诉最终确立了美国大学法人自治不可动摇的地位，大学的自治权获得了基本的法律保障。从 19 世纪末开始，外部势力开始越来越多地影响到大学的管理，如鉴定委员会、专业协会、教育基金会等对大学的管理起到了一定的干预作用，由此美国大学的自治逐步从内部自我控制向内外部势力协调方向发展。20 世纪 40 年代以后，联邦政府和州政府通过资助政策及经费预算加强了对高等教育的整体干预。而在大学的内部治理方面，董事会是大学的法人代表，拥有对大学的所有权，但不干涉学校的具体事务；校长负责大学具体行政事务的运行，实行校、院、系三级管理体制；而学术事务则主要交由评议会或教授会。由此实现了行政与学术二元权力共同治理的局面。随着 20 世纪 80 年代以来大学面临一系列的财政紧缩、市场竞争激烈等问题，大学行政人员的影响力逐步加强，州政府也更多地参与到大学的运行中来。20 世纪 90 年代美国政府修订了《高等教育法》，提出要重视对高校的鉴定与评估工作，试图从宏观上加强对高校的调控干预和监督，由此美国大学自治权有所退缩。

美国大学不仅仅拥有充分的学术自由，在很多学术事务之外也拥有充分的自主权力，如教师聘任与晋升、学生日常管理、校园建设与规划、职

---

① ［美］约翰·S. 布鲁贝克：《高等教育哲学》，王承绪等译，浙江教育出版社 2001 年版，第 48 页。

员福利与健康、师生行为规范与惩戒等等。整体而言，美国大学自治具有两个特点：（1）高度的地方分权制下的大学自治。美国从 17 世纪至今一直是高度的地方分权制，地方分权制加强了大学自治的传统。（2）大学董事会居于大学自治管理机构的顶点。能够使校外需求与校内学术发展相一致，以便大学更好地在竞争中求发展。美国大学高度的自治使大学充满勃勃生机。美国政府对大学的控制很弱，只限于宏观调控。任何团体和组织都能建立私立学院和大学。已经受到社会承认的学院和大学，无论公立还是私立，都有权不经政府审查自行任命或聘任教授，还有权自由挑选学生，也可以自行决定所开设的课程。各类大学也都有权从不同渠道筹集经费，包括学费、州政府拨款、公司捐赠、私人捐赠、基金转让等。

（四）美国大学的学术自由

学术自由是美国大学的基本理念与制度。19 世纪上半叶开始，受到德国学术自由理念的影响，学术自由逐步在美国大学兴起，成为影响美国大学的重要理念，对美国大学的发展产生了十分重要的作用。事实上，美国教师为争取学术自由的权力进行了长期的斗争。

殖民地学院由各宗教教派创立，董事会成员也以教会神职人员为主，由此学院基本由教会所控制与管理。学院的教师"只有为学院存在的自由，而无在学院内的自由"。[①] 由于受到各教派竞争加剧和学院经济危机的影响，宗教对学院的影响略有减少。独立革命后民主自由平等观念逐步为美国社会接受，教师争取与捍卫教学自由权利的抗争增强。19 世纪下半期，随着美国研究型大学的建立，大学逐渐加强了研究的职能，教师对学术自由的需求变得更为强烈。由此出现了越来越多的教师争取学术自由权利的斗争。19 世纪末 20 世纪初，美国大学发生了多起董事会随意解聘教师的事件，而罗斯事件最终导致了 1915 年美国大学教授协会的建立。该组织在保护教师学术自由权利，争取更多的学术权力方面发挥了重要的作用。协会成立伊始就阐明了学术自由的三个原则：教授作为教师和学者有权自由发表言论；除非不称职或有道德缺陷，教授应有长期或终身雇佣合同保障；教授受处分时有权申诉并要求说明理由。联邦法院在 20 世纪中期开始并通过判例逐步确立了学术自由受法律保护的地位，有效地防止

---

① Walter P. Metzger, *Academic Freedom in the Age of the University*. Columbia University Press, 1955：43.

了随意侵犯学术自由权利现象的发生。随着美国大学教授终身制度的确立与完善，在美国大学教授协会的不断推动下，基于美国法律法规的保障，学术自由在美国获得了极大的发展。如今，美国大学的教授拥有了广泛的学术自由权利。在保障教师的学术自由方面，比较典型的是哈佛大学，这得益于哈佛校长们对学术自由理念的支持与重视。艾略特（Eliot）校长认为大学能否取得成功，关键取决于教师是否拥有充分的学术自由，由此他将德国大学的学术自由精神引入哈佛大学，最终形成了尊崇学术自由的传统，其后的劳威尔（Lowell）校长继承了这一传统，并极力推崇学术自由。在两位校长的努力下，学术自由原则在哈佛大学得以牢固确立。

二　大学自治和学术自由与教授治校

大学自治是保护学术自由免受外部侵犯的制度屏障，学术自由是大学自治所自觉追求的最终目标。学术自由和大学自治都是大学活动本身的内在规定和根本要求，大学自治是学术自由的必需条件，而学术自由是大学自治的自觉目的。① 大学自治赋予作为法人团体的大学以自主管理内部事务尤其是学术相关事务的权利，构建了学术探索能够自由进行的区域，保证学术活动能够遵循自己的本性而发展。因此，自治是学术自由的组织保证，失去了大学自治的保障，学术自由将成为遥不可及的梦想。大学自治和学术自由与教授治校有着内在的必然联系。这两者对于教授治校具有重要意义。

（一）大学自治是教授治校的前提和先决条件

大学自治能够保证大学自主处理好大学内外部关系，确保大学内部各利益主体包括教师的权益。大学自治为美国大学创造了充分的外部权力空间，没有大学自治，就不可能有真正的学术自由和教授治校。大学自治为学术自由提供了组织保障，这是因为社会和政府保护和尊重大学自治，可以为大学教师创造比较自由的空间，避免学术自由受到过多的外部限制与侵害。美国大学自治给美国大学教师创造了充分的学术自由空间，为美国大学教授治校提供了先决条件，是实现美国大学教授治校权力的基本前提。

---

① 张爱芳：《大学自治与学术自由之关系阐释》，《湖南师范大学教育科学学报》2006 年第4 期。

（二）教授治校是大学自治的内在机制和表现形态

大学自治权力的获得可以为教师创造充分的权力空间，但是拥有大学自治并不代表就一定拥有了学术自由，教师学术自由的真正获得还需要通过自身在大学内部参与大学的治理而获得。大学教师在大学内部参与治理的程度在某种程度上决定了大学学术自由实现的程度。教授治校就是大学教师参与大学治理的基本治理模式，也是经历了大学历史考验的能够保障大学教师学术自由权力的基本制度。而教授治校的实现体现了大学在内部治理方面拥有充分的自主权，可以说，教授治校是大学自治的内在机制与表现形态。在大学章程的规范下，教师通过评议会等教师组织平台参与大学的治理，实现对于大学学术事务的控制，并对外维护大学的自主与自治。美国大学的评议会与教授会制度是实现教授治校的基本组织形式，也是美国大学教授治校权力实施的组织平台，充分体现了大学内部自治，是大学自治的内在组织机制。

（三）学术自由是教授治校的基本制度保障和外在表现

从大学发展的历史来看，所有优秀大学都崇尚学术自由，维护教师的充分学术自由权力。可以说，学术自由是大学保持学术发展的必要条件，是大学实现大学使命与职责、保持大学活力的基本前提。没有学术自由的保证，大学的发展就会失去基本的保证，没有了学术自由，教授治校也就失去了基本的制度保障。教授治校的实现以学术自由为基础。学术自由也是教授治校的外在表现。学术自由是学术权力主动遵循学术本身的特点与规律，从而使学术管理的过程有相对的约束机制，使学术权力按照学术管理和学术规范的内在规定性和运行程序而行使，避免教授治校在使用学术权力的过程中出现主观性、绝对性、随意性、独断性和学霸性。[①] 同时，教授治校保证学术权力掌握在学者手中，这样的学术自由才能得以保证，才能够体现真正的学术自由。

（四）教授治校是学术自由的内部制度保障

大学本质上是一种学术性机构，作为大学中的学术人员，教授们最为熟悉学术的规则和标准，最为理解大学的学术本质与宗旨，也就是说，教授们基于其学术能力与学术价值来参与治校具有合理性，并且也是其应有的职责。而正是基于其学术性地位与能力，在大学治理方面，教授的治校

---

① 李倍雷、范华琼：《大学自治、教授治学与学术自由》，《文化学刊》2007 年第 4 期。

权力具有不可替代性，行政人员不能够替代教授来控制学术方面的事务。学术自由是现代大学的基本指导思想，学术权力的最终实现需要保证学术权力由教授而不是行政人员掌握。学术自由首先体现为尊重教授个人的权力，教授应当拥有在学术方面的基本个人自主权；教授治校则首先体现为尊重教授团体的权力，教授团体以集体的方式拥有参与大学治理的权力。教授治校能够保证学术自由办学理念的实现，有效制约与监督大学的行政权力，保障大学学术自由的最终实现。

大学自治与学术自由理念通过教授治校的组织模式而实现，这早已内化为西方现代大学制度的一部分。教授治校模式下的学术权力对不断扩张的行政权力形成监督和制衡，保证扩大的自治权不至于偏离学术发展的轨道。美国大学能够做到自主与责任的同行，关键在于它对传统学术自由理念的坚守。"虽然直到 1915 年 AAUP 成立时，教授治校的理念和体制才逐渐被美国社会接受，然而今天，教授治校却成为美国大学民主治校的一大特色，甚至比欧洲大学更凸显其作用"。① 可以说，美国大学的教授治校已经成为了平衡社会需求与学术自由的重要"法宝"，保证了美国大学的学术地位，推动了美国大学的学术发展。

从根本上讲，学术自由是现代大学制度和大学精神的基本价值理念，而教授治校则是学术自由理念的基本制度保障。随着学术自由成为美国大学的基本指导思想和基本传统，学术自由也成为美国大学教授治校的根基所在。反过来，维护大学自治、保障学术自由也是教授治校的基本价值与逻辑起点。大学自治作为学术自由这一宪法权利的制度性保障，选择教授治校作为基本运行结构，其逻辑起点就是学术自由。大学自治的目的在于实现学术自由。美国大学教授治校制度把大学自治与学术自由紧密联系在一起，共同构成美国现代大学的基本组织制度。

第二节　法规与章程保障

教授权力的实现有赖于法制的保障。如果没有把教授权力的实现形式、程序、领域等作出明确的法律性规定，教授的治校权力将只是一张画

---

① 眭依凡：《教授"治校"：大学校长民主管理学校的理念与意义》，《比较教育研究》（高等教育专刊）2002 年第 2 期。

饼或是空中楼阁。作为一个法制化的国家，美国大学教授的权力和利益受到了来自联邦、州、大学等多重法制的保障，充分保证了教授治校权益的实现。

一 联邦和州层面的法律法规

（一）对教师基本权益的保证

法律保障是教授治校的重要条件。美国联邦和州层面的法律法规和判例法对大学教授的权利、义务以及学术自由作出了基本的规定，从而使得美国教授的权益拥有了来自国家层面的基本法律保证。

美国教师法律中的核心问题是教师权利问题，有关这方面的法律条款及内容非常丰富，从宪法到各类法规法令乃至某些条款都对教师的权利和义务进行了具体规定。其中相关性比较大的法律主要有《合同法》《平等雇佣法》《劳动关系法》《平等报酬法》《公开雇佣法规与规章》。此外，还存在着大量涉及教师权利的判例法。

美国高校教师和学校之间有一种特殊的法律关系，即合同关系，这是一种要求双方遵守的协定性文件，它是教师工作安全的保障。《合同法》能够保证教师职业的稳定性，避免了教师在缺少"法定程序"的情况下被随意解雇的危险。而且合同中也对教师在任职期间享有的各种权利和义务作了详细规定，具有强大而明确的法律效力。

州宪法规定高校教师除享有公民的言论自由等基本权利外，还享有"学术自由"的权利。美国各州还制定了完善的任期法，对关于教师的待遇、工作条件、晋升、终身聘任等问题作出了详细规定。该法规定教师有提出申诉和要求举行听证会、要求校方对降低或减少教师工资做出解释、反对校方随意解雇或拒绝签订新合同的权利。同时法律对教师的相应职责与义务也作了具体规定。维护教师权利的判例法有很多。一项针对判例法的研究显示，爱荷华州内与学校相关的诉讼案例中，有3190件诉讼案是由教授所提起的，而在得克萨斯州，由教授引发的诉讼案例占了35%，这可以说明教授具有强烈的维权意识，而且也大量依靠法院判例寻求合适的权益保护。

此外美国教师还借助工会组织与集体谈判进行维权。这方面主要法律有《国家劳工关系法》（National Labor Relations Act）和《劳工管理关系法》（Labor-Management Relations Act）。这些法律规定大学教师可以组织工会，与校方就各自的权利、责任和义务关系进行谈判。教师可以因为校方的"不公平劳动行为"（unfair labor practice）向法院提起诉讼。①1988年，加州颁布 AB1725 法案，要求高校建立相应的政策与司法程序，以保证高校教师参与共同治理，由此开始了美国大学共同治理的法制化。

（二）对学术自由的保障

根据美国宪法第一修正案的言论和集会自由、第五修正案的自我控告保护以及第十四修正案的正当程序条款，法院通过20世纪五六十年代对一系列案件的解释和判决，赋予了学术自由以宪法地位，从而为教授的学术自由提供了明确的法律依据。②美国宪法第一修正案有关言论自由的保护，尽管不适用于私立院校的教师，"但它们都自愿地依附这项标准，至少达到与其他公立大学一样的严格水准，并引以为傲"。③

美国教师的学术自由首先是以合同的形式体现出来的，合同法明确规定一切学术权利都应受到法律保护。合同法规定教师享有的宪法权利在课堂内不被侵犯，教师的知识内容、个人观点能够自由传递和表达。在威勒教授对明尼苏达州立初级学院董事会的诉讼案中，威勒因发表了有关种族主义的言论而被董事会解聘，而且是在没有进行答辩、无法申诉的情况下被解聘，因而威勒上诉至法院，法院认为教授的自由权益（liberty interest）受到了侵犯，最终判决该解聘无效，应该召开听证会以给予教授答辩与申诉的机会。

市场化、法治化是美国高等教育的一个基本特点，美国高校实施大学自治，自主决定高校在管理、使命和发展方面的事务。就美国大学的法律地位而言，有三种不同属性的法人类别："私法人"（private corporations）、"公法人"（public corporations）、"宪法意义上的独立法人"（constitutionally independent corporations）。拥有"私法人"地位的是私立大学，它们享有充分的自治权，基本独立于政府；拥有"公法人"地位的是公立大学，

---

① 李子江：《美国大学集体谈判制度的形成与发展》，《比较教育研究》2006年第3期。

② 赵凤娟：《美国高校教师参与管理的理念、形式及其借鉴意义》，《东岳论丛》2011年第10期。

③ ［美］罗伯特·M. 奥尼尔：《学术自由：过去、现在与9·11之后》，［美］菲利普·G. 阿特巴赫等：《21世纪美国高等教育：社会、政治、经济的挑战》，施晓光等译，中国海洋大学出版社2007年版，第75页。

它们享有较大的独立性，但是仍然保持与州政府之间的密切联系;① 而拥有"宪法意义上的独立法人"地位的是某些州立大学，它们享有的自治程度比一般州立大学更高，基本不受州政府、议会、法院干涉，形成与立法、司法、行政三权并列的所谓"第四权力"。② 大学自治能够保证大学的学术自由，使大学免受外来的干预或侵犯，有利于大学的学术发展。

美国是典型的实行判例法的国家，对教师学术自由的保护也得益于联邦法院的一系列判例事件。在有关学术自由的判例中，法院最初的依据是AAUP 发布的有关终身教职与学术自由方面的政策声明。这方面有两个比较典型的判例：1957 年的"斯威齐诉新罕布什州政府"案和1967 年的"凯伊西安等诉纽约州立大学董事会"案。此后两个案例成为涉及学术自由与终身教职方面的司法依据。法院认为学术自由是宪法第一修正案所保护的一种具体权利，政府部门无权干预大学的教学和研究活动。通过对涉及学术自由的诸多判例，美国逐步确立了学术自由受法律保护的地位，使学术自由概念本身成为融合了宪法原则和学术观念的司法概念。

二　大学章程和院系规章

在大学层面，教授权益的基本制度保障是大学章程。美国大学一般都有成文的大学章程。作为大学的"基本法"，大学章程是制定大学一切规章制度的基础，大学的一些基本问题都在大学章程中得以规范，成为上承国家或州政府法律法规、下启大学内部管理的治校总纲。美国大学章程具有法律特征明显、法律地位高、规范性强、内容全面、重点突出等特点。从其构成来看，美国大学章程一般可分为单一型章程和复合型章程。前者是指由大学权力机构制定的统一的总纲领以统领整个大学事务。如密歇根州立大学和纽约州立大学的章程为单一型章程。后者一般由特许状（Charter）和较细化的院系次要法规（Bylaw）构成。如康奈尔大学、耶鲁大学和麻省理工学院的章程。

（一）大学章程对教授治校权力的规定

大学自治与学术自由的保障必须要有一套相对透明、公正合理的严格

① 朱景坤：《美国大学教师学术自由的逻辑基础与制度保障》，《比较教育研究》2012 年第2 期。

② 胡建华：《大学制度改革的法治化问题探讨》，《高等教育研究》2005 年第2 期。

规则，而透明公正的规则最具体而明确的载体是大学章程。美国大学章程对教师权益的规定主要体现在五个方面：明确教师参与学校管理的权力；成立各种教师参与治校的组织；界定大学与教师之间的法律关系；制定校内管理体制；规范教师的其他权利与义务。

其一，明确规定教授治校的权力范围。

章程对教师参与治校的权力范围与内容等作了明确规定。如明确规定教师可以参与大学治理，就一般相关学校利益及发展的事务，教师有权通过评议会进行审议并可以对董事会提出建议与意见；尤其规定了教师学术事务方面的权力，教师能够通过其相关组织就学术方面的任何问题进行讨论并做出决策；教师也有权通过评议会就学校的学术政策以及规章制度进行评估与审议，并有权做出修订，学术方面的重要事务都需要得到评议会的审批；教师还有权在学院与学系通过教授会广泛参与大学治理；教师在学院与学系层面一般可以直接参与学院与学系的相关会议，拥有在教授会及其相关委员会中的发言权与投票权。就具体内容而言，一般章程都确认了教师在教学内容、课程设置、学术评价、教师聘任与晋升、科学研究、学生入学与毕业标准等方面权力。

其二，明确规定教授治校的组织平台及其运行机制。

章程一般规定教授治校的组织平台为评议会、教授会以及相关教师组织，并对这些组织的运行规则与运行机制进行了基本规定。美国大学章程一般都明确规定，大学内部应该成立相关的教师组织如评议会与教授会，评议会或教授会是教授参与大学治理的组织，行使教授治校的权力和职责。章程还对评议会与教授会的组织成员以及下属委员会的运行作出规定，一般而言，都规定了这些教师委员会组织的基本职权与职责。如康奈尔大学章程规定设立大学评议会并赋予该组织相应的权力以实现教授治校。并且明确规定大学评议会的成员为校长、荣誉退休教授、教授、副教授以及助理教授，评议会的主席为校长，评议会的职责是讨论涉及全校性或多个学院的教育政策问题，并向学校董事会提出建议。[①] 总之，评议会或教授会组织的设立及其运行规则与机制都在大学章程中得以明确规定。

其三，清晰界定了大学与教师之间的法律关系。

---

① 张苏彤：《大学章程的国际比较：来自中美两国六校的样本》，《中国高教研究》2010 年第 10 期。

美国是典型的法制化国家，在教师权益方面也有很多明确的规定。而除了国家与州方面的基本法律与条款对教师权益的规定，很多大学的章程也对教师与大学之间的法律关系进行了清晰界定，以明确大学与教师在权、责、利方面的法律关系。章程对教师在职位晋升、终身教职评聘办法与任期时间、教师的权利与职责等方面都有法律意义上的规定，充分体现了教师的法律地位。美国大学的教师进入大学工作，都会与校方签订具有法律效力的相关合约，如有违约则需承担相应的法律责任。此外，章程还对教师的申诉机制进行了规定，教师有权就职位聘任、解雇、晋升、福利待遇以及相关问题提出申诉，甚至提出法律诉讼。明确教师与校方的法律关系，有利于维护双方的法律权益，保证大学的运行不脱离法制的轨道。

其四，制定了校内管理制度。

作为大学的基本法与校内最高法，大学章程还对大学的基本管理制度进行了制定，在这些基本的制度框架下，教师的权益得以体现并获得保障。在章程的规范下，大学内部的一切运行都有了基本的制度保障，所有大学内部组织的运行与权力的实现都必须符合大学章程的基本制度规范，体现章程的基本精神。如耶鲁大学章程明确规定了大学的基本组织体制实行校、院、系三级，而教师在学系中拥有基本的权力，能够参与大部分的决策，实行教授会集体投票决策的机制。学系或学院如有某些制度不符合大学章程的规定，有损于大学教师的权益，教师有权提出修改意见，而董事会一般会支持教师的意见。显然，教师的权益依靠章程制定的基本管理制度，而拥有了大学校内最高法的保证。

其五，规范了教师的其他权利与义务。

大学章程中的一个主要内容就是对大学教师的权利与义务进行规范与确定。为了保障教师的权益，鼓励教师积极开展工作，大学章程一般都明确规定了教师在大学中的各类权利，与此同时也对教师应尽的相关义务进行了规定。除了教授治校与学术自由权力，章程还对教师的其他权利与义务进行了明确规范，如教师有权获得公平评价与发展机会；对关涉教师利益的重要事务有知情权；有权对自身的福利待遇、终身教职的评聘、奖励与处分等事项提出意见或表达异议，甚至还可以直接提出申诉。

（二）院系规章对教授治校权力的规定

在学院与学系层面，教授治校的权力体现得更为具体。美国大学在各个层面都制定有自己的规章制度，真正做到了依章治校。美国大学院系规章一般称为"次要法规"（Bylaw）。院系一切事务运行都以这个"法规"为依据，院系层面其他规章制度的制定都以"次要法规"为依据，是院系的"基本法"。院系次要法规对教授在院系里的权力地位、组织平台、实施规章、权力范围等进行了具体而细致的规定。一般规定，院系各个级别的教授都可以成为决策机构的成员，可以共同决定聘任、晋升、经费、招生、教学、课程等方面的重要事务，并且整个决策过程都应该由教授完全控制并具体操作，其他人不能对此进行干涉。显然在这样的管理制度之下，教授及其学术权力的地位与作用得到了基本的保障，能够有效防范行政或其他外力对学术事务的干扰。

院系法规是由教授们自己制定的，亦可依需要适时进行修订。一般而言，每次修订都需要全院系的教授投票，达到一定的票数比例才可以通过。而拥有投票权的教师一般是指拥有终身教职的正、副、助教授，而非终身系列的讲师和一般行政人员基本无投票权，但是有参与权与旁听权。此外，院系法规也对重要决策的决定方式、院长与系主任职权范围、各种委员会组成及其职权、投票程序等作了规定。

总之，美国大学拥有完善而成熟的章程和院系规章，不仅仅保证了教授的总体治校权力和法律地位，而且对教授参与治校的权力范围、实施机制、运作规则、治理平台等作出了具体而详细的规定，是教授实施大学治理的基本保障。

第三节　制度与机制保证

教授治校不仅仅体现在具体的参政议政，参与大学的治理，而且体现在教授的权力与利益方面。一方面，这些权益本身就是治校的一部分，另一方面，失去了对这些权益的保障，治校也会成为一句空话。而教授权益的保障主要体现在两个方面，一是教授终身制度，二是集体谈判制度。教授终身制度体现了教授的学术地位，尊重了学术发展的特点和规律；而集体谈判制度则体现了教授的一般职员地位，尊重了职业的市场性与契约性。总体而言，这些制度都以教授的权益为出发点，为教授治校提供制度保障。

一　教授终身制

美国大学一般规定，全职教师在试用期（最多不得超过 7 年）期满后，应被授予终身教职，除非特殊情况并通过正当程序，一般不得随意解聘教师。教授终身制有利于保障教授的职业安全与学术自由。下面就教授终身制的产生与发展，以及对教授权益的保障作用进行论述。

（一）教授终身制的产生与发展

美国高校教授终身制的发展可分为雇员时代与专业人员时代。[①] 从殖民地学院到 1915 年 AAUP 的成立为雇员时代，此后则为专业人员时代。雇员时代的高校没有统一而明确的终身教职制度，教师的职业安全缺乏可靠的制度保障。由于与董事会或校方持有不一致的观点，或某些做法有损他们的利益，教师往往遭到校方或董事会的随意解雇，而不需要经过一些基本的程序，也不需要作出合理的解释。到 19 世纪末，教师被校方随意解雇的事件接连发生。1900 年斯坦福大学的罗斯教授因发表有损校董会主席斯坦福夫人利益的言论而被解雇，随后该校 7 名教授愤而辞职。[②] 罗斯事件预示着专业人员时代的到来，也让有识之士认识到教师必须联合起来，依靠专业组织的集体力量维护专业人员的正当权益，由此直接促成了 1915 年 AAUP 的成立。

AAUP 成立后随即发布《1915 年总体原则声明》。声明提出了学术自由的原则，并对教授终身制度提出了四点基本原则：其一，教师与校方必须签订明确规定了任职时间与条件的合同。其二，教师试用期一般不超过 7 年，试用期满若继续任用，则必须授予教师终身教职，若不再继续任用，则必须至少提前一年通知其本人。其三，试用期间的教师享有与校内其他教师同样的学术自由。其四，要解雇拥有终身教职的教师必须给出充分的解释，并应依法院惯例举行教授的听证会。大学教师享有类似于联邦法官的"行为良好便终身任职"的终身制，目的就是为了保证学术自由。1940 年，AAUP 发表《关于学术自由和终身教职的原则声明》，首次明确规定了大学教授的任期：除非发生严重的财政问题或课程变动，教师任期应当持续到由于年龄或身体原因不能工作为止。1970 年，AAUP 对 1940 年的《原则声明》进行了补充说明，提出非全职教师也适用教授终身制。

---

① 顾建民：《自由与责任——西方大学终身教职制度研究》，浙江教育出版社 2007 年版，第 308 页。

② Christopher J. Lucas, *American Higher Education: A History*, St. Martin's Griffin. New York. 1994: 195.

1972 年，联邦最高法院接受 AAUP 提出的"教师服务一定年限后可获得终身教职"的原则，使得教授终身制获得了法律保障。至此，通过 AAUP 等相关组织的努力，美国逐步确立和构造了比较完善的现代终身教职的制度框架。

教授终身制发展至今，获得了广大教授的支持与肯定，然而在其发展过程中也出现了一些问题。批评者认为，某种程度上教授终身制保护了平庸，导致部分教授懒惰、不思进取；教授终身制导致高校面临巨大经济压力而无所适从；某些教授的随意言行给高校与社会带来了不安定因素。有学者对此进行了反驳，认为"教授终身制度对学术自由的重要性要远远超过其经济和社会代价。这是法律保护、内部保障、非教授终身制度、终身后评审等方式所不能替代的"。① 事实上，总体上看，对教授终身制的肯定仍是主流。教授终身制既非教授特权，也非完全对教授个人利益的考虑，根本上来说是为教授学术自由的保障。可以说，教授终身制是维护学术权力的要塞，尽管面临一些不足，但仍然瑕不掩瑜。而若没有终身制的保障，学术自由也难以真正实现，就会严重影响大学学术的发展。

为使教授终身制更好发挥作用，美国高校采取了一定的措施使其更为完善。一是在终身教职评审方面更为严格，做到宁缺毋滥。二是推行"终身后评审制"（post tenure review），实施终身聘任后的考核评审制度。② 目前美国大部分州都已建立终身聘任后评审政策，并在州内所选的院校中实施该政策。

（二）教授终身制对教授治校的保障

美国教授终身制度发展至今，对美国大学的发展与教授权益的保障起到了重要作用，主要体现在三个方面：保护学术自由，增强学术权利；培育组织文化，促进权力共享；提供职业安全，吸引优秀人才。③

其一，保护学术自由，增强学术权利。

教授终身制的理念基础是对学术自由的保护，这个学术自由包括两个方面：一是指教师自由开展自己的学术活动而不受外力因素的影响；二是

---

① Alstyne，William V. *Freedom and Tenure in the Academy*. Duke University Press，1993：355.

② Platen William M. *A Profession at Risk*：*Using Post-tenure Review to Save Tenure and Create an International Future for Academic Community*，Change，2001，（4）.

③ 顾建民：《自由与责任——西方大学终身教职制度研究》，浙江教育出版社 2007 年版，第 308 页。

指教师应依照学术自身的逻辑开展学术活动，而不应屈从于政治与经济逻辑。哈佛大学的琼斯教授认为："终身教职是学术自由的堡垒。"① 教授终身制即是学术自由的制度保障，在某种程度上看，由于教授拥有了终身教职，能够体现教授的基本自由权益，符合教授的自由探讨自由研究的学术特性，因而教授终身制度本身也体现了学术自由。

在教授终身制度的保护下，教师获得了基本的学术自由保证，同时为了更好地保护学术自由，教授终身制度也增强了教师在教学和科研上的学术权利。实行教授终身制，"可以保证你按照自己的信念去进行教学的权利，可以保证你信奉不热门的学术和非学术目标的权利；还可以保证按照自己所理解的知识和思想去行动，而不必害怕任何人惩罚的权利。很少有教师会对这类保护他们的权利的制度毫不在意，因为我们国家有着长期的、由于赤裸裸的政治原因而对教授进行迫害的历史"。② 在美国大学里，虽然各学科都有教学大纲和学位标准，但教师对其所教的课程从内容设置到具体教学具有绝对的权威，连系主任都无权干涉教师的讲课内容或教材选择，特别是研究生教育，更是为专业内的教师们视为禁脔。③ 显然，由于教师获得了终身教职，因而能够更为自由地参与到大学治理中去，在某种程度上增强了教师在教学、研究、课程设置等方面的治校权利。

其二，培育组织文化，促进权力共享。

组织文化具有三个方面的基本作用，即有助于形成组织成员对组织的认同感，有助于明确组织成员的行为准则与工作目标，有助于强化组织成员对组织使命的承诺感。作为一个学术组织，大学拥有包括学术文化在内的独特组织文化，而学术文化又可以分为院校文化、学术系统文化、学科文化和专业文化。克拉克认为学术文化最强大的源泉来自学术组织的主要形式：学科和院校。院校学术文化尤其是院校的忠诚方面，教授终身制度具有重要的作用。院校忠诚指的是大学内的所有教师对于所工作的院校抱有强烈的归属感，能够为院校的共同理想与目标而努力工作，并将个人理想与目标与院校理想与目标结合，融入院校的发展之中。这种院校忠诚需

---

① Louis Joughin. *Academic Freedom and Tenure*. Madison, Milwaukee, and London：The University of Wisconsin Press, 1967：231.

② ［美］亨利·罗索夫斯基：《美国校园文化——学生·教授·管理》，谢宗仙等译，山东人民出版社1996年版，第267页。

③ 程星：《细读美国大学》，商务印书馆2004年版，第66页。

要教师在院校中长期而富于责任感的工作才可逐步建立。一些学者认为，"终身教职使教师对学校产生了强烈的长期义务感，这有助于培育学校的稳定性和精神，进而促进权力共享、对专业和学校标准的共同责任以及有效的院校治理"。① 通过授予终身教职可以提高教师在院校中的地位，增强教师在院校中的院校责任感与主人翁意识，从而培育并提升教师的院校忠诚。在某种意义上看，教师的院校忠诚与学院式管理中的"权力共享"具有相通性。② 学院式管理中的权力共享，意味着院校作为一个学术社团的共同体进行自我管理与集体决策。教师在这个学术共同体中担负着基本的学术事务方面的职责与权力，如教学内容的选择、课程的安排与设置、学生入学与毕业标准、教师聘任与晋升、学术评价与计划制定等。

由于教师拥有了终身教职，获得了职业安全，教师可以自由地开展学术活动，因而也更为专注于学术文化的发展，专注于从事院校相关学术方面的工作，为院校发展服务，从而进一步培养了教师的院校忠诚。显然，教授终身制度能够促进院校的权力共享。在《学术责任》一书中，斯坦福大学前校长唐纳德·肯尼迪指出，教师参与大学的治理能够让教师产生对于大学的共同责任与使命感，唯有如此才可以扭转教授把忠诚献给学科而不是所在大学的局面。可以说，教授终身制度有利于培养教师的院校忠诚，推动教师积极参与大学治理。

其三，提供职业安全，选聘优秀人才。

教授终身制的一个直接目的是维护教师职位的稳定性，保障大学教师的职业安全，而根本目的是以职业安全保护学术自由。教师的职业安全与学术自由密不可分，自始至终，美国教师争取学术自由的斗争与终身教职紧密相连。终身教职让教师获得了职业安全，而职业安全的获得又能够进一步保护并推动教师积极参与治校。一方面，教师们可以对学校的管理者及其实行的政策作出诚实的判断，提出独立的意见与建议；另一方面，由于获得了职业安全，教师们能够更为大胆地对社会、政治、经济制度的弊端提出批评，也可以对学术自由权利受到侵害的同事进行声援。而如果没

---

① William R. Keast, John W. Macy, Jr. *Faculty Tenure*: *A Report and Recommendations by the Commission on Academic Tenure in Higher Education*, San Francisco: Jossey-Bass Publisher, 1973: 15 – 16.

② 顾建民：《自由与责任——西方大学终身教职制度研究》，浙江教育出版社 2007 年版，第 308 页。

有教授终身制，教授的职业安全不受保证，就会处处谨慎以免其言论及学术观点触犯校内校外各种势力而遭解雇。从这个层面看，没有教授终身制度，教授治校就会失去保障。

从经济利益的角度看，教授终身制度为教师提供的职业安全具有经济补偿价值，吸引有志于学术的人才选择教师职业，因而在选拔优秀人才过程中具有不可替代的作用。而人才队伍的稳定与人才素质的提高有利于学校的学术发展及内部管理质量的提高。教授终身制还有利于吸引优秀人才从事教师职业。"通过维护学术职业的尊严与独立，通过保证终身教职与教授职位的稳定，使学术职业对学识、性格俱佳之士产生吸引力"。[①] 有学者指出，教授终身制度能够保证大学在职教师愿意选聘最好的候选人来进行大学的管理，而这是大学管理面临的一个重要问题。也就是说，在大学管理方面，一是需要依靠教师的学术能力去选聘优良素质的候选人来管理大学，如校长或其他主要的行政管理人员，二是需要教师在教师聘任与晋升方面做出专业判断，以更好地选聘优秀的教师。

总体而言，教授终身制的发展及完善有助于教师获得经济保障与职业安全，促进教师的学术自由，实现大学权力共享和院校文化的培养，推动教授积极参与大学治理。

二　集体谈判制度

（一）集体谈判的目的及法律依据

教师集体谈判（faculty collective bargaining）是高校教师为了保障自身的利益，通过教师工会或其代表与教育行政部门或教育管理部门就薪资、雇佣条件等进行协商谈判，并签订集体谈判合同的权利。美国大学集体谈判制度的根本目的是保障高校教师的经济、职业安全，争取学术自由与终身聘任制等方面的合法权益，使劳资之间的力量对比处于相对平衡的状态，维护高校教师的稳定和协调。美国教师联合会和全国教育协会的积极推动促成了集体谈判制度的建立，AAUP 的认可则是集体谈判制度得以推行的重要影响因素。

美国大学集体谈判的主要法律依据是 1935 年颁布的《国家劳工关系

---

① Richardh Stadter and Wilson Smith. *American Higher Education：A Documentary History*. Chicago：The University of Chicago Press，1961：876.

法》（National Labor Relations Act）以及 1947 年修订的《劳工管理关系法》（Labor-Management Relations Act or the Taft-Hartley Act）。《国家劳工关系法》规定大学教师可以组织工会，选举工会代表与校方进行协商谈判，以达成这些方面的一致意见：教师的工资待遇、工作时间和工作职责，以及学校在教师聘用、晋升、解聘的程序、终身教职的授予等方面的事项。① 劳工关系法还规定，教师有权参与工会，并在工会的领导下开展活动，维护自身权益，校方无权支配或干涉教师工会的活动，不能拒绝教师进行集体谈判，更不能够对加入工会的教师在聘任与职业保障方面加以歧视，如果有违反这些规定，教师可以对校方就其"不公平劳动行为"向法院提出法律诉讼。总体而言，集体谈判制度是美国大学管理中的一种较为独特的制度，一定程度上保障了大学教师的学术自由与教授终身制度以及相关经济利益。

（二）集体谈判对教授治校的作用

美国教授治校的基本组织形式是评议会组织，同时，工会组织在维护教师权益、支持教师参与治校方面也有重要的积极作用。评议会和工会这两种组织拥有不同的理念。评议会奉行专业主义理念；教师工会则倾向于劳工路线。"教授治校"是美国高校管理的传统。"这一古老的传统有着充分的理由，既然高深学问需要超出一般的、复杂的甚至是神秘的知识，那么，自然只有学者能够深刻理解它的复杂性，因而，在知识问题上，应该让专家单独解决这一领域中的问题"。② 这样的传统重视教师的专业地位，教授首先是基于专业主义的理念来参与治校。教师工会的主要功能是维护和保障教师在经济和社会地位方面的权利。在工会的组织形式下，教师更多是基于劳工路线来捍卫参与管理的权利。

集体谈判是教授治校的重要途径，是教师工会促使教师参与治校的主要运行机制。集体谈判的发展历史就是教师争取治校权益的过程。教师工会在美国高校的建立始于 20 世纪 60 年代。这一时期，大学规模扩张，出现了很多大规模的多校园的大学系统，在这些高校中的教师逐步失去了对

---

① 陈芳：《美国大学教师学术自由权利保障的制度分析》，《现代教育科学》（高教研究）2008 年第 3 期。

② ［美］约翰·S. 布鲁贝克：《高等教育哲学》，王承绪等译，浙江教育出版社 2001 年版，第 39 页。

于大学的亲切感，教师们难以感受到以往那种学院式的学术社团环境。而在院校管理中，管理人员的决定与影响力日益增长，公立大学还受到了越来越多来自政府的影响，大学教师的地位与影响力受到了严重的挑战。在这样的情况下，教师们希望通过组建教师工会，进行集体谈判，以保护教师权益，增强教师在大学治理中的地位与作用。实际上，教师对于工会与集体谈判的态度并非完全一致，这首先体现为不同类型的院校之间区别明显。在那些多校园的大学系统与社区学院中，教师工会的发展很快，教师们更为积极参与集体谈判，而在那些研究型大学、精英文理学院中，工会的组建并不积极。其次，不同教师对于工会的态度也不一样。一般而言，那些收入较低的年轻教师积极支持建立教师工会，而那些拥有终身教职的教授与收入较高的教师对教师工会的态度并不积极。而基于民主参与与平等主义的理念，一些教师在 20 世纪 70 年代开始积极支持参与教师工会。

关于教师工会对院校管理的影响，有学者认为教师工会能取代或会削弱教师评议会的作用，但绝大多数的研究表明，工会与评议会能够和平共处，并能够维护共同治理制度，由此可以认为，集体谈判促进了教授治校权益的实现。在某种程度上看，集体谈判能够成为化解行政权力与学术权力、校方与教师之间矛盾的润滑剂。埃伦伯格（Ronald G. Ehrenberg）等人的研究发现，在集体谈判过程中，教师可以集中处理有关经济方面的问题；而在教授治校的过程中，通过评议会教师能够集中精力解决院校整体发展的问题，而非仅仅考虑教师个人的利益。①

教师工会的基本职能是维护教师的合法权益，工会有权就相关教育、教学以及课程安排等方面的事宜向校方提出建议。由于教师工会是依照相关法律条例维护教师权益，能够避免评议会与院校之间松散的协议关系，因而在保障教师参与治校的权益方面更为有力。通过集体谈判能够推动教师积极参与到大学的治理中去，增加教师在学校事务中的发言权，而教师工会能够扩大教师参与治理的领域，从劳工关系的法律层面有效限制行政权威，进一步提升教师在大学决策中的话语权与责任感，从这个意义上说，集体谈判扩大了教授治校的范围，增加了教授的积极性与治校的力度。不仅如此，教师通过工会组织参与在政府行政与教育立法方面的活

① ［美］埃伦伯格：《美国的大学治理》，沈文钦等译，北京大学出版社 2010 年版，第 258 页。

动，扩展了教师对大学的话语权，增加了教师整体在立法与政治方面的影响力，提高了教师的社会地位。可以说，教师工会对于教师的权益维护，以及提升教师在大学治理中的作用，保障教师的职业安全与经济利益，平衡学术权力与行政权力等方面均发挥了非常重要的作用。

（三）集体谈判与共同治理的关系

由于教授治校的权力很大程度上体现在共同治理中，通过分析集体谈判与共同治理的关系，可以更为深入地理解集体谈判对教授治校的影响。

随着教师工会的发展，教师的集体谈判越来越成为教师在大学治理中维护自身权益的重要手段，由此，集体谈判逐步被纳入共同治理的运行环节中。2006 年 AFT 发布《学院与大学中的共同治理》和 AFT、NEA 联合发布的《工会的事实与共同治理》对此进行了说明。① 在《学院与大学中的共同治理》中，AFT 认为教师只有拥有大学的参与决策权，才能更好地维护教师在经济利益、劳动人事以及学术自由方面的权益；而在《工会的事实与共同治理》中，AFT 与 NEA 认为教师工会造成行政管理人员与学术人员的敌对关系，指出工会支持共同治理，共同治理保证了教师、行政管理人员以及其他人员参与大学决策的一个平等的机会，并指出最有效的共同治理系统是建立在集体谈判之上的，主张集体谈判属于共同治理运行中的环节，集体谈判加强了美国大学的利益与权力多重性。

集体谈判和共同治理的关系在不同高校有不同的表现，主要有以下三种。

一是共生关系。这种关系在公立研究型大学体现得比较明显。一般来说公立研究型大学的评议会拥有较高权力与地位，能够较好地实施教授治校。集体谈判更多涉及教师经济利益，评议会则有着较高的学术地位以及较强的治校权力，两者之间并不冲突，能够做到彼此共存，互相促进。在这样的关系形态下，集体谈判和共同治理之间是协调的，集体谈判能够更为广泛地影响大学利益相关者的意见，因而能够促进共同治理。在一次对公立研究型大学的调查中，教师具有较高的参加学校民主管理的积极性，对于集体谈判和参加学校董事会，56% 的被调查者持赞成态度。而且很多人认为集体谈判对共同治理具有积极影响，能够加强、巩固与保护共同治理。波利斯霍克（D. Polishook）的研究结果表明，集体谈判和共同治理结

---

① 甘永涛：《美国大学共同治理制度的演进》，《清华大学教育研究》2009 年第 3 期。

构能够共同对大学财政事务作出"回应"，通过工会、评议会和行政管理人员从而形成一种三角模式化的进程。[1]

二是替换关系。这种关系形态在两年制的社区学院与专业性的综合学院体现得比较明显。这类院校的评议会力量较弱，教师唯有通过集体谈判才能争取更多的权益。由此，教师权益的保障组织由评议会更多转向工会。据 1969 年卡耐基委员会的调查，此类院校中赞同集体谈判的教师占 63%。荷迪肯森（Hodgkinson）的研究显示："集体谈判的存在能够迅速影响到大学评议会。"[2] 他认为集体谈判具有对抗性，而评议会决策具有合作性，两者存在根本性价值冲突，但随着非终身轨教师及兼职教师的增加，这部分教师只能依靠工会才能维护自己的利益保障及职业发展。

三是冲突关系。这种关系形态在崇尚专业主义和学院式权威的院校中体现得比较明显。这类院校的管理部门甚至连教师都对工会存有严重敌意，他们认为工会主义是对学术理想的威胁，某种程度上看，工会主义反对学术自治。由此在此类高校中往往通过评议会来抗衡并限制教师工会的活动，甚至会通过新建评议会以培植教师通过评议会这一传统方式参与治校的机制与文化，形成对工会的抵制与对抗。

通过以上分析可以看出，集体谈判与共同治理之间的关系是复杂而多元的，并且两者主体利益相互重叠。本质上讲，共同治理是协调的，而集体谈判则是冲突的，它们各自的范围界限也存在诸多争议。但是，可以肯定的是，集体谈判对教授治校具有重要的作用，维护了教师的权益，是评议会教授治校的重要补充。而且随着集体谈判的发展，高校教师的维权行为不再局限于学术事务，也不再局限于院校范围，而越来越多地涉及劳工组织、政府部门，甚至法院，从而为教师争取到了更为广泛的权益与发展空间。

第四节　行会组织的支持

行会组织是教授权力的实现形式之一。这是一种超越院校架构之外的

---

① Deas, E., *Shared Governance in the British Columbia Post-secondary System：The Board's Role in Decision-Making*. San Diego：University of San Diego, 1998：23.

② Hodgkinson, H. L. *The Campus Senate：Experiment in Democracy*. University of California, Berkeley, Center for Research and Development in Higher Education, 1974：45.

非正式权力形式。教授通过参与各种学术性团体或者各种民间非政府组织，制订行业规范、专业标准、职业要求，通过开展专业评估、资质认证、发布权威资讯等手段，间接影响大学的决策与管理。在美国大学教授治校发展过程中，行会组织通过提供政策指导，引领教授治校；设立专责机构，促进教授治校；提供基金资助，鼓励教授治校；开展科研调查，改善共同治理等各种形式影响大学的治理，推动教授治校，保障教师在大学治理中的作用、权益与地位。在这些行会组织中，美国大学教授协会（AAUP）、美国大学董事会协会（AGB）、美国教师联合会（AFT）、美国教育委员会（ACE）发挥着最为重要的作用。

一   AAUP、AGB、AFT 等组织的基本影响

（一）提供政策指导，引领教授治校

AAUP、AGB、AFT、ACE 通过发布报告的方式从政策层面来影响或引导大学治理的发展，保障大学教师的权益。针对大学治理中所出现的问题，它们发表了一系列的报告，其内容主要集中在以下几个方面。

一是关于大学治理中教师的权力分配。AAUP、ACE、AGB 在 1966 年《联合声明》中对共同治理中的权力分配作了较为详细的分类，正式确认大学教师在学术事务方面的首要责任（正式授予大学教师参与学术治理的权力）。该声明不仅确认大学教师在课程确定、教学内容与方式选择，在学位授予，教师聘任、续聘、终止续聘、晋升，终身职位的授予和解聘，增加工资的政策与程序制定，学生学习生活等方面的首要责任，而且还明确阐述了大学教师在参与制定学校目标、规划、预算以及遴选管理者等方面决策的重要性。由此，教师的权力得到张扬与确定，教师参与咨询和决策的范围也由传统的学术领域延伸到大学的财政预算、战略规划、高级行政人员的任命等行政领域。这就为高校共同治理制度的执行提供了参照标准。

1990 年 4 月，AAUP 对 1966 年《联合声明》作了适当修改，对共同治理的主体作了更为清晰的界定，对教师权力范围进行了界定。针对1966 年的缺陷与不足，AAUP 于 1998 年发布了《治理宣言》，重新界定了共同治理的定义及权力范围。AGB 在 2006 年度报告中也指出要提高董事会成员的领导能力，让美国大学的治理机构具有强大的领导力，同时要

保证教师有足够的权力参与大学治理。① AFT 在《工会的事实与共同治理》中提出，共同治理为教师、行政人员共同参与大学决策提供了一个平等的机会，工会对共同治理是支持的，并且指出最有效的共同治理是建立在集体谈判基础之上的。②

二是共同治理的价值取向。AAUP 认为共同治理以学术自由为其价值取向，只有赋予教师控制学术事务的权力，才能保障教师从事教学和科研的学术自由，也就是 1966 年《联合声明》中所明确的共同治理第 2 条"首要责任首要权力"原则。为了强调其二者关系的重要性，AAUP 甚至在 1994 年特意颁布了《关于教师治理与学术自由关系的声明》，指出学术自由与共同治理是密切联系在一起的，主张应以制度的形式保障共同治理，保证共同治理体现大学的核心价值。在《学院与大学中的共同治理》中，AFT 详细界定了共同治理的内涵，并指出教师只有实质性地参与大学的决策，才可能真正维护教师的职业安全、经济利益与学术自由。

三是对共同治理有效性问题的批评与建议。2003 年，在 AAUP 所召开的"2003 年 AAUP 治理会议：让团队工作"（AAUP 2003 Governance Conference：Making Teamwork Work）会议上，与会人员探讨了共同治理面临的困境与挑战，基于评议会的有效性与共同治理的效率问题提出了很多的意见与建议，重新反思了共同治理的内涵与结构，并对共同治理的原则及其运行方式等提出了一些新看法。③

（二）设立专责机构，促进教授治校

AAUP 专门设立了学院与大学治理委员会，以负责有关教授治校与共同治理方面的事务，积极推动教授参与治校，引导大学建立良好的治理结构。该委员会提出了大学治理的"改良主义"（Amelioratism），在认同美国大学治理基本框架的基础上，提出要给予教授会更多的参与权。④ 该委

---

① AGB, *2006 Annual Report*. http://www.agb.org/user-assets/Documents/about/2006AnnualReport.pdf.

② AFT, *Shared Governance in Colleges and Universities*. http：//www.aft.org/topics/shared-governance/index.htm.

③ Euben，D.R.，*Some Legal Aspects of Collegial Governance*. http：//www.aaup.org/AAUP/protectrights/legal/topics/legal-govern.htm.

④ 甘永涛：《美国大学教授协会：推动大学共同治理制度的重要力量》，《大学教育科学》2008 年第 5 期。

员会主要是通过完善教授在大学治理中的相关政策来推动教授治校,并且经常就大学治理中的一些问题进行调查,及时掌握大学治理实践中的动态,提出大学治理中的相关意见与建议,同时及时发布相关报告,引导大学治理的发展。该委员会的主要服务对象是 AAUP 各成员高校,并且能够针对高校中的实际问题给予分析与建议。同时,AAUP 成员校中的教师也可以向 AAUP 寻求帮助与支持,希望协会可以协助处理教师权益受到侵害方面的投诉,并在必要时给予调查,或对该校提出问责,甚至还会适时公布那些侵权的高校,对那些高校实行黑名单制度。这就有效监督了大学的行为,促进了大学的教授治校。

(三)设立专项基金,鼓励教授治校

作为非营利性的独立协会组织,AAUP、AFT、AGB 一般都要求其会员交纳一定会费,以保证协会的顺利运行。这些会费除了维持协会的正常运作,其他的资金都会用来设立一些专项基金。如为奖励那些在保护学术自由方面卓有成效的大学领导者,AAUP 于 20 世纪 50 年代设立了米克尔·约翰自由奖。为促进教师参与院校管理,鼓励院校权力共享,AAUP 还于 1998 年专门设立了一项基金鼓励校长、董事以及其他行政管理人员积极推进共同治理,并对他们进行了资助。可以说,作为美国教师的自愿组织,AAUP 能够代表教师的利益诉求,为维护教师权益作出了大量的工作,并且推动教师积极开展活动,对美国院校管理与教授治校产生了重要影响。

(四)提供专业服务,改善大学治理

AAUP、AFT、AGB 首先是专业性的协会组织,是为广大的会员及高校决策者服务的,因而尤其重视从专业化的角度开展活动。在这些活动中,最为明显的一点就是这些组织都非常注重开展科研调查,基于调查写出报告,形成政策文件,发布研究成果,对治理中的问题进行分析评判,提出改善治理的具体措施与建议。AAUP 针对教授治校与大学治理在历史上进行了多次全国性大规模的调查,如针对教授治校的程度于 1970 年对全国 970 所高校的调查,2001 年在 AAUP 的资助下,针对教授治校与大学治理对全国 882 所院校进行的调查。可以说,每一次报告的出台都与调查研究分不开,都以科学严谨的态度对待,显示了这些协会组织的专业水准。因而其发布的报告与政策文件也更容易得到大多数院校的认可,有利于扩大协会的影响力,改善了大学的治理。这些协会同时还创办各自的学术刊物,就治理中的问题进行探讨,并定期举行学术会议进行交流。

AAUP 创办会刊《公报》（Bulletin），1979 年后更名为《学术界》（Academe）。AGB 出版的杂志《治理机构》与《优先》主要探讨大学治理中的问题，为管理者提供有价值的参考资料。基于教师专业发展的考虑，AFT 经常赞助并开展教育研究，以鼓励教师通过研究来改进教学实践。AAUP 每年都要举行年会，就教授的权益以及大学治理中的相关问题举行讨论，听取教授们的意见，提出改善措施，并发布年度报告。AGB 经常举办各种会议，以增进来自各部门的与会者进行学术和思想交流。如 2002 年起 AGB 举办了一系列的主题研讨会，就大学发展战略、提高管理效率、优化投资管理及校长遴选等问题进行了探讨。[①] 而会员们则一般会充分利用这些学术交流机会，发布自己的主张与见解，有些成员的观点与理念甚至成为大学治理中的先导，影响到了大学治理的实践。总之，AAUP、AGB、AFT 等协会组织通过调查研究、学术会议等专业方式，为大学治理提供专业服务，对美国各类高校治理的完善发挥了重要作用。

二 AAUP 在保障教授权益方面的总体作用及相关措施

在所有相关协会组织中，AAUP 最为关切教授权益，其在长达近一个世纪的发展历程中，为保障高校教师的生存与发展、改善高校治理、推动高等教育发展等方面作出了积极的努力与贡献。

（一）保障学术自由，确立和守护教授终身制

AAUP 成立的宗旨就是保障教授的学术自由，并通过教授终身制的建立来维护学术自由。学术自由与教授终身制紧密结合是美国学术自由的突出特征。AAUP 对二者的结合作出了巨大贡献。成立之初，AAUP 一方面积极调查、处理有关学术自由事件，制止和处罚侵犯学术自由的行为；另一方面确定学术自由的范围，制定保护学术自由的终身聘任制原则。1915 年 12 月 AAUP 首次发布关于学术自由与终身聘任制的原则声明，阐述了大学教师学术自由的必要性，建议大学实行教授终身聘任制、教授会裁判以及司法听证会制度。为确保高校对学术自由和终身聘任制的理解和认同，1940 年 AAUP 发表《关于学术自由和终身教职的原则声明》，阐明了学术自由和终身聘任制是保护大学教师学术自由的重要前提，是教师权益

---

① AGB, *2007 Annual Report*. http://www.agb.org/user-assets/Documents/about/AGB2007 Annual Report. pdf.

的必要保障。声明首次提出所有教师在最长七年的试用期后，必须授予终身教职，并不得无故解聘教师。1940 年声明后来逐渐被美国高校接受，法院也经常援引该声明作为处理学术案件的原则和依据。为给大学处理解聘教师提供明确的依据，1958 年 AAUP 发表《关于教师解聘程序标准的声明》，提出校方解聘教师必须通过教师委员会与听证委员会等代表教师利益团体的调查核实，并举行听证会以保证大学解聘教师过程中的公正性，从而避免了教师受到随意解雇的危险，保护了教师的正当权益。协会不仅确立了教授终身制在美国高等教育系统和美国社会的地位，而且使其很好地发挥了作用与影响，并与时俱进地守护与完善它的发展。可见，协会坚持了学术自由，推动建立了教授终身制度，保障了教授的权益。

（二）设立专门委员会，推动和促进教授治校

协会自成立之时便深知要维护教师权益，除了保障他们任职的稳定以外，教师能共享院校的管理、在院校事务中有一席之地和发言权，也是维护他们权益十分重要的一个方面。所以，自建立开始，协会便一直着力于推进教师的共享治理权利。AAUP 属下的大学和学院治理委员会（简称 T 委员会）密切关注教师在大学治理中的地位问题，发表了一系列善治的原则，保障教师参与学校管理的民主权利。1920 年，T 委员会发表了协会的第一份关于高校教师共享治理情况的调查报告。调查结果显示，广大教师共享院校治理的机会很少，院校管理方普遍对教师共享院校治理持反对和排斥态度。因此，委员会呼吁学院和大学应该制定相应的措施和程序以增加教师共享院校治理的机会，保障教师在制定与教师相关的各事务中拥有发言权。协会发表了《学院和大学治理中教师的地位和作用》的报告，建议学院和大学校长及其相关机构发挥中介作用，促进董事会与教师之间的相互理解，扩大教师在校长以及院系负责人的提名和任命等方面的参与权，保障教师共享院校治理的民主权利。1961 年秋季 AAUP 理事会会议指出，T 委员会的努力已经对教师共享治理产生了一定的影响。同时，协会大部分地方分会都同意发表一份有关教师共享院校治理方面的声明，指出"美国大部分院校都需要而且存在着这方面的问题，特别是在预算方面"。①

---

① Finkelstein, M., Ju, M. & Cummings, W. K. *The United States of America: Perspectives on Faculty Governance, 1992 - 2007.* Springer Netherlands, 2011: 199.

在 T 委员会与地方分会、协会的多次修改与努力之下，AAUP 于 1966 年联合 AEC 及 AGB 颁布了《联合声明》。声明从董事会、校长和教师三个方面阐述了它们各自在院校治理中的地位与作用，并附带阐述了学生的地位。这份声明在开头即开宗明义地指出：此份声明主要是针对院校董事会和其他管理委员会成员、管理者、教师和学生等。其目的在于在院校结构和保护院校不受不适当侵犯等事务方面，培养联合一致的思想和行动，并呼吁在学院和大学治理中的相互理解。该声明首次确认了教师在大学治理中的正式合法地位，并提出了共同治理的原则，同时对教师在大学决策中的地位进行了充分肯定，提出了保障教师参与治理的基本要求，认为可以通过共同治理的方式来保证教师的治校权益。该声明用两条原则来规定"共同治理"，即"首要能力"与"首要责任"。声明认为教师不仅对教师聘任、教学和研究项目、学生学习等学术事务负有首要责任，并且还认为教师应该参与一些非学术事务方面的决策，如战略规划、财政预算、校长遴选等。这份声明明确了教师在大学治理中的地位和角色，使教师们在共同治理中有章可循、有法可依，大大促进与扩展了教师的治校权益。该声明在颁布之后获得了美国广大高校教师的认同，也获得了各高等院校的理解与支持，并成为了高校、法院等在处理和判决类似事务方面的指南，为促进教师共享院校治理、管理方与教师方的相互理解与合作等作出了积极的贡献。1994 年，AAUP 发布了《教师参与治理与学术自由的关系》的声明，声明一再阐述和强调教师共享院校治理与学术自由之间的紧密关系，认为如果教师能有效共享院校治理的话，其学术自由权利也能得到很好地推进，并一再强调和呼吁各高校应采取实际行动，以加强教师参与大学治理。

（三）保护教授权益，推动学术职业发展

AAUP 是教授协会组织，其宗旨是通过维护教授权益而最终推动整个学术职业的发展，这可以体现在一些基本的方面。比如对学术自由事件的调查，就是保护教授职业的学术性，保证教授按照学术自身的逻辑发展，而不至于偏离学术职业本身的轨道；保护终身教职，能够保证学术职业的纯粹性与稳定性，保证教授的职业安全，保证教师能够心无旁骛安心从事学术职业，也能够保证学术职业理想的实现，提升学术职业的魅力与尊严，保障教授职业的自主性和经济地位，有利于吸引优秀人才加入从事学术职业，从而进一步推动学术职业的良好发展。

　　事实上，与其他职业相比较，学术职业更容易受到来自大学外部以及学术本身之外的一些因素的干扰与干预，尤其是容易受到那些来自政府、市场的影响而失去其本身应有的正当性与公正性，从而导致学术地位的丧失、学术职业的危机，最终会有损整个社会的共同利益。美国是一个市场化的国家，职业竞争非常激烈，教授职业也深处于市场的调节机制之中。显然，如果没有一个安全的职业保障，学术职业的发展也就难以保证。而教授终身制既保证了学术自由，也保证了教授的职业安全，是结合了学术性与经济性的一项制度，有利于学术职业的整体发展。终身教职给予了教授职业的稳定性，解决了教授的后顾之忧，而学术自由的获得，也使得教授有更为广阔的空间进行学术工作，保证了学术的合理自由发展。可以说学术自由是学术职业的价值内核，而终身教职是学术职业的外在保障。

　　而为了保障教师的经济利益，保证教授安心学术，AAUP 也做了大量的工作。AAUP 成立之前，教授的经济状况一直处于比较低的水平。而在成立之初的 1916 年，AAUP 就要求各高校及基金会加大对教师资助的范围和力度。1937 年，AAUP 发布名为《危机、复苏与高等教育》的报告，这是该协会第一份关于大学教师经济状况的报告。报告大力呼吁校方包括董事会及其管理层给予教师经济安全的保障。AAUP 后来鼓励并支持教师通过集体谈判来维护自身的经济利益，并力求保持教师经济地位与学术职业理想之间的平衡。1993 年 AAUP 还在修改协会宗旨时将提高教师经济地位列入其中。此外，AAUP 还成立专门委员会负责调查教师经济状况，发布年度调查报告，在综合分析现有的财政拨款制度及社会经济水平基础上，提出大学教授应有的合理经济标准及相应的改善措施。

　　（四）制定制度规范，确定教师权利的内容

　　AAUP 自成立以来发布了大量的原则与声明，为了使得这些原则更具操作性并能获得具体实施，协会还制定了相关的制度规范，对教师的权利内容进行了具体而细致的规定。特别是对有关学术自由和教师终身聘任、教授参与治校等方面作了具体的制度规范。

　　比如 AAUP 对教师的学术活动以及教师权益进行了详细的规范，并设立学术自由与终身聘任制委员会，以专门负责制定保护学术自由与教授终身制方面的制度规范。AAUP 于 1915 年发布了学术自由和终身教职方面的原则声明，但"由于担心教授们会过于保护自己而忽略学生和公众的利益"，上述原则并未得到贯彻。1940 年协会发布了《关于学术自由与终身教职的原则声明》，对终身教职作了明确而具体的界定，也强调了教师要承担的责任。此声明获得了绝大多数美国高校的赞同，并在教师的聘任合同中被普遍采纳。① 此后，AAUP 陆续对学术自由和终身教职的制度规范进行完善。如 1958 年发布解聘教师正当程序的声明，对教师的解聘程序提出了详细的规范与要求；1966 年的教师道德声明，对教师的责任进行了规范，提出了教师应该遵循的道德标准；1983 年提出了终身聘任后评估指标的基本标准等等。

AAUP 还制定了教授参与治校方面的规范。为推动教授参与治校，AAUP 专门设立 T 委员会。该委员会不仅仅提出很多教授治校以及大学治理方面的原则与要求，而且还具体分析了教授应该参与的治理领域，提出了参与治理的具体措施。如 1966 年 AAUP 颁布的《关于学院和大学治理的声明》中明确了教师参与学校管理的领域，对教师参与治校的具体制度如组织形式、治理方式进行了说明，建议高校建立各级教师组织如评议会、教授会等。声明还对如何保持董事会、校长及教师之间的交流进行了说明，建议高校建立三方长期协商机制，以保证大学治理的有效运行。

（五）采取实际措施，促进教师权利的实现

为了保障教师权益的真正落实，AAUP 还采取了一些具体措施。通过对投诉事件进行深入调查和调停、公布谴责名单、支持集体谈判、借助法律力量等方式保证教授们的权益不受到随意侵犯，以维护教师权益。

事实上教授权益受到侵犯的情况屡有发生，对此教授们往往会求助于 AAUP 以维护自己的权益。如果 AAUP 会员觉得自己的学术自由、终身教职、正当程序、共享治理等权利受到侵犯，可以将该侵犯事件上诉至协会在其院校、机构或所在地区的地方分会，或者直接上诉至 AAUP 总部。AAUP 设有特别调查委员会，专门负责听取教授们的申诉，进行调查取证，并负责在校方与教师之间进行调停。

仅仅调查与调停还不足以解决所有问题，AAUP 认为必要的时候应将调查结果进行公示引起公众关注，对违规院校进行谴责以对其他高校起到警示作用，由此在更广泛层面保护教师的各类权益。AAUP 建立了定期公布"不推荐院校"名单的制度，对违规院校进行曝光。AAUP 每年都公布

---

① 杨凤英、毛祖桓：《美国高校教师权利的维护——以美国大学教授协会活动为例》，《比较教育研究》2008 年第 2 期。

谴责院校名单，并在 AAUP 会刊以及《高等教育纪事》（The Chronicle of Higher Education）上进行公布。

AAUP 还支持教师以集体谈判的方式维护自身权益。1970 年 AAUP 决定把集体谈判作为实现 AAUP 目标的重要手段，鼓励各地分会支持教师的集体谈判，建议建立合适的集体谈判方式，并编写发布了《集体谈判的方法》手册（Approach to Collective Bargaining），以指导教师的集体谈判。而且 AAUP 每年夏季都会召开有关集体谈判的会议，就集体谈判的技巧进行培训。由此集体谈判成为 AAUP 推行其政策和措施的途径之一。

AAUP 也注意利用法律途径来维护自身以及教师的合法权益。AAUP 设有法律事务办公室，为会员提供法律咨询，与法律专家一起就重点案件向法庭递交诉状，同时也为 AAUP 内部各机构提供法律服务。

第六章

美国大学教授治校的理论透视

美国大学教授治校的历史和实践的发展已经证明了美国教师在大学治理中发挥了重要的作用，在美国大学发展中拥有不可或缺的地位。但是时至今日，美国大学教授治校据以存在和发展的理由是什么？为什么会以当前的形式存在？是什么原因在推动美国教授治校的发展？制度演变和历史发展背后的深层次原因是什么？如果能够对此进行理论分析，那将有助于透彻地理解美国大学教授治校，从而从根本上把握教授治校的价值和特征。基于广阔的学术背景，通过对已有理论的梳理与理解，结合对美国大学教授治校的综合反思，本研究认为，法人治理理论、委托代理理论、利益相关者理论和人力资本产权理论可以基本解释美国大学教授治校中的一些核心制度与基本问题，并有助于进一步深入系统地理解与透视美国大学的教授治校。

第一节　法人治理理论下的美国大学法人治理结构

一　法人治理理论的基本思想

（一）法人治理

"法人治理"（corporate governance）是经济学中的一个专用名词，对于法人治理的定义，迄今为止国内外文献当中尚无统一的解释。法马和詹森认为，法人治理研究的是所有权与经营权分离情况下的代理问题，如何降低代理成本就是公司治理所要解决的核心问题。① 布莱尔则认为，法人

---

① Fama，E. F. and Jensen，M. C. *Separation of Ownership and Control.* The Journal of Law and Economics. 1983，（26）：301－325. //. 转引自王国成《企业治理结构与企业家选择》，经济管理出版社 2002 年版，第 37 页。

治理有广义和狭义之分，狭义的法人治理是指有关公司董事会的功能、结构、股东的权力等方面的制度安排；广义的法人治理则是指有关公司控制权和剩余索取权分配的一套法律、文化和制度性的安排。[①] 费方域教授把公司治理看作是一种合约关系，是一套制度安排，它给出公司各个利益相关者之间的关系框架，对公司目标、原则、遇到情况时的决策办法、谁拥有剩余权利等等问题做出规定，其主要内容是设计控制"内部人控制"的机制。[②]

通过以上分析，可以认为法人治理实质上是指一套以协调组织内外众多利益相关者的相互关系的制度安排或合约安排，其目的是为了在满足一定的约束条件下（个人理性约束与激励相容约束）实现组织的价值最大化，其核心问题是剩余权利（包括剩余索取权和剩余控制权）的分配。[③]

（二）大学法人治理结构

要理解大学法人治理结构，首先要理解什么是法人治理结构。对法人治理结构的概念，学界认识并未统一。综合各方面研究，法人治理结构可理解为：所有者、经营者和监督者之间通过公司决策机构，经营决策与执行机构和监督机构而形成权责明确、相互制约、协调运转和科学决策的联系，并依法律、法规、规章和章程等规定予以制度化的统一机制。[④]

借鉴法人治理理论可以研究大学法人的治理。大学法人与公司法人在某种程度上具有共同性和相通性。有研究认为，大学法人治理结构，就是指大学在运行与发展中，基于一定的财产权制度，为了落实大学法人的主体地位、实现大学的使命，以大学内外部治理的权力配置、制衡与激励等为核心的一系列组织制度与运行机制安排。[⑤] 从这个定义可以看出，大学法人治理结构是大学法人治理的核心问题，健全而又完善的法人治理结构是实现法人治理的关键和前提。大学法人治理结构包括外部法人治理结构和内部法人治理结构两个方面。大学外部法人治理结构最根本的问题是解

---

① ［美］布莱尔：《所有权与控制：面向 21 世纪的公司治理探索》，张荣刚译，中国社会科学出版社 1999 年版，第 25—26 页。

② 费方域：《什么是公司治理》，《上海经济研究》1996 年第 5 期。

③ 赵旭明：《民办高校治理研究》，博士学位论文，中共中央党校，2006 年。

④ 代林利：《试析大学法人治理结构的构成要素》，《现代教育科学》2006 年第 1 期。

⑤ 彭宇文：《高校法人治理结构的构建》，《教育研究》2005 年第 3 期。

决大学的法人地位，保证大学的独立与自治，处理的是大学外部的权力关系问题；而大学内部法人治理结构最根本的问题是解决大学的内部权力配置及运行问题，保证大学的运行效率与质量，处理的是大学内部的权力关系问题。由此可以认为，如何处理好大学内外部的权力关系是大学法人治理结构的根本问题。

二　大学章程——大学法人治理的基本法律保证

从大学的根本性制度规范层面来看，大学的发展本身需要在法律的规范下，以法律文件法律手段来协调平衡大学内外部的各方权力，以使权力的运行不至于脱离法治的轨道，从而为大学的发展提供基本的法制保证，实现大学治理的法治化。简单的说，大学治理要实现法治化，需要一系列依照国家法律法规制定的、具有一定法律效力和实际可操作性的规章制度。从大学的层面来看，大学章程正是这样的一种法律性文件，是大学法人治理的基本法律保证。

（一）大学章程是现代大学法人设立的依据和标志

大学章程是国家法律、法规的下位法。它是由大学立法部门依据国家法律法规而制定，是上承国家教育政策或法律法规、下启大学内部管理的具有一定法律效力的治校总纲。可以说，大学章程是大学精神的集中体现和大学行为的总规范。大学章程是大学内部管理的根本性依据，也是大学获得法人设立和合法地位的基础和依据。通过章程的规范，可以明确大学的法律地位，理顺大学与政府、社会之间以及大学内部各权力主体之间的法律关系，由此确立大学的管理体制，使其成为大学实现对外保持大学自治、对内维护有效运行的法律基础。可以说，大学章程是大学法人地位的标志。

（二）大学章程是现代大学治理的核心构建，推动大学实现法人治理

大学章程是大学自治的保障法。大学章程以保障大学自治为终极目标，其最主要、最核心的价值在于它是大学自治的保障。现代大学治理的核心内容是大学自治，而大学自治的制度是通过大学章程来构建的。也就是说，现代大学治理的实现，首要需要大学制定一部章程，从而确立自主型的大学治理结构，保证大学自治。作为大学的治校总纲，大学章程能成为大学内部各规章制度的制定依据，成为大学法人治理的内部法律依据。

而大学章程从法律性质上看是一个"软法",① 在大学管理与运行中起到了根本的指导性作用。大学章程可以明确大学治理主体之间的权、责、利,规范各主体与大学的行为,使大学成为依法办学、自主管理的法人实体。总体而言,大学章程能够解决现代大学治理中的核心问题,为大学依法自主办学提供可行的自治规范,从而推动并实现大学法人治理。

(三) 大学章程可以完善大学内部治理结构,推动大学民主与善治

大学章程对大学内部的权责划分及其制约机制有明确规范,并由此形成权责明晰、规范有序的教育管理体制。而规范的治理机制的构建,有利于营造民主和谐的大学治理氛围,规范并进一步完善大学内部治理结构。大学章程在内容上要确认和维护大学的各项基本制度、具体组织结构,确认并维护依照自己的意志自主决定校内包括教育、教学、科研及社会活动等各类事务的权力,以保证不受举办者或者行政权力意志的干涉。在大学章程的规范下,大学内部各种力量的互动自我生成一种创造性的"自发秩序",形成大学内部民主性和开放性的治理结构,有利于赢得大学内部成员的忠诚和自觉遵守。②

三 法人—董事会:美国大学法人治理结构的核心构成

基于对法人治理理论的解读,结合对美国大学治理结构的理解,可以从法人治理理论的角度对美国大学治理结构进行深度分析。一方面,通过对美国大学的分析,可以确认,美国大学实行典型的法人治理,其治理结构也是典型的法人治理结构。另外一方面,通过对美国大学法人治理结构的分析,可以确认,法人—董事会是美国大学法人治理结构的核心构成。

(一) 美国大学实施典型的法人治理

首先,美国大学拥有完善的大学章程。如前所述,大学章程是大学法人治理的基本保证。美国大学大都建立了完善的大学章程,并对大学治理的基本方面进行了规范:董事会的设立与机构的组成、大学的理念、办学宗旨或培养目标、内部管理体制、重大事项的决策程序、治理主体的权利与义务、教师的聘任与管理、教学事务及教师的学术权力、学位的授予、

---

① 湛中乐、谢珂珺:《大学章程制定程序探析》,《中国高校科技》2011 年第 7 期。

② 季凌燕、陆俊杰:《大学章程的历史生长逻辑与价值预期》,《教育学术月刊》2009 年第 7 期。

学生事务、经费来源、财产与财务制度、章程修改程序等重大事项。美国大学章程规定学院可根据需要设立学校评议会和院系教授会，评议会和教授会在大学规章规范下开展工作。评议会和教授会的设立，为美国大学教授治校创造了有力的制度平台。

其次，美国大学拥有明确的法人地位。美国大学治理拥有坚实的法律保障。美国崇尚"依法治教"，在教育领域构建了复杂而完善的法律制度体系。美国私立大学是"私法人"，享有充分的自治权，根本不受政府控制；州立大学大都是"公法人"，具有较大的独立性，拥有诉讼权、财产管理权、支配权、资金借贷权、人事雇佣权、制定学校内部规则权、征收有关费用权等诸多权力。而这些也在美国大学的章程中得到了体现与确认。

再次，美国大学拥有高度的自治权利。美国政府对大学的控制很弱，只限于宏观调控。高度的自治使得美国大学免受外来因素的干扰，进而保证了大学的内部自主权利。美国大学在行政管理、任命教授、课程设置、挑选学生、筹集和分配经费、学生选课等方面享有显著的不受政府控制的自由。

最后，美国大学拥有清晰的学校产权。通过各种法律及制度的规范，美国大学的责、权、利非常清晰而明确。一般说，美国大学都拥有清晰的学校产权。私立高校可以分为营利性和非营利性的两种类型，这两类高校拥有不同的法人性质，因而适用的法律也不一样。非营利性高校的所有权和管理权都归属于董事会，不能够随意转让，而营利性高校实行完全市场化运作，学校产权可以转让。

（二）美国大学独特的法人治理结构——"法人—董事会"制度

在美国大学复杂的权力结构中，处于中心地位的是其董事会。作为大学的法人代表，董事会对大学拥有所有权并对大学负有总责，董事会不仅仅要协调大学内部的矛盾冲突，保证大学的顺利运行，同时也要对大学外部的各种利益关系负责，保证大学自治。由此，从法人治理理论的角度分析美国大学的法人治理结构，处于核心地位的是其董事会。美国大学拥有独立的法人地位，法人代表为董事会，以董事会制度为核心，形成大学内部多元权力结构及制度。这种法人与董事会结合的制度可以称之为"法人—董事会"制度。这种制度具有几个基本的特点。

1. "法人—董事会"制度具有鲜明的美国特色

中世纪大学实行学者社团自治，16 世纪的牛津和剑桥大学形成了以学者社团为基础的现代法人自治制度，美国则移植了英国的学术法人制度，同时采用加尔文教派外行管理教会和大学的理念和英国的信托制度，从而形成了美国大学和学院独特的"法人—董事会"制度结构的模式。①"法人—董事会"制度是美国学院的独创，是北美殖民地学院结合当时北美殖民地特定条件，综合前两种自治模式而创新的结果。与前两种自治模式相比，美国大学自治模式的突出特点是由校外非教育行业人士管理大学，它架起了大学与外部的桥梁，对于处理大学与政府、教派、社会之间的关系一直发挥着稳定的作用。达特茅斯学院案之后，原殖民地学院的私法人地位得到了联邦法律的认可，由此以"法人—董事会"制度为基础的治理结构奠定了美国私立学院和大学的自治地位。

2. "法人—董事会"制度是大学自治的基本制度保证

从法律保障的层面看，"法人—董事会"制度有效维护了大学的整体性和独立性，使大学独立处理内部各项事务，而不至于受到任何外部权威和资助者的控制。美国大学董事会一般都由外行人士组成，外行性质使董事会能更多考虑公共利益，并能够从消费者的角度更好地监督大学的办学绩效，促使大学积极响应社会需求。这种治理结构既根植于美国高等教育的传统，也较好地反映出各行各业在高等教育领域的不同利益，而且有利于大学拓宽资金筹措渠道，有利吸纳社会有利资源。②

学术社团法人制度存在一定的弊端，即学术社团可能会过于关注社团内部，忽视社会利益和社会需要，从而导致学院与大学的封闭。而外行董事会制度的设立则能及时反映外部需求，并有利于吸纳外部资源，从而沟通了学术社团与外界的关系，为大学的发展带来动力。董事会的成员具有外行性质，从广泛的社会利益讲，代表的是社会公众的利益，因而董事会为外界的影响和控制提供了适当的途径；而董事会法人地位的获得，则保持了大学的独立，避免了外部对法人内部事务的直接干预。当然，董事会

---

① 和震：《美国大学自治模式的形成》，张斌贤、李子江：《大学：自由、自治与控制》，北京师范大学出版社 2005 年版，第 169 页。

② 薄建国、王嘉毅：《美国公立高校的法人治理结构及其特征》，《国家教育行政学院学报》2010 年第 12 期。

本身也具有不足，如果完全按照公司董事会的运作模式，则会带来大学学术社团地位的丧失，大学学术自由也难以保证。可见，学术社团法人与外行董事会的结合非常有利于克服各自的不足。"法人—董事会"制度有效协调了大学内外部各利益主体之间的微妙而复杂的关系，这种制度安排构成了美国大学自治的基本结构。

3. "法人—董事会"制度是大学内部权力制衡机制的关键

如前所述，得益于"法人—董事会"制度带来的大学自治，创造了足够的外部空间，即保证了大学不受外部各类因素的干扰，又有利于实现内部各治理主体之间的权力保持协调、制约与平衡，从而充分利用好大学内部的自主管理权力，实现大学的有效治理。美国大学内部实行权力制衡制度，即董事会、校长为首的行政委员会与代表教授权益的评议会三者权力互相制约又保持基本平衡。董事会是美国大学的最高决策和最高权力机构。外行性质的董事会只负责宏观规划与管理，协调行政与学术关系，很少干预学术事务和日常行政事务。校长是学校行政管理机关的首席执行官，实际上掌握着管理人员的实权，校长在大学运行和管理中处于核心地位，但是校长往往是由董事会或评议会选举产生，要受董事会和评议会的监督和质询，因而受到董事会和评议会的双重制约。评议会是美国大学提出和制定学术政策的重要机构，代表教授行使学术权力。评议会的决策要接受董事会的审查，并由校长负责执行。总之，董事会、校长和评议会之间的关系互相独立，又互相交织，相互渗透，形成了"共同治理"的良好机制。可以说，"法人—董事会"制度是形成大学权力制衡机制、保持大学内部权力运行良好的关键因素。

总之，"法人—董事会"制度对外保证了大学的法人自治，对内保证了大学内部权力的协调、合作与平衡。可以说，"法人—董事会"制度所具有的根本性优势就是能够保证对内外部权力的监督与制衡。外部监督与制衡是联邦政府与州政府以提供经费预算的方式进行规范，内部监督与制衡是董事会、校长为首的行政权力与评议会为代表的学术权力之间的互相制衡，通过对权力的监督与制衡，实现大学自治、学术自由和教授治校。作为当前世界最具活力的大学系统，美国大学的成功具有很多内外部的因素，但是其内在的根本性因素应当是其拥有独特的法人治理结构，这也使得它们成为很多国家大学改革的榜样。

通过以上分析可以看出，从法人治理理论的角度看，美国大学拥有非常典型的法人治理性质，主要表现在两个方面：大学章程与"法人—董事会"制度。大学章程是从法律文本的角度规定了美国大学的法人治理体系，而"法人—董事会"制度则从制度运行的角度规定了美国大学的法人治理核心要素。总体上都具有非常典型的法人治理的特色，是典型的大学法人治理。这两者的结合解决了美国大学的制度设计及制度运行的根本性问题。在这两者的综合作用下，美国大学治理可以基本保持平稳有序的运行，体现了现代大学治理的优越性和有效性，对美国大学的发展起到了体制性保障作用。而正是由于美国大学实行的是法人治理，"法人—董事会"制度为教授治校的实现创造了充分的内外部权力空间，由此可见，从法人治理理论来看，美国大学的法人治理结构与机制是美国大学教授治校的基本前提与条件，没有法人治理，就不可能保障教授治校的实现；而法人治理本身也保证了教授治校，体现了教授治校的法制基础与制度规范。

第二节　委托代理理论下的美国大学权力制衡及激励机制

一　委托代理理论视野下的大学治理

1. 委托代理理论的基本思想

委托代理理论（principal-agent theory）起始于 20 世纪 60 年代末 70 年代初经济学家对企业问题的研究。委托代理理论的主要观点认为：委托代理关系的产生是源于生产力大发展和规模化大生产；由于生产力的发展导致分工细化，权力的所有者限于自身知识、能力和精力不能行使所有的权力；"专业化"（specialization）的存在是委托代理关系的基础。委托代理理论的核心问题是要处理好代理问题，因为如无有效的制度安排，代理人行为很可能最终损害委托人利益。所以，为了引导并调控代理人的行为，委托人需要实行"胡萝卜与大棒"政策。胡萝卜政策是对其代理人进行激励；大棒政策是对代理过程实行监督，使代理人行为符合委托人的基本要求。

委托代理理论的最终目标是寻求在一定的激励约束机制下，能保持透过对所有权和经营权的分离，实现委托人价值的最大化。委托代理理论的积极意义在于从理论上解释如何实施所有者和经营者之间的权力安排，设计有效的企业治理结构框架以解决由于所有者与经营者利益不一致和信息不对称导致的委托代理问题。根据问题的特点，对委托代理关系进行大致的界定，即所有权与控制权相分离，是委托代理关系成立的基本条件。拥有所有权的是委托人，拥有控制权或经营权的是代理人；委托与代理双方存在着特定的契约关系，且双方的信息不对称；双方符合"理性人"的假设。符合以上条件，委托代理关系即可成立。

2. 委托代理理论在大学治理中的适用性分析

委托代理理论在大学中具有适用性。委托代理理论认为大学治理的关键是如何构成有效的制衡机制与激励机制，以激励代理人为实现委托人的目标而努力，同时也对代理人形成有效的约束。在激励机制设计中，要实现控制权激励，让大学校长等代理人享有较多的可控制权；在约束机制设计中，要重视权力约束，权力约束主要通过完善的监督机制来实现。①

要实现大学治理的有效运行，需要建立良好的委托代理关系，这首先是体现在大学的出资人或政府与大学之间建立起相互信任的委托代理关系，其次就是要在大学内部的治理主体之间建立起良好的委托代理关系。具体而言，在大学的外部治理方面，处理好大学的办学体制问题，实行大学自治；而在大学的内部治理方面，要处理好大学的运行机制问题，实行大学的民主治理、专业治理。在大学的内部管理制度方面，基于充分信任，大学的所有权人（董事会或政府或利益集团或公众）应该将大学的办学权委托给大学的专业人员：校长为首的职业化行政团队与教授为代表的学术专业队伍。两者都是各自专业领域中的代理人，分别行使行政管理权力与学术管理权力，并互相制约互相监督，实现适度的权力平衡，两者各司其职，各负其责，共同推动大学的有效健康发展。

二　委托代理理论视野下的美国大学权力关系

美国大学的内部治理最主要的特点，是董事会治理大学。从委托代理理论观点来看，董事会是重要的内部治理机制，它作为股东的委托人监督经营者以确保股东利益不受侵害，并保有部分重要权利来约束大学的运行方向。

（一）委托代理理论视野中的大学董事会

从委托代理理论来看，大学董事会是作为社会的代理人包括社会捐赠人

---

① 李福华：《大学治理的理论基础与组织架构》，教育科学出版社2008年版，第121页。

或出资机构来监控大学的运行的。从社会代理人的角度看，大学董事会的存在首先要处理好大学与社会之间的关系，进一步说，就是要处理好大学的社会属性与大学的自治属性之间的冲突。随着大学日益步入社会的中心，大学的社会属性日益凸显，大学与社会之间的关系也更为紧密与复杂，由此，两者之间的冲突可能也会逐渐由隐现转为显见。显然，社会或政府直接管理大学，并不符合大学与社会这一发展特点，也难以把握大学的发展规律。因而，大学需要专业化的发展与管理团队，由此首先在大学与社会之间产生了委托代理关系。也就是说，委托代理关系的产生基础是"专业化"。

大学是一个典型的"专业化"的组织，代理社会（或政府等）完成大学在科学研究、人才培养、社会服务等方面的专业化工作。而作为委托人的社会（或政府等）对大学的代理人的工作进行监控，以激励督查大学更好地实现委托人的目标与需要。而基于专业化的考虑，为更好决策及实现监控效力，社会需要以初始委托人身份将监控权力赋予某一个专业化或专门性的机构或团队。完善的董事会组织具备这样的条件，因而是一个适合委托的代理人。由于董事会代理社会实施监控，因而董事会在大学治理中有权进行制度设计及人事安排。当然，董事会只具有部分授权，即更多是实施监控权，而非全能代理人。这种监控权能够防止大学出现内部人控制，如以校长为首的行政人员内部控制，或教授自治权利过泛而导致的内部控制。在防范出现行政人员内部控制方面，董事会拥有对校长的任免权，可以约束行政权力的方向；而在防范出现教授内部人控制方面，董事会主要是通过制定关键规则来实现，如美国大学的教授终身制度、专业末位淘汰制度等。

总之，从委托代理理论来看，大学董事会的设立有利于处理好社会与大学间的代理问题以及大学内部代理关系，是一种有效的代理人制度。

（二）美国大学治理中的委托代理关系分析

美国联邦法典第 26 卷《国内税收法典》第 501 条规定，以慈善为宗旨的非营利组织可以获得免税资格。按照该法律，私立非营利高校属于以慈善为宗旨的信托组织，董事拥有高校信托资产，他们是负有使信托受益人收益最大化责任的受托人，因此在信托意义上，私立非营利性高校董事会是捐赠人或机构的代理人。[①]

---

① 王绽蕊、张东海：《美国高校董事会的身份分析——基于委托代理理论》，《比较教育研究》2007 年第 9 期。

美国大学董事会负责大学总体发展及大政方针，一般不介入大学的具体行政与学术事务。董事会的权力源于各州法律与创办者的授权。一般而言，董事会将行政权力委托给校长，将学术权力委托给评议会等教师组织，董事会只保留最终的决策权与法律控制权。在董事会的领导下，校长与评议会互相能够保持二元权力结构的互相制衡与监督。总之，董事会与校长对大学负有不同的责任，董事会的责任是做出决策，校长的责任是执行决策。美国大学董事会与教师的关系也具有一定程度的委托代理关系。基于法律关系的分析，董事会与教师是雇主与雇员的关系，教师被董事会管理。从委托代理关系分析，尽管教师是董事会决策的执行者，但是由于教师的专业化属性，具有对于董事会的信息比较优势，教师的工作完成质量，董事会难以判断。因而从这个意义上看教师是董事会的代理人。但是，董事会的决策也有其比较信息优势，如在涉及对大学的整体利益作出决策尤其是关系到教师的个人利益的时候，董事会在某种程度上就具有了教师的代理人的特征。

（三）美国大学治理中委托代理关系的实现关键——权力制衡机制

委托代理理论认为大学治理的关键是构建有效的制衡机制，以激励代理人为实现委托人的目标而努力，同时，也对代理人形成有效的约束。美国大学中存在着相对完善的权力制衡制度，而这种相互制衡是以委托为主线而实现的。事实上，大学内部多重的利益和权力主体必然引出相应的委托关系，并通过一定的运行机制进行协调，以实现权力结构的制衡。美国大学内部权力委托和制约关系基于如下委托链形成（见图6.1）：

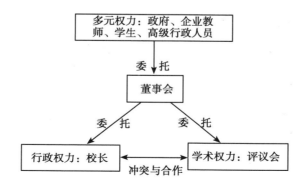

图 6.1　美国大学治理中的委托代理关系①

---

① 代林利：《试析大学法人治理结构的构成要素》，《现代教育科学》2006 年第 1 期。

　　美国大学委托代理关系内含两个方面的基本机制。

　　首先是权力的委托与制衡机制。从图 6.1 可以看出，大学的权力存在一个委托链条，包括政府、企业、教师、学生、高级行政人员在内的多元利益主体将权力委托给董事会，董事会则分别将行政权力与学术权力委托给校长和评议会。在行政权力方面，校长受董事会的委托，全权负责大学的具体行政事务，接受董事会的领导，向董事会负责；在学术权力方面，评议会受董事会委托，基本负责大学的具体学术事务。行政权力与学术权力则互相之间保持冲突与合作的关系。最终形成了董事会、校长与评议会之间的三角权力关系。董事会居于权力的最高位置，负责大学的总体事务。三者之间保持权力的制衡与监督。此外，由于校长与评议会之间在具体事务方面也保持互相沟通与协调，具有一定程度的合作关系。

　　其次是政府和社会的双重监督机制。大学是具有独立法人地位的组织，保持与政府及社会其他组织之间的相对独立。由于董事会中的成员一般来自社会各界，既有政府代表，也有企业代表、校友与家长代表，因而，社会与政府能够对大学保持监督与信息反馈的作用。此外，社会还有很多高等教育方面的中介组织，以及政府认证与评估组织，因而可以从全国性的范围内对大学的办学及相关行为作出评估与监督。如 AAUP、CO-PA（中学后教育鉴定委员会）、美国高等院校专业鉴定协会和全国中学后教学组织协会等。这些组织对于美国大学的发展起到了基本的协调与监督作用，积极引导并推动着美国大学的发展。

　　从以上分析可以看出，尽管美国大学权力关系非常复杂，但是从委托代理理论的角度进行分析，就可以非常清晰地了解其权力关系发展的线索，也就是主要围绕"谁的大学?"即大学的所有权这一问题展开的。具体可以进行如下分析。

　　首先是董事会与教师之间的关系。董事会——大学法人凭借其物质财产所有权对人力资本所有者——教师进行委托代理式的系统约束；另外，人力资本所有者——教师对大学法人——董事会形成均衡性反制。

　　其次是董事会与校长、评议会之间的关系。校长受董事会委托对大学行使行政权力，实施具体的行政管理。一方面，校长要受董事会的领导，接受董事会的质询、任命与罢免，对董事会负责，另一方面，校长还要接受评议会的制衡，也就是说，校长所作出的相关学术方面的决策以及实施都要接受评议会的审议、质询。由此，校长的权力受到来自董事会与评议会的制衡。

最后是校长与评议会之间的关系。由于评议会与校长为首的行政系统都处于董事会的领导下，在大学分别发展学术权力与行政权力，形成大学内部的二元权力结构，两者之间在具体的事务方面经常发生冲突，同时也保持互相制衡。一方面看，美国大学具有典型的科层特性；另一方面，美国大学的学术权力在大学治理中发挥独特的作用。这种二元权力机构的制衡与合作保持了美国大学内部权力的基本平衡，与董事会一起共同承担起大学治理的基本任务，实现美国大学的共同治理。

通过以上分析可以看出，美国大学的内部权力关系是一种典型的权力制衡关系，而这种权力制衡关系都是基于委托代理关系的基础之上。委托代理的基本逻辑起点是董事会的外行性质，董事会拥有大学的法人所有权，而本身又是由大学的外行人士组成，因而不干涉具体的大学事务，而将行政与学术两方面的基本权力委托给校长与评议会分别行使。可以看出，美国大学的权力关系具有典型的委托代理关系，从这一理论进行分析，可以更为明确大学内外部之间的治理关系，明确权力的运行路线和运行机制。对于大学的权力主体而言，能够更为明确各自的权力地位与职责，避免出现权力独享或权力冲突。因而，处于委托代理关系中的代理人权力主体需要各负其责各司其职，而委托人权力主体则应该设计更好的权力制衡与激励机制，保持各方权力的协调与平衡，充分运用好拥有的权力，在各自权力范围内发挥出独有的作用，实现大学的整体有效运行。实践证明，制衡避免了权力的扩张和滥用，在一定程度上确保了大学的可持续发展和大学目标的达成，所有权、行政权力和学术权力的相互制衡共同决定了美国大学的最佳治理。

第三节　利益相关者理论下的美国大学教授治校

一　利益相关者理论视野中的大学治理

（一）利益相关者理论的基本思想

利益相关者理论是战略管理学派的一个重要内容，产生于企业管理领域。利益相关者理论认为，企业不完全是股东实物资产的集合体，所有的受企业影响的利益相关者都影响企业并受其影响，都有权力参与到企业的决策中。因此，企业管理者应对所有的利益相关者负责，并应该站在一个更高的角度考虑其与所有利益相关者、与整个社会的关系，并且承担一定的社会责任。

利益相关者理论的核心是公司的目的不能只局限于股东利润最大化，而应同时考虑其他利益相关者——职工、债权人、供应商、用户、所在社区及经营者的利益，股东利润最大化并不等于企业创造社会财富的最大化，企业各利益相关者利益的最大化才应是现代公司的经营目的，这不仅公平而且具有社会效率。利益相关者理论认为，企业与各利益相关者在真诚合作方面赢得的荣誉在长时期内可以使合作的结果更为持久。

（二）大学是典型的利益相关者组织

美国经济学家弗里曼认为，利益相关者是"那些能够影响企业目标实现，或者能够被企业实现目标的过程影响的任何个人和群体"。[①] 研究表明，与企业不同，大学尤其是公立性大学是非营利机构，无利润可言，没有严格意义上的股东，没有人能够获得剩余利润并对大学进行独立控制。所以每一个人或每一类人都不能对大学行使独立的控制权，大学只能由利益相关者共同控制，因此大学是一种典型的利益相关者组织。[②] 同时大学作为一种学术性社会组织，其主体本身包含了不同诉求的利益群体。阿特巴赫指出："大学不是一个整齐划一的机构，而是一个拥有一定自治权的各种团体组成的社会。"[③]

正是在这个意义上，学者们从不同的视角对大学利益相关者进行了分析。

波特莱特（Boatright）根据利益相关者与大学的密切程度不同，认为大学的利益相关者可以分为四个层次。[④] 第一层次：核心利益相关者，包

①　[美] 弗里曼：《战略管理：利益相关者方法》，王彦华等译，上海译文出版社 2006 年版，第 63 页。

②　苏守波、康兆庆：《利益相关者视角下的大学内部治理结构研究》，《黑龙江高教研究》2009 年第 12 期。

③　[美] 菲利普·阿特巴赫：《比较高等教育：知识、大学与发展》，人民教育出版社教育室译，人民教育出版社 2001 年版。

④　John R. Boatright. *Contractors as Stakeholders*：*Reconciling Stakeholder Theory with the Exusof-contracts Film.* Journal of Banking and Finance，2002，26：1837 – 1852.

括教师、学生、管理人员。第二层次：重要利益相关者，包括校友和财政拨款者。第三层次：间接利益相关者，包括与学校有契约关系的当事人，如科学研究经费提供者、产学研究合作者、贷款提供者等。第四层次：边缘利益相关者，包括当地社区和社会公众（如图6.2）。波特莱特的利益相关理论认为各层次利益相关者在各自利益所及范围内有权参与决策。

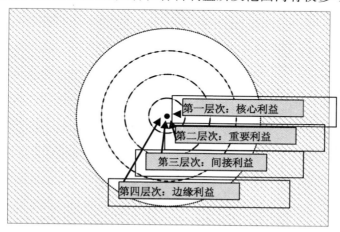

图6.2　波特莱特的利益相关理论

　　亨利·罗索夫斯基按照利益联系关系的紧密程度将大学的利益相关者分为：最重要群体、重要群体、部分拥有者和次要群体等四个层次。[①] 其中，首先是最重要群体，包括教师、行政主管和学生。其次是重要群体，主要包括董事、校友和捐赠者。再次是部分拥有者，主要是政府和议会。最后是次要群体，主要包括市民、社区、媒体，是次要层次的利益相关者，他们是大学利益相关者中最边缘的一部分。

　　（三）利益相关者理论下的共同治理模式

　　基于利益相关者理论的逻辑，现代大学应该实行各利益相关者参与的共同治理模式。任何一个单独利益主体都无法承担大学治理的全部活动。大学的社会责任也要求大学的运行不能由单个群体来掌握。教授、行政人员、董事会都无法做到这一点。那么，利益相关者共同治理模式下的大学决策是以谁的利益为主呢？显然，无论是教授、学生还是行政人员，其利

---

　　① ［美］亨利·罗索夫斯基：《美国校园文化——学生·教授·管理》，谢宗仙等译，山东人民出版社1996年版，第5页。

益目标都难以做到一家独大、唯我独尊，因为在利益相关者模式下，大学追求的是共同利益，而不是以某个群体的利益为主。也就是说，大学中的决策必须寻求一种利益的平衡。正如一些学者论述的，作为利益相关者组织，大学需要建立一种监督和制衡机制，使大学的各利益相关者共同治理大学，根据自身与大学利益的密切度，享有大学决策权力。[①] 运用利益相关者理论建构的大学治理结构，就是实行广泛性参与者的共同治理模式。

基于以上分析可以认为，大学共同治理就是大学内外各利益相关者参与大学重大事务决策的结构和过程，是各种决策权力在各个主体之间的配置与行使，包括权力分配结构与权力行使过程两个相互匹配的方面。再进一步说，共同治理需要处理不同利益相关者之间的责、权、利关系，这既包括大学与政府、大学与社会（企业、中介教育组织、捐赠者等）的责、权、利关系，也包括大学内行政人员与学术人员、教师与学生等的责、权、利关系。这一系列制度安排决定大学为谁服务、由谁控制以及风险如何在各利益相关者之间进行分配等一系列问题。[②] 基于以上的分析，我们可以总结出大学的利益相关者共同治理模式表现出几个基本的特征。

其一，多元化的治理主体。大学的治理主体来自于社会的多个层面多个领域，有来自社会包括政府、工商界、一般公众、科技界、中介组织等主体，也有来自大学内部包括教师、学生、校长、董事等。不同主体代表不同领域或部门的利益，也反映不同层面与领域的要求。

其二，分散化的治理权力。也就是说，大学的权力不是由单一利益主体控制，而是要根据各主体的社会地位、能力大小、原始的社会功能等因素进行综合权衡，划分出各自的权力领域，让他们都拥有各自相对稳定的权力范围，同时这些权力应该保持相互协调与制约，从而达到治理权力的平衡。

其三，法制化的治理系统。从利益相关者的角度看，这主要表现在以法律的形式规范各利益主体的责、权、利，并以法律形式规范各治理主体的行为，实现大学治理的运行不至于脱离法治的轨道，保证大学的有序有效运行。

其四，社会化的治理效能。由于大学治理的各利益相关者来自社会多个层面多个领域，因而，大学的治理受到了来自社会各界的影响。来自社会的力量给大学带来不同的社会要求，向他们反馈社会各界的信息，并以

① 胡赤弟：《高等教育中的利益相关者分析》，《教育研究》2005 年第 3 期。
② 肖谦：《高等教育利益相关者共同治理模式的探讨》，《湖南社会科学》2009 年第 4 期。

各种方式对大学进行调控。大学则对这些信息进行选择性的吸收，以实现大学发展与社会发展的"贴合"。从这一点看，利益相关者治理模式能够创造出高额的"管理附加值"。①

二　利益相关者理论视野中的教授治校

（一）基于利益相关者理论的美国大学共同治理

美国大学实行共同治理，其理论基础即是利益相关者理论。共同治理中决策者应当考虑各利益相关者的意见与建议后才能做出最后的决定。1966 年 AAUP 等发布的《联合声明》中对共同治理进行了详细的阐述，声明认为，大学所有成员相互依赖、有效沟通、合作解决教育问题。在具体实施过程中，也许教授的声音容易被听到，也许行政人员的声音更容易被倾听。也就是说，大学治理需要遵循一个原则：大学所有利益相关者集体参与大学治理，对大学事务实施共同治理。

基于利益相关者理论的美国大学实行共同治理模式，在这样的共同治理模式中，各利益相关者具有基本的权责分工，包括监督、决策和执行都是在大学内部实行。而监督主要是由董事会代表社会广泛的利益群体执行，并对校内的利益主体实行约束。决策主要是由董事会负总责，其他群体参与的方式进行。决策的执行则分两个方面。一个是行政事务方面，这主要是由校长为首的行政人员体系负责；一个是学术事务方面，这主要是由教授为代表的教师权力组织比如评议会、教授会等执行。在本研究的前述部门，已经从权力结构的角度对共同治理进行了比较系统的论述，在这就不再赘述了。下面主要是从利益相关者的视角对其进行适当的分析，以更好理解美国大学的共同治理内在规定性，以利进一步理解教授治校的内涵与意义。总体而言，从利益相关者的角度，我们可以从三个方面对美国大学的共同治理进行分析。

首先，在大学与政府方面。大学的利益相关者来自不同的层面与领域，从广泛层面来看，大学要处理好来自各个方面的利益关系。其中保持大学的独立，维护并扩大大学广阔的外部利益空间是共同治理中的一个重大问题。这主要体现为大学与政府之间的关系处理问题。美国大学与政府之间是一种基本保持独立的关系。美国宪法规定，联邦政府对大学不具有

---

① 刘勤勇：《论美国立体式高等教育管理体制》，《高等教育研究》2000 年第 2 期。

直接管理权，联邦政府对于大学的影响主要采用经济资助的方式间接影响大学的管理。州政府则主要采用法规和拨款的方式影响大学，但是这些更多是对于公立大学而言，影响着其大学董事会的成员组成以及校长的任命等。这可以说明，州政府与大学的利益更为紧密，因而在管理上有更多的参与。而私立大学则完全不受政府的控制，具有完全的自治权。总体看，美国大学与政府具有利益的联结，政府基于整个国家及社会利益的角度，会尽力保证大学的总体利益不受侵犯，因此大学自治是有利于社会与国家的发展的。但是政府也会通过大学的资金资助与财政拨款对大学实施影响，这不仅仅说明，大学的利益与国家与社会密切相关，政府有赖于大学的发展，给予大学充分的自治权并不是完全不管大学的发展任其自生自灭，而是从更为广大层面的社会与国家的总体利益着想，既给予自由自主的内部管理权，又给予外部适当的资源，帮助发展。应该说，这是完全符合各方利益的一种治理方式。因而，在利益相关者共同治理模式下，政府与大学的关系体现出了一种总体利益的协调。

其次，在权力配置方面。共同治理中最基本的问题就是权力配置问题。而从利益相关者的角度来看，就是要对各个利益群体的利益进行重新分配的问题。权力本身也就是代表利益的配置。共同治理的各个利益主体拥有不同的权力配置，这主要是基于不同的利益相关性的考虑。董事会作为大学的最高权力机构，代表的是大学的核心利益，即大学的使命与目标，大学的生存与发展问题。董事会对大学负有总责，他们需要考虑来自社会各个层面的利益群体的利益，代表社会各界对大学实施总体治理。但是，正是由于董事会成员来自大学的外部，是大学的外行人士，所以在大学的内部治理方面，其权力不能够过多，否则很难保证大学最终利益的实现。在这种情况下，董事会将大学的权力分配给校长与教授等利益群体，这些专业人士可以对大学的内部事务实行具体权力执行，作出各自领域中的决策。如校长代表行政人员群体负责对大学的行政事务进行决策，而教授群体则负责处理大学内部的学术事务。可见，不同的利益群体由于各自代表的利益不同，依据各自的专业地位与能力，担负起各自领域中的权力与职责，共同完成大学的治理。

第三，在组织结构方面。美国大学通过设立代表不同利益群体的组织机构来实现利益相关者共同治理。代表社会各层利益的机构是大学的董事会。代表校内各利益群体的机构有很多，如代表教授利益的有评议会、学术委员会、教授会等，还有代表更广泛层面的教师利益的组织，如教师工会组织。而代表校内行政管理人员利益的机构也很多，比如校长、副校长、教务长、院长及其相关办公室，以及校内名称不等的相关管理委员会。这些科层组织及其行政部门的人员配置代表着校内广大行政管理人员的利益。而不同的机构具有不同的分工，各自职责明确又相互制约。在维持共同治理的运行方面，这些组织运行的有效性直接决定学校的运行状况。在所有的校内组织中，代表学校主要学术机构性质的组织是评议会与教授会。作为教师利益的基本组织平台，评议会与教授会既能够维护教师群体的利益，又能够有效处理学术利益与行政利益之间的关系，在学校、学院及学系层面的管理与运行中都发挥出了有效的作用。可见，这些大学组织本身在共同治理中具有典型的群体利益代表性。

（二）利益相关者共同治理模式下的美国大学教授治校

在美国大学共同治理的框架内，各利益群体都分别享有自己的"势力范围"。比如，董事会的成员主要对学校的长远规划和财经预算产生重大影响，以校长为首的行政管理人员在学校的整体运营过程中有着强有力的控制力，对于教授来说，其管理权限更多地体现在与学术和专业职责相关的事务上。但需要指出的是，我们不要对这种"势力范围"进行绝对化的区分。实际上，在美国大学的管理过程中，众多的利益主体不但相对性地形成了自己的权力范围，同时也形成了互相制衡的机制。比如，全体教师就可以通过教授会或民意投票等机制，对大学校长和相关行政人员的工作，予以有效地监督和约束。

基于利益相关者理论分析，美国大学教授治校发生了不同程度的变革，比较一致的趋势就是朝向教师群体作为最重要的主体与其他利益相关者共同治校的方向演进。但是利益相关者共同治理模式并不是对教授治校的否定，而是对教授治校的积极肯定，是传统教授治校模式的变革。教师群体在大学管理中的主体性地位并没有实质性改变，教授治校的管理机制也不会过时。正如美国哥伦比亚大学著名教育专家亨利·莱文指出："最好的大学都是相信并发挥教师和学生才能的学校；在一个学校统一的大构架内应该充分放权，让最接近实际层面的人做与之相关的决策。"① 基于

---

① 苏守波、康兆庆：《利益相关者视角下的大学内部治理结构研究》，《黑龙江高教研究》2009 年第 12 期。

以上的分析，从利益相关者理论的角度来看，可以对美国大学的教授治校作出一些基本的分析。

第一，美国大学是典型的利益相关者治理，而教授作为最核心的利益相关者，扮演着极为重要的核心作用，是美国大学最重要的权力主体。教授与其他利益相关者共同履行治理职能，并依据各自的权责及适度的分工合作，共同实现组织的使命而呈现"共同治理"。因此，大学利益相关者之间的"合作伙伴"概念得以实现。利益相关者共同治理是寻求一种利益相关者参与共同决策和相互制衡的机制。美国大学共同治理模式更清晰地表达了权力责任的制衡与合作理念，稳定了大学教师与董事会、校长之间的基本权力关系，在肯定和保证教师权益的同时，也保证了其他利益相关者群体的地位和作用。

第二，美国大学共同治理模式的建立，不仅没有否定教授在大学中的权力，而恰恰是以教授权力的诉求为起点的，共同治理模式首先肯定的就是美国大学教师的治校权力。尽管作为大学最重要的利益相关者的教师群体也还经常出现利益无端受损的状况，但是以共同治理理念为基础，美国大学教授治校机制得到了更好的完善，为切实保障大学教师的合法权益，提供了一条有效的通道。也正是在这一机制的作用下，大学教师的权益与地位得到进一步的提升和保障。

第三，利益相关者理论的根本特征决定了美国大学教授治校是一个限制性概念，是教授作为核心利益相关者与其他利益相关者共同分享大学治理的权力和责任，而不是教授独享治校权力。事实上，现代大学治理中，任何一个权力主体都不可能独立承担治校责任。董事会、校长和教授也都不可能完全单独享有治校权力。从这个意义上说，没有纯粹的教授完全治校或独立治校。可见，美国大学教授治校是一个典型的限制性概念的教授治校。

第四，利益相关者理论强调的不仅仅是权力和利益的分享，而且是责任的分担。所以，教授治校更多意味着教授要承担起与自身利益相关的责任。对教师来说，其管理权限更多地体现在与学术和专业职责相关的事务上。在美国大学决策中，遵循"首要能力首要责任"的原则，教授也应该依据教授的首要能力即学术能力，行使学术领域的权力，承担学术领域的首要责任，并与其他利益相关者如董事会、校长密切配合做好各自相关领域的工作，共同实现大学的使命和理想。

有研究表明，教授在学术事务管理方面参与的程度越高，表现的业绩就越好，而在行政事务管理方面的参与程度越高，表现的业绩就越差。[①]究其原因，主要是在于教授在学术事务方面具有天然的信息优势，而且从利益的角度分析，教授个人利益与大学的组织利益并不存在冲突，因而，教授参与大学学术事务的决策是有效的；相反，教授更多地参与到行政事务中去，则既不能够体现出其专业信息优势，也在利益目标上与组织目标发生冲突，因而，教授更多地参与行政事务中去，其效果会越差。由此可以认为，董事会和校长也应该专注于他们首要能力范围内的事务，承担他们领域内的首要责任，而不能够越过各自领域的权力界限，否则就会破坏共同治理的权力制衡、合作与协调机制。

第五，利益相关者理论主张分权化、去中心化的治理理念，符合美国大学去中心化的治理模式，体现了民主治理的理念。尽管由于其他的大学利益相关者都提出了自己的权利主张，要求和教授一起参与学校事务的决定，使得教授治校也面临着民主化的压力。但是在美国现代大学的权力结构中，教授依然保持着核心的影响力，是与其核心利益相关者地位相匹配的。

第六，利益相关者共同治理模式并不是对教授治校的否定，而是对教授治校的积极肯定，是传统教授治校模式的变革，是从相互制衡、冲突与博弈走向基于共同利益基础上的协调与合作。事实上，美国当前的大学治理就是一种典型的利益相关者共同治理模式，大学内外部的各种利益相关者基于大学的共同目标，为了大家的共同利益而不得不进行着协作，并在此基础上进行了一定程度的制约与平衡。

第四节　人力资本产权理论下的美国大学教授权益

一　人力资本产权理论视野中的教授权益

（一）人力资本产权理论的基本思想

分析大学教师人力资本权益问题，首先需要解释资本、人力资本、人

---

① W. O. Brown. *Faculty Participation in University Governance and the Effects on University Performance.* Journal of Economic Behavior and Organization, 2001, 44（2）：129–143.

力资本产权及其特征等基本概念。在早期经济学里，资本最初是指贷款的本金，是与利息相对应的。而在现代经济学中，资本的概念已经开始泛化，指代所有投入到生产过程中的不同类型资本，如有形资本、无形资本、金融资本和人力资本。这些资本具有一个基本的共同指向：收益。马克思主义政治经济学认为资本具有两重性。一是一般属性，即资本作为一种客观存在，能实现价值增值的属性；二是特殊属性，即能产生剩余价值的属性。依据资本的一般属性，可以认为资本是能增加财富，使价值增值的有形或无形资产。①

而人力资本是一种可以在某种特定活动中，通过主体参与收入分配而带来的收益，包括人的体力、经验、知识、技能以及精神存量。在知识经济时代，人力资本最为突出的因素是知识。② 人力资本权益是人力资本产权主体使用其人力资本带来效用的权力，人力资本产权是人力资本权益的表现，它体现了人与人之间的关系，这种关系从根本上说就是一种以收益分配为核心的资本产权关系。③

（二）大学教师人力资本权益

相较于其他人力资本产权，大学教师由于其职业特点，具有较为明显的独特性。马斯洛的需要层次论认为人的需要由低到高分为生理需要、安全需要、归属与爱的需要、尊重的需要和自我实现的需要。大学教师本身是具有高素质的人力资本，因为其拥有的高深学问，专业化程度很高，一般人不经过长期的专业训练很难胜任。而大学教师的权益不仅仅体现为物质利益的获取，体现为职业收入与职业安全，还体现在职业的地位、受尊重程度以及大学教师的工作给他们带来的成就感、自豪感与满足感。这种更高层次需要的满足对于教师来说更为重要。显然，正是大学本身具有的准公益性，教师在大学中的工作更加决定了教师人力资本的权益不只是经济收益，还体现为一种对大学的控制与管理的参与。由此可见，大学教师的人力资本在大学中拥有不可替代的作用与价值。总体而言，作为大学教师的基本权益，大学教师的人力资本权益应该受到基本的保护，这决定了

---

① 赵明亮、王明化：《资本一般论》，经济科学出版社 2000 年版，第 3 页。

② 洪源渤、罗旭虹：《大学教师人力资本权益分析》，《中国电力教育》2010 年第 9 期。

③ 周其仁：《市场里的企业：一个人力资本与非人力资本的特别合约》，《经济研究》1996 年第 6 期。

大学教师能否拥有在大学中的权利主体地位。

对大学教师人力资本产权的明确理解与重视，有利于尊重与体现大学教师在国家战略、社会发展、大学进步方面的重要地位。从大学治理的层面来看，保障大学教师的权益，有利于提高教师人力资本的整体水平，发挥教师的人力资本优势，完善大学的治理结构，形成专业化的治理体系，保障大学教师队伍的稳定和素质的提高，从而有利于大学的科学治理与整体进步。具体而言，就是要保证大学教师的决策权，体现大学教师的学术地位；保证大学的基本利益，包括物质利益，给予与大学教师人力资本产权相匹配的经济收益，保证教师安心于学术工作。总之，正确认识大学教师人力资本产权问题，有益于维护大学教师参与本校决策的权力，维护教师的基本权益，从而有利于推动大学发展，促进社会进步。

二　人力资本产权理论视野中的美国大学教授治校

美国大学重视教师权益，尊重教师在大学治理决策中的地位和作用，本质上讲是重视了教师的人力资本产权。美国本身是个市场化的国家，大学教师不仅仅身处市场化的环境中，大学教师自身也形成了人才市场，优秀师资往往成为各高校争夺的重点。美国大学坚持教授治校，充分尊重教授在各自学术领域的基本决策权，不断提升他们在学校管理中的发言权，这体现了美国大学教师的人力资本权益。事实上，美国大学拥有一系列完善的制度保障教师的人力资本权益。如实行教授终身制度，体现了美国大学教师的直接权益；实行明星教授制度，体现了市场机制下美国大学教师的人力资本地位；实行评议会制度，充分尊重每一位教师的专业能力，保护了教师的人力资本治校权益；实行集体谈判制度，保护了教师的人力资本经济权益等。基于典型性的考虑，此处主要从教授治校的决策权与教授终身制度两个基本的方面展开论述。

（一）大学决策权：教授人力资本权益的基本体现

大学教师作为人力资本所有者，有其独立的人力资本产权地位和相应的权益。那么，大学教师人力资本权益又体现在哪里，以何种方式体现呢？

与企业订有合同的人员一般都对企业拥有剩余索取权和剩余控制权。剩余索取权是相对于合同收益权而言的，指的是对组织收入在扣除所有固定合同支付后余额的要求权。剩余控制权指的就是在契约中没有特别规定的活动的决策权。大学的教育活动具有公益性，以非营利为目的。但是并不是说大学本身不产生利润，而是说大学产生了利润，但是不进行利润的分配，而是要将利润继续投入到大学的进一步发展中去。也就是说，大学内部的所有人员都不参与利润或剩余收益的分配，大学的剩余收益要继续投入大学的再生产。那么问题就是，剩余收益怎么样配置到大学的再生产中才是更为合理更为有效，更有利于大学的整体发展呢？进一步说，就是由谁来负责剩余收益分配到大学的再生产中去呢？显然，问题的重点已经从对剩余收益的实际占用权问题转移到了对剩余收益的支配权问题，从这个层面来看，尽管大学的剩余收益本身是经济的，但是最终归结到了大学的决策权问题，再明确一点说，就是大学决策权的分配问题。正是在这个意义看，大学的剩余产权并不存在剩余索取权或占有权，而是体现为控制权或支配权，也就是决策的权力。由此可以认为，大学决策权是大学人力资本产权权益的基本体现。

进一步的问题是，大学教师应该在大学人力资本产权权益中占有何种地位或拥有何种决策权呢？这可以从大学教师本身的人力资本特点得出基本的答案。如前所述，大学教师人力资本具有相对独特性，如大学教师人力资本具有高度的专业性、学术性等特征，拥有在大学决策中不可替代的作用。加上大学在本质上是一个学术机构，具有学术性的本质特征，这就决定了大学教师应该在大学决策体系中具有重要的主体性地位，这也是关系到大学教师人力资本产权的价值体现问题。所以，大学的决策权应该首先体现在教师的手里，尤其在学术决策方面，大学教师具有根本性的人力资本优势。事实上，大学是创造的源泉和思想的家园，是崇尚学术自由和学术民主的世界，教师积极参与到决策中来，为大学的发展服务，也有利于大学的民主治校、科学治校。提高大学的决策民主性，有利于扩充大学决策者的理性边界，提高大学决策水平，保证大学决策的科学性与有效性。

教授的人力资本权益在美国大学不仅拥有健全的组织机构如评议会、教授会的保障，也拥有相应的法律规章制度的保障。这有助于教师在大学决策中基本权力的实现。基于之前的论述，美国大学教师在组织结构、运行机制、激励制度等方面都保证了大学教师充分参与大学的决策，这就证明了，一方面，美国大学教师拥有维护自身权益的强烈意识；另一方面，美国大学实行的是教授治校制度，充分保证了教师在大学治理尤其是在学术事务方面发挥了主要的决策作用，实现了教师人力资本产权的收益。可见，从决策权的角度看，美国大学教师的人力资本产权得到了基本的体现，是符合人力资本产权理论观点的。

（二）教授终身制度：剩余收益分享

美国大学教师拥有完善的教授终身聘任制度。前文从教授终身制发展及意义等角度进行了具体的分析，此处不再赘述。这里将从人力资本产权理论的角度对教授终身制度的经济逻辑进行分析。

由于教师是人力资本所有者，而对人力资本最有效的激励方式就是剩余激励，所以应该让教师分享学校的剩余收益。但在非营利性条件下，大学的剩余收益只能用于再生产，不能用于分配，所以需要探索教师分享学校剩余收益的替代方式，这种替代方式除了上面所论的大学决策权，另外一个典型的形式就是美国大学中普遍实施的教授终身制度。

教授终身制度拥有重要的作用，能够保证教授的职业安全、学术自由、提高教师专业化、吸引优秀人才等。但教授终身制度的经济逻辑是什么呢？基于教师人力资本产权理论的视角，可以认为，教授终身制度是大学教授分享大学的剩余收益或剩余价值的一种制度安排，是大学参与市场成本交易的一种基本逻辑，也是大学制度演变的经济学逻辑结果。

1. 大学教师应该分享学校的剩余收益

首先我们来分析为什么大学教师应该分享学校的剩余收益。基于大学教师拥有对大学的独有作用，从本质上看，教授终身制度是一种能够让教师分享到大学的剩余收益的制度安排。这样的制度安排，其目的是一种基于对教师进行激励的目的。从根本上讲，让教师分享到剩余收益对其进行激励，是教授终身制度得以建立并存在下去的根本性原因。如果从纯粹市场的角度看，大学最基本的任务只有两个：知识生产与知识销售。教师的知识传授和知识生产将主要依靠学校自己来监督。学校监督教师存在成本过高或监督不够全面的问题。随着知识专业化程度的加深，教师的行为更加难以监督，因而需要开发出效率更高的激励或者监督机制。

对教师最有效的激励方式是什么？实践和研究证明，让作为人力资本所有者的教师分享学校的剩余收益是非常有效的一种制度安排，因为它满足了最优激励合约的"参与约束"与"激励相容约束"这两个基本条件。"参与约束"要求教师加入学校，不仅能够节约教师与学生直接交易的交易成本，还能够为其带来工资报酬和剩余收益。"激励相容约束"要求学校设计的报酬合约必须与教师的利益追求一致，让教师分享剩余收益使得教师在最大化自己利益的同时能够实现学校利益的最大化。①

2. 大学教师间接分享剩余收益的制度安排

那么大学教师应该以何种方式分享大学的剩余收益呢？显然，大学的剩余收益是不能够被直接分享的，这是由大学的非营利性所要求的。大学所产生的盈余只能够投入到大学的再生产中去，而不能够直接进行分配。然而，实际上，大学的发展所带来的很多间接的隐形的剩余收益却是可以分享到的。在这个意义上，大学应该对教师进行长期雇佣，否则教师将无法分享自己创造的利润所带来的收益。长期雇佣下的教师能够获得长期的职业稳定、良好的工作环境、不菲的工资增长、普遍的社会尊重等，这些收益都来自学校发展后的成果，而不是教师工作之前定好的工资报酬，因此也可以被认为是一种剩余收益，只是这种剩余收益是一种间接的剩余收益。显然，从这个间接剩余收益的角度看，教授终身制度让拥有终身教职的教师成为了学校的剩余收益分享者。

综上所述，从本质上看，教授终身制度是一种教师间接分享大学剩余收益的制度安排，是一种对于教师的激励机制。教授终身制度能够解决人力资本的难以监督性，体现了教师的专有性。从人力资本产权理论的角度看，美国大学教授终身制度之所以能够分享学校的剩余收益，主要是基于三个方面的理由。首先是教师人力资本的使用难以监督，其次是大学教师的人力资本具有很高的专有性程度，最后是非营利性大学不能够分配直接剩余收益，教师只能通过长期雇佣间接分享学校剩余。②

美国市场条件下的教授终身制度处处都透着经济逻辑，而这一逻辑起点是大学教师拥有的人力资本产权。在教授终身制度剩余收益分享观下，学术自由的保护、优秀人才的选拔、学术共同体的建立与维护等都只是教授终身制度的功能，而不是教授终身制度的本质。

总之，从人力资本的角度分析美国大学治理，教师权力问题将不再只是一种学术道义的呐喊或诉求，也不仅仅是一种空旷的理念指引，而是一种实实在在的"资本"力量，是大学发展的核心要素。基于人力资本产权的视角，美国大学的教授终身制度得到了一个正当性的解释，凸显了教

---

① 郑文全：《大学的本质》，博士学位论文，东北财经大学，2006 年。
② 同上。

授终身制度的合理性与科学性。而正如前所述，基于一系列的理念、传统、组织、制度与机制保证，美国大学教师获得了在大学学术事务中的基本决策地位和作用，甚至在大学治理的非学术领域包括大学战略规划、资金预算、建筑设计等领域也拥有一定的发言权和影响力，从而凸显了教师人力资本的作用，保障了教师拥有实实在在的治校权力，真正成为了大学的主人。

第七章

美国大学教授治校的总结与展望

第一节　美国大学教授治校的基本特征

经过几百年大学治理历史的发展，美国教师在大学治理方面拥有了相对比较稳定而可靠的治校权力，具有了比较典型的治校特征，形成了在组织制度、运行机制、制度保障等方面比较成熟完善的体系。可以肯定的是，美国大学教师在学校管理和决策中发挥权力与作用的组织形式和运行机制是行之有效的。基于前述对于美国大学教授治校的历史发展、制度反思、机制分析及理论透视，深入挖掘其背后的逻辑、要素及内涵，可以发现，美国大学教授治校体现出一些基本的特征。具体而言，这些特征主要可归纳为以下六个方面。

（一）从权力分布范围看，教师拥有较宽泛的实质性治校权力

罗伯特·伯达尔把大学自治划分为实质性自治和程序性自治。[①] 借此概念，我们可以将大学的教授治校分类为实质性治校与程序性治校。实质性治校更多基于治校的内容而言，主要指代治校中的权力范围；而程序性治校更多基于治校的形式或手段而言，主要指代治校中的参与方式。民主性的参与式治校更多时候体现为一种程序性治校，即在程序上首先要体现参与者的平等性，并保证教师能够拥有合适的渠道与方式参与到大学的治理中。而美国大学的教授治校不仅仅只是一种程序性的治校，而且是一种实质性的治校，教师拥有了包括学术事务与非学术事务方面的实质性权

---

① Berdahl, Robert., *Coordinating Structures*: *The UGC and US State Coordinating Agencies*. In Shattock, Michael., *The Structure and Governance of Higher Education*. Society for Research into Higher Education. 1983, 69.

力。美国大学教师能够实质性地影响大学内部事务的管理和决策，拥有在大学事务尤其是学术方面的强大话语权与影响力。综合分析美国大学教师权力的具体内容与领域，可以看出，在主要学术领域包括学科发展、课程设置、教学内容、学术评价、研究项目等方面教师都拥有了基本的影响力，而在一些非学术领域中教师也可以发挥他们的参与作用和影响力。结合最近40年里三次大规模的涉及教授治校的调查报告，可以得出一些基本的结论，美国大学教师全面而广泛地参与了大学的治理，且其治校的内容与范围有不同程度的增长，不论在学术领域还是非学术领域中，教师的影响力都是实质性的。也正是从这个意义看，美国教师在大学治理中的作用与角色并非单纯的治"学"而是真正的治"校"。

显然，尽管美国大学的教师不能全然决定大学的所有事务，但整体意义上的教师群体在大学学术事务中的权威地位是不可撼动的。而在非学术事务的决策和管理中，教师作为大学学术权力的一方代表仍旧拥有强大的话语权，也能够对行政权力构成强有力的制衡和监督。在2002年北京举行的中外大学校长论坛上，斯坦福大学校长仍然表示，教师才是大学的实际控制者。[①] 哈佛大学校长则表示，大学"真正的权力属于大学教授，行政管理仅有次要地位"。[②] 总体上我们可以认为，美国大学教师拥有较为宽泛的实质性治校权力。

（二）从权力分布层面看，教师权力充分体现于大学各层级

从前文的分析中可以看出，在美国大学各层级所设置的管理机构中，教师的代表都有出现，包括评议会、教授会、学术委员会等类似的组织中，教师代表都占据了最为重要的位置。可见，教师的管理权力在学校各个层面中都有充分的表现，教师们的意见能够成为决定大学各类事务尤其是学术事务的主要依据。从这个角度来看，教授治校的权力在大学各个层面都得到了充分体现。事实上，有些大学的教师还可以成为董事会的成员，参与董事会的决策，而有些大学的董事会尽管没有教师代表，但是会实行教师旁听或就某些事务听取教师的意见或建议。而在行政系统中，教

① 教育部中外大学校长论坛领导小组：《中外大学校长论坛文集》，高等教育出版社2002年版，第18页。

② Alain Touraine. *The American System in American Society*. New Brunswick：Transaction Publishers，1997. 163.

师的代表也越来越多。如各级行政组织与委员会中，基本都设立了教师代表，这就表明教师也拥有了在行政事务方面的意见表达权力，影响着行政事务的处理。可以说教师权力在大学的学术与行政管理层级中都有表现。当然，因为大学各个层面的组织在管理中的地位与发挥的作用不同，因而教师在各层面的作用与权力也有不同程度的差异。

一般来说，教师在学术组织中的权力更多集中于基层，越往基层教师发挥出的影响力与作用也越大，体现了大学组织的底部沉重性。在大学的学校层面，教师权力更多体现为教师代表参与，如评议会作为教师在学校层面参与治校的基本组织平台更多是由基于民主选举方式的代表所组成，教师通过其代表实现对大学各项事务决策的重要作用。在学院层面的教授会也基本是由教师代表组成，并且能够完全地享有学术事务的决策权，在非学术事务方面也拥有较多的参与决策权。而到了大学教师所在的学系、研究所或实验室中，教师几乎拥有了所有的权力，包括研究权、教学权、经费支配权、人事权等，充分显示了教师的学术权威。教师在学系等基层组织中开展具体而实际的工作，充分切合了教师工作的学术性与专业化特点，并且由于在基层组织中教师所需要处理的事务与教师的日常工作密切相关，因而发挥的影响力具有密集性、专业性、全面性等特征。这是完全适合教师的学术工作特性的。从这个意义看，美国大学教授治校首先体现为教授治"系"，或主要体现为教授治"系"。学系基本上成为教授们的自由王国，既最大程度体现了学术的社团性质，也完全体现了教授治校的民主性，而且几乎学系所有教师都有权参与到学系的所有事务中去。

显然，美国大学各个层面都设立了教师权力的组织平台，拥有了完善的参与机制与组织体系，保障了美国大学教师实质性地参与大学治理。

（三）从权力实施的组织平台看，评议会体系是教授治校的基本组织安排

美国大学实施董事会领导下的评议会制度，这是美国大学教授治校的基本组织形式。从教授治校的组织层面看，评议会体系不仅仅包括学校层面的评议会，还包括评议会的系列组织，如各学院的教授会和学系教授会；也包括评议会下属的各常设性和功能性委员会，如评议会常设委员会、评议会执行委员会、评议会学术评价委员会等。这些教师权力的代表机构能够保障教师在大学各个层面发挥基本的影响力，保障了教师在学术事务方面的基本话语权。

在学校层面代表教师实施大学事务决策与管理的是评议会。90%以上的美国高校都设立有评议会，评议会基本上体现了教授治校的理念，体现了大学学术事务应该由具有学术造诣的教师进行管理的基本思想。这种管理不仅是一种民主性管理，也是一种科学性管理。民主管理表现在评议会成员来自学校各个学院学系，教师一般通过民主选举代表的方式进行参与；也表现为不同学衔与身份的教师共同参与，参与的教师不仅仅包括正教授、副教授、助理教授，也包括一般教师如讲师、兼职教师、非终身制教师等。这充分显示了评议会组织的民主性组织原则。此外，民主性还体现为评议会的民主决策方式。评议会实行的是集体投票多数决定的方式，能够保证大多数教师的意愿得到实现。科学管理则是基于评议会成员的学术化背景与专业能力而言的。评议会的主要决策领域是学术事务，而教师们都是各自学术领域中的专家，深深理解学术的逻辑与学术运行的规律，因而在学术事务方面具有无可替代的信息优势与能力优势。尤其是在院系教授会中，教师们主要决定各自领域中的学术事务，其优势的体现就更为明显。这也正好符合了学术发展的基本逻辑。如今，美国大学的评议会体系已经相当完善，能够在美国大学的决策发展中发挥稳定而基本的作用。不仅仅在学术事务方面，而且在某些事关学校发展的其他领域中，也逐步拥有了一定的决策权、参与权、咨询权与建议权。总体来看，评议会制度确保了学术共同体对学术事务的有效控制，保证了教师拥有在学术事务方面的基本权威，保障了教师们的基本权益。可以说，评议会体系已经成为美国大学实施教授治校的基本组织安排。

（四）从权力运行机制看，教授治校的核心特征是权力制衡

美国大学能够实现良好运行，从权力运行的角度保证了教授治校，这主要得益于美国大学内部拥有的权力制衡机制，从这个角度看，教授治校的核心特征也正是权力制衡。

首先从董事会的角度看，美国大学的最高权力机构是董事会，对大学的总体发展负责，其权责范围主要是对大学的基本政策与发展方针、财政预算、主要管理者的任命以及对外关系等方面进行最终决策。董事会一般很少直接对大学的行政与学术事务进行干涉。这就保证了大学的权力处于董事会的总体领导之下。而从校长的角度看，校长本身是由董事会任命，受董事会的授权负责处理校内主要的行政事务，同时协调配合大学的评议会等教师组织进行教授治校，而校长一般不会干涉大学的学术事务。从行

政管理的角度看，校长拥有对学校行政事务的基本权力，处于学校运行和管理的核心地位。而教授治校的权力则更多体现在学术权力方面。教师们利用他们的教师组织，主要是评议会与教授会在学校的学术事务方面发挥出了主要的作用。评议会能够在大学的学术决策甚至与学术有一定相关性的行政事务方面都能体现其应有的作用，基本实现了教授治校。同时，以评议会为代表的学术权力机构还可以对校长实行监督与制衡，避免校长权力对于学术权力的干涉。校长一般是评议会的成员，甚至是评议会的主席，但是只负责主持评议会工作，而不具有决策权。而评议会所作出的决策也要接受董事会的最后审议与批准才可以生效，最后由校长等行政部门负责具体执行。可见，评议会的权力也受到来自董事会与校长的制约。

显然，从教授治校的有效性层面看，没有权力的制衡，就难以保证教师权力的最终实现。如果没有权力制衡机制，董事会与校长可以对教师权力随意侵犯，教师权力也可以无限扩张，最后权力之间的冲突在所难免，大学的有效治理无法保证，最终受到损害的还是大学内部的各个利益相关者。也就是说，权力的制衡，本身就是为了保障各权力主体的权力最终实现，从而实现大学的整体使命与目标。而事实上，在美国大学中权力的冲突也时有发生，这从一个反面印证了大学的权力如果失去约束，就会带来大学治理的混乱，伤害大学的根本利益。

美国大学中的权力制衡除了上述的校内层面权力制衡之外，在校外层面还可以通过专业学会、法院等机构实现制衡。学术权力对行政权力与董事会的制衡可以通过不信任投票的方式进行。例如2005年，因对时任校长劳伦斯·萨默斯（Lawrence Summers）的管理方式及其涉及"性别歧视"的言论不满，哈佛大学教师对其进行了"不信任投票"，最终导致萨默斯校长的辞职。除不信任投票外，教师还可以通过司法审查的方式实现对校长与董事会的制衡。如1992年印第安纳州立大学的78名教师对本校董事会提出了法律诉讼，指控董事会对校长的遴选和任命违反了教师手册中的规定，因为董事会成立的校长遴选委员会中没有出现教师代表。最终在法院的协调下，董事会与教师达成协议，而董事会不得不承认教师有权参与校长遴选。① 可见，权力制衡有利于教授治校权益的实现。

---

① EUBENDR. *Some Legal Aspects of Collegial Governance*（2003）［2011 - 05 - 29］. http：//www. aaup. org/AAUP/programs/legal/topics/legalgovern. htm

（五）从主要权力关系看，教授治校与校长治校共同协作

任何一种权力都应该是有限权力。教授治校从来不排斥校长权威。从最传统意义上的教授治校来看，学术社团也并不能够完全控制学校的全部事务，需要行政权力在一定程度上管理行政事务以更好地服务于学术权力，协助学术权力的运行。随着现代大学的发展与规模扩大，所要面对的内外部事务也日益复杂与多样。教师们的学术权力在某种程度上更为依赖校长的行政力量。行政力量需要保持校内各利益主体的协调与平衡，保证校内各项行政事务的顺利开展，在校内的作用也体现得更为明显，得到了更多的认同。今日美国大学面临越来越市场化、办学资源多元化趋势，校长的角色也变得更为多重，往往集大学的首席行政长官、企业家、筹款人、首席协调人等各类角色于一身，校长越来越多具有了职业化的特色，从这个角度看，校长在某种程度上加强了其在大学中的权威。但是，无论大学如何运行，大学的内外部环境如何变化，大学本身所具有的学术本质是不会改变的。大学的学术本质决定了大学组织的发展有其自身的根本性逻辑，即学术逻辑。而学术逻辑的维护与遵守，必须依靠大学的学术代表人——教授的作用。显然，教授的权威与地位是毋庸置疑的。

事实上，校长的职业化发展并不是对教授治校的否定，而是有利于教授治校，甚至在某种程度上看，就是教授治校的重要特征。许多美国著名大学的优秀校长都非常重视教授治校的作用，给予教授充分的治校空间。如哈佛、耶鲁大学教授治校传统的形成就是校长推动的结果。当前美国大学校长基本成为了全职的行政管理者。耶鲁大学校长理查德·列文（Richard Levin）教授认为，大学校长需要职业化，需要全身心投入到校长的本职工作中，而不能够旁顾其他的事情。

总之，大学的学术权力与行政权力都具有合法性，"一种是传统的管理科层结构，另一种是教师在其权力范围内对学校有关事务做出决策的结构"，① 这种二元权力结构的存在是大学组织的一种必然特征。

尽管学术权力与行政权力两者之间的冲突和斗争在所难免并时有发生，但从教授治校的实施现状与效果来看，总体上美国大学依然可以维持校内学术与行政权力的基本平衡与协作，充分发挥了各自的专业优势与首

---

① ［美］罗伯特·伯恩鲍姆：《大学运行模式——大学组织与领导的控制系统》，别敦荣主译，中国海洋大学出版社 2003 年版，第 11 页。

要能力，维护了教授的学术权益，保证了学校行政机构有效实施服务与协调功能。可以说，在美国的大学治理中，教授治校与校长治校能够基本保持协作关系，与董事会等其他利益群体一起实现了美国大学的共同治理，维护了大学的和谐健康发展。

（六）从治校的根本属性看，是典型参与式民主治校

美国大学教师权力在校内曾经处于相对较弱的位置，但是随着教师队伍的专业化与学术专业本身的发展成熟，通过教师们争取权益的斗争，教师最终在大学权力机构中拥有了比较重要的地位，实现了共同治理模式下的教授治校，教授与其他治理主体共同分享大学的治校权力，形成了大学的多元权力结构。美国大学的教授治校不是由某些著名教授所控制，不是如德国讲座制教授一样拥有校内至高无上的权威，而是实现了权力的民主共享，大学所有层面的教师，包括拥有终身教职的教师与兼职非终身教职的教师，各个学衔等级的教师包括正教授、副教授、助理教授以及讲师等都能平等参与各级教师组织参与民主决策。这一点从评议会的人员组成上可以得到体现。此外，从教师权利运作与实施层面看，也体现了民主的原则，这点从评议会运行程序与形式上可以得到体现。评议会一般实行教师代议制，也就是由教师选举教师代表参与其中，这种代表选举的方式是以民主方式投票进行的。评议会为保证所有教师都有权参与其中，也规定了教师的代表实行任期制，且一般都需要轮换进行。评议会中一定比例的代表每年要进行更换。如密歇根大学的评议会就规定，评议会中的会员任期一般为两年，连续任期不超过两届，而每年评议会中三分之一的会员要进行换届选举，保证教师代表的轮换，这也体现了民主原则。此外，从评议会主席的任期方面来看，美国大学的评议会主席一般任期为一年，很少超过2—3年，这可以防止少数人控制评议会。随着教师工会组织的出现与集体谈判的兴起，更多的教师成为工会的会员通过工会组织维护自身的权益。工会组织尤其吸引了那些年轻教师或经济地位不高的教师参与其中，体现了美国大学所有的教师能够通过多种渠道实现对大学治理的影响，维护教师的各方面权益。随着美国大学民权运动的发展，在董事会中也出现了越来越多的教师代表。显然，这些方面都体现出了美国大学参与式民主治理的典型特征。

当然，这样的参与式民主并非是绝对的民主，更不是权力的平均分配，而是要遵循权、责、利与能力的协调与匹配原则。正如1966年共同

治理的《联合声明》中所提出的"首要能力"与"首要责任"原则，共同治理中的权力与责任要体现与其匹配的能力与地位。只有尊重各权力主体的专业能力、体现其专业地位、匹配其专业属性，各司其职、各负其责才能够保证大学的有效运行，从而保证大学的整体利益得到真正实现。事实上，即使是在涉及教学与研究问题时，也并非所有大学教师都能够作出最为合适最为科学的判断，这是由知识的高深性、专门性所决定的。而知识的本质特性决定了在学术领域尤其是在某些特定领域的决策方面，应充分尊重少数杰出学者的意见。可以说，美国大学教授治校既体现了充分的民主性，又具有一种相对平等主义的特征，是典型的参与式民主治校。

综合以上分析，我们可以认为，美国大学教授治校具有了六个方面的基本特征：教师拥有较宽泛的实质性治校权力，能够全面影响大学事务；评议会体系是教授治校的基本组织安排；教师权限在大学各层级尤其是在基层得到突出体现；保持各权力主体的权力制衡是教授治校的核心特征；教授治校与校长治校能够相互依存和合作；从根本上看，美国大学教授治校体现了相对平等主义的特征，是一种典型的参与式民主治校。总体而言，美国大学教授治校的实施，对于促进美国大学的发展具有重要意义。美国大学教授治校的理念、制度及实践不仅为美国大学有效保持学术属性提供了基本的保障，而且在保护教师的合法权益和促进大学学术生产力迅速发展方面发挥着极其重要的作用。尽管美国大学教授治校的趋势是朝向教师群体作为最重要的主体与其他利益相关者共同治校的方向演进，但是教师群体在大学治理中的主体性地位并没有实质性的改变，教授治校的治理机制也不会过时。

第二节　美国大学教授治校面临的挑战

自 20 世纪末以来，面对来自资源、财政和市场等多重压力，大学开始面临一些更为困难而难以平衡的抉择：效率与民主、公平与问责、自主与制约。在大学的决策方面，效率逐步占据了比较重要的位置，而权力也开始向校长及高层管理者集中。面对社会问责的压力，董事会不得不选择权力的分散，大学权力的多中心及分散化结构开始形成。而这些变化所带来的影响直接的受损方就是教授所代表的学术权力。这一影响体现尤为明显的是在大学层面，即评议会在大学决策过程中开始面临被边缘化的危险。面对不断变化日益复杂的大学内外环境，教授治校正遭受前所未有的危机与挑战。教授治校面临的挑战主要体现在两个方面：首先是来自于共同治理面临的危机；其次是教授治校出现的问题。

一 共同治理面临的危机

自 1966 年 AAUP、ACE、AGB 发布《联合声明》以来，共同治理已逐步为美国各大学所接受。但各方对共同治理理念未获得完全一致认同，共同治理的实践也并非一帆风顺。随着高等教育国际化、市场化的发展，大学发展面临极其复杂的社会环境和广泛多样的社会需求，高等教育难题已日益多元化、动态化。① 由于对不断产生和变化的新问题的措施不力甚至是无能为力，美国大学共同治理正遭受来自各方的质疑与责难，面临危机与挑战。

（一）共同治理理念遭受质疑

美国大学共同治理虽历经四十多年的风雨历程，有效促进了美国大学治理的变革，推动了美国大学的治理进步，但自其提出之日起，学者们对共同治理理念的质疑之声就从未停息过，而且随着社会环境以及高等教育自身的发展变化，而今各方质疑有愈演愈烈之势，主要体现在以下两个方面。

首先，对大学共同治理理念可行性的质疑。美国学者珍艾瑞克（Jan-Eric Lane）认为，"只有当大学的自治权得到充分保证的时候，对大学治理的研究才可能是一个有价值的学术问题"。② 格鲁夫（Groof）认为，"共同治理概念的前提假设是大学拥有足够的决策资源，能独立控制如教师聘任、晋升、考核、招生以及考试等内部事务。也就是说，大学实施共同治理最为基本的要求就是大学拥有极高的自治权力，但现在尚没有足够前提条件来实施共同治理"。③ 依据《联合声明》的理解，共同治理中的利益相关者是代表了"所有的声音"，也就说，所有的利益相关者在决策

---

① 于杨：《治理理论视域下现代美国大学共同治理理念与实践研究》，博士学位论文，东北师范大学，2008 年。

② Joan V. Gallos. *Reframing Shared Governance: Rediscovering the Soul of Campus Collaboration.* Journal of Management Inquiry, 2009, 18: 136 – 138.

③ Beverly Guy-shegtall. *Shared Governance, Junior Faculty, and HBCUs.* Academe, 2006 (11 – 12): 30 – 36.

中都拥有平等的权力，但这只能够是一种理想，而很难真正做到。共同治理的研究者们认为，真正的"共同治理"应该是每个成员都拥有自己的专属领地，对于某些问题的处理，校长可能会强于教师，因而校长权力应该比教师权力大。因为利益相关者中的任何一类群体都不是所有问题领域中的专家，很难做到完全合理而适当的决策。此外，尽管共同治理中提出了"首要责任"与"首要能力"的概念，但在实际的权力分配中，很难完全界定清楚"是谁的首要责任"，"谁具有首要能力与责任"，也就是说，权力与责任无法完全做到合理合适的分配。尤其是随着大学规模的扩大化以及管理领域的深化、细化、综合化，大学治理中出现的问题也越来越复杂化，而共同治理的理念显然还不足以面对这些问题的处理，其可行性受到了一定的质疑。

其次，对大学共同治理结构"共享性"的质疑。有学者认为，"高等教育处于不断变化之中，以往对共同治理的定义已经不合时宜。基于尊重与开放，大学治理的参与者不能够仅限于教师、学生、行政人员以及董事之间，而应该让所有主要利益相关者参与进来"。① 而目前的共同治理结构很难准确反映所有利益主体的权、责、利，治理结构的职能划分也模糊不清。学者们认为，《联合声明》对大学治理机构做了一个完美的理解，各权力主体完全共享决策权力。但实际情况并非如此。因而声明并没有意识到现在的大学已经是一个非常完整的等级制组织，高居于这个等级顶端的是校长和董事会，而教授的主要权力则集中在大学等级的底部，权力范围总体还是受限，只能够在课程、教学、研究、教育教学过程等方面对学生拥有决策权。也就是说，这样的等级制在现代大学的治理结构中很难完美实现其涉及的共同治理结构的理想。有学者对此共同治理理念作了形象的描述："共同治理就像是儿时的苹果派一样，它是一种理想，人人都想捍卫和保护的理想。"②

（二）共同治理实践面临质疑和挑战

1. 效率与民主：共同治理的两难境地

随着现代大学面临外部资源的紧张、财政紧缩、竞争激烈等方面的问

---

① Joan V. Gallos. *Reframing Shared Governance*：*Rediscovering the Soul of Campus Collaboration*. Journal of Management Inquiry，2009，18：136 – 138.

② *What is Governance*? http：//governance. tpk. govt. nz/why/index. aspx/.

题及压力，大学的管理者在实施共同治理的时候更多需要考虑效率的问题，也就是说需要考虑投入与产出比的问题。美国大学处于激烈的市场化竞争环境中，对于组织的运行效率一直就有着很敏感的需要。在今日美国大学的治理中，出现了一些非常热点而关键的词汇，比如问责、效率、透明、专业知识等。这些词汇反映的一个基本事实就是大学对效益的追求，由此大学的运行需要对此作出更好的应对，即需要更好协调好大学内外部的关系，重新审视大学的共同治理结构与运行现状。事实上，当前大学外部的利益相关者对于大学管理者是否具有足够的能力管理好大学持怀疑态度，尤其对学术人员的管理能力提出了质疑。因而在某种程度上，他们不主张大学教师过多参与大学的决策。然而，如果学术人员被排除在共同治理结构之外，大学的学术地位就难以保证，学者们的利益也会受到损害。这是因为大学具有独特的学术本质，以及学者们的知识具有独占性与高深性，一般外行人士很难理解学术的需要。从学术性的角度看，学术人员在共同治理中的地位毋庸置疑，这是保持大学学术自由与学术自治的必要条件。

另外，共同治理原则上是要求大学的决策需要所有的大学利益相关者共同参与，这是对大学治理民主原则的尊重，是基于大学利益相关者民主参与大学治理，以保护各方利益的考虑。而这种要求集体民主参与进行讨论的过程一方面体现了共同治理的原则，但同时也带来决策效率降低、决策难以形成、治理成本提高的问题，从资源与成本利用的角度看，加大了大学与社会的负担。某些决策甚至长期议而不决，程序繁复，以至于一些提案拖延几年还不能够形成决策。针对这样的情况，很多大学不得不出台措施以提高决策效率。在这种情况下，某些方面的权力就开始向校长权力集中。但是过于注重效率的做法一定程度上是以牺牲共同治理的原则为代价的。显然，大学治理当前的两难是效率与民主的抉择。如若处理不好，很可能造成大学运行出现危机，最终伤害大学的利益。面对这样的危机，有人认为："行政人员与学术人员之间的合作总是被无休止的商讨而解散。共同治理非常需要改革。"①

---

① John A. Koropchak. *What is Governance*. http：//www. aaup. org/AAUP/pubsresearch/policydocs/governancestatement. htm.

2. 学术权力与行政权力之间的冲突

大学治理中学术权力与行政权力之间的冲突由来已久。而在共同治理的原则要求下，大学要求学术人员与行政之间保持协作共同完成大学的决策。因而在共同治理运行良好的大学里，学术权力与行政权力能够基本保持平衡与协作，维护好大学二元权力结构的共存与发展。然而，由于大学的共同治理并没有完全解决二元权力如何共存的问题，还难以从根本上解决大学内部二者之间的冲突问题。事实上，大学中学术人员与行政人员在共同治理中会时常体现出冲突关系。直接原因是各自对于共同治理有不同的理解。董事会与行政管理者认为他们可以完全承担起大学管理的职责，而不要教师们的参与。甚至认为教师们的参与会带来决策的低效率。因而，共同治理不仅受到来自董事会的非议与排斥，在实践中，学术人员与行政人员都对共同治理存有不同的看法，体现出二者在认识上的冲突。

从行政人员的观点看，让教师们参与到决策中会影响到校长等行政人员的决策权力。校长们认为大量的时间花在了与董事会及教师们进行讨价还价方面，教师们大量的参与决策，影响到了大学最终决策的形成。很多校长们提出的议案很难达成一致意见。显然，校长对教师的参与明显有了不满的一面。但是要重新建立良好的大学治理结构，也并非易事。一项针对大学校长面临挑战的研究表明，尽管共同治理面临危机，但是应当继续保留。该研究最终提出了改进共同治理的措施，认为需要加强学术人员参与决策的领导能力。而从学术人员的观点看，他们愿意在共同治理中与董事会和校长进行协商，重新对共同治理中的教师作用与职责进行划分，并与校长与董事会合作共同处理好大学的事务。教师认为问题的实质是校长与董事会不愿意进行权力的分享。事实上，学术权力与行政权力在大学共同治理实践中出现冲突的现象也时有发生。从本质上看两者的冲突要么是双方利益出现冲突，要么是某种利益被忽略。

3. 商业化和官僚化的双重夹击

大学内部治理与大学外部之间有着越来越紧密的联系，尤其是与政府、企业界等外部保持了政治与经济方面的万千联系。这点从伯顿·克拉克的三角协调理论我们已经可以得出深入的理解。在目前资源紧张、财政紧缩、问责加强的形势下，大学受到了来自政府与市场更多的影响。当前美国大学共同治理面临来自商业化和官僚化的双重夹击。

首先，共同治理中以追逐商业利益为目标的决策日益增多。这种趋势在某种程度上造成了高等教育中的危机，基于学术利益角度的决策受到了挑战。从价值诉求的不同出发点看，学术权力与其他权力之间的冲突是难以避免的。教师作为学术代言人，在决策的时候会基于学术的角度与利益进行决策，从而与日益增多的以商业利益为目标的大学决策形成冲突，这就给共同治理带来了挑战。实际上，董事会与校长等高层管理人员往往更为积极地响应商业利益的诱惑。为此他们会采取压缩经费开支，降低成本的一系列措施。比如开始大量雇佣兼职教师或临时教师；课程内容也更具商业特征，比如以更多的实用性课程代替学术训练课程；大量开设以获得商业利益为目的的教学或研究项目等。所有这些商业性的行为都是与共同治理的理念与原则相违背的，也会伤害到大学的学术自由与教育质量。

其次，越来越多的政府力量与董事会成员及科层管理者试图对大学的治理进行间接控制，或增强他们在共同治理中的作用。尤其是在一些公立大学中，出现了越来越多的偏离学术核心价值的规划、预算及项目。政府官员与学校的行政官员们总是希望通过借用商业管理或工业管理的方式来管理大学，并以此来实现他们的政治意图。在这样的治理模式下，大学校长的角色更多偏向了企业的 CEO，而不再是代表着大学的学术领袖人角色，甚至一些大学校长还自我认定为企业的 CEO。如南卡罗来纳州的弗朗西斯·马里昂大学的校长，上任以后即开始修改学术人事政策，全面调整教学计划，重新设计教师的绩效评价标准，对评议会等学术机构进行改组，终于导致教师强烈抗议，进而引发司法调查，调查最后发现该校长涉及严重腐败。公立大学中的一些会议则时常受到政治因素的影响。在这样的治理模式下，学术不再是大学中最重要的事务，而更多被淹没在众多其他事务中，如工作培训、休闲娱乐、体育运动、公寓修建、健康关怀、私人合作研究和发展等。在某种程度上看，学术事务在大学高层会议中出现了被边缘化的趋势。一位保守的大学校长甚至明确指出，20 世纪这一"教师的世纪"已经过去，希望 21 世纪成为"管理的世纪"。

总体而言，在商业化与官僚化双重夹击下，美国大学治理出现了这些趋势：越来越强调公司管理模式；在遴选校长方面，强调校长的管理经验重于教育经验，校长遴选委托给猎头公司，教师在校长遴选中的作用很少；越来越注重对教师的量化评价；教育被定义为商品，学生被看作消费者；在市场需求和政府问责的双重压力下，专业行政人员不断增多，行政权力不断膨胀，决策层级不断上移，共同治理制度受到伤害。①

二　教授治校面临的挑战

（一）教师权益受到董事会与校长的挤压与侵蚀

教师权益主要体现在学术自由、大学决策权、终身教职制度等方面。在当前各种因素的影响下，美国大学教师的这些权益受到了一定程度的影响与破坏。

1. 学术自由遭受质疑与破坏

学术自由向来是美国大学的学术传统，从殖民地学院开始就一直作为大学组建、运行之原则。泰德·塔坡（Ted Tapper）等学者在《牛津、剑桥与大学理念的变革》中指出，"大学理念体系中，最持久、最具影响力的理念是：大学是自我管理的学者社团"。② 但是现在学术自由受到了越来越多来自外界的质疑。尤其在大学的资金方面，越来越多的要求实行问责制，公众要求大学在资金使用方面要更为开放与透明，甚至要求亲自参与大学的决策过程，以便更为有效地监督大学的资金使用。显然对于大学来说学术自由的价值是无可置疑的，但是随着资金紧张、资源竞争加剧的外部环境变化，大学需要更为有效地平衡各方尤其是大学外部的利益，以便吸纳更多的外部资源。

大学在社会中的作用日益彰显，然而，学术自由观念越来越被视为一种影响大学与外部联系的阻碍。学术自由频频遭受攻击与破坏。甚至加州大学董事沃德威胁要取消教授终身制度，加州大学董事会的做法以及言论遭到许多批判："这样的观点并非基于对教育的思考，他们没有尽力去找出影响冲突的原因所在，他们的动机完全是把教育机构作为商业机构，并使管理技术适用于这个组织对利益追求的目标。"③

2. 教师的决策权受到挤压

20世纪80年代以来，由于面临资源紧张、财政紧缩、问责加强的多

---

① 王英杰：《论共同治理——加州大学（伯克利）创建一流大学之路》，《比较教育研究》2011年第1期。

② Tapper T, Salter B. *Oxford, Cambridge and The Changing Idea of The University*. Buckingham: Open University Press, 1992: 40.

③ Debre Nails, Benjamin Baez, David A Hollinger, Linda Collins. *Academic Freedom and Tenure: New Mexico Highland University*. Academe, 2006 (3-4): 52-59.

重压力，大学日益受到了来自政府与市场更多的影响。在商业化和官僚化的双重夹击下，大学治理受到了更多利益相关者的控制或影响，并逐步增强了他们在大学决策中的作用，由此教师在大学决策中的权力受到了挤压。很多时候教师甚至还受到了来自董事会或校长等行政官员的直接排挤，董事会与校长往往联合起来，要求将教师排除在大学的共同治理之外。

这样的事件在美国大学中时有发生。例如明尼苏达大学董事会不经过与教授进行商议，就提出一个有关教授终身制度的修改草案，该草案一经提出便遭到教授们的强烈反对；詹姆士·麦迪逊大学的一名董事，刚刚成为董事会的会员就宣布要清除那些"不合适"的课程，而这是他进入董事会的基本目的；爱荷华大学董事会不经过大学教师的参与，就直接开始重新建构课程与教学方面的预算；阿肯色州中心大学校长温弗雷德·汤普森（Winfred Thompson）试图不经过教师的同意与参与，就提出用学期合同（term contracts）的形式代替教授终身制度，并且不经过教师校历委员会的商议就改变学校的教学日历，甚至还建立了一个与评议会相对抗的大学议事会，试图改变教师的权力范围，这些做法导致该校受到来自美国大学教授协会的问责，最终认定该校长的做法明显违反了大学管理中的许多规章，超越了其权力边界，最终迫使其引咎辞职。

3. 教授终身制度受到挑战

教授终身制度受到的挑战主要表现为两个方面，一是兼职教师大量增加；二是教授终身制度受到批评与攻击。

其一，兼职教师大量增加。尽管法律明确规定在校大学生 75% 的学分必须由全职教师给出，但兼职教师仍然大量增长，如 1968 年，美国所有社区学院的教师中只有三分之一的兼职教师，但到 1980 年的时候这一比例却超过了二分之一。① 这种巨大变化严重破坏了大学教师雇佣制的传统。兼职教师、终身轨的教师以及拥有终身教职的教师在共同治理中拥有不同的权力与作用。过度雇佣兼职教师，会导致对教授终身制与兼职教师的信任危机。因为兼职教师的做法让全职教师产生压力，使全职教师参与

---

① Kaiser Frans, Hans Vossenteyn, Joskolman. *Public Funding of Higher Education*: *A Comparative Study of Funding Mechanisms in Ten Counties*. Center for Higher Education Policy Studies, 2002 (12): 121 – 127.

共同治理的能力受到质疑。此外，从忠诚度来看，教师首先是体现为学科忠诚，而不是院校忠诚。在参与大学共同治理方面，如果没有特殊的利益关联，全职教师也不愿意主动承担治校职责。

其二，教授终身制不断受到批判与冲击。作为学术自由制度保障的教授终身制度一直遭受着持续不断的攻击。批评者认为教授终身制保护了懒惰、朽木与无能，并且弱化了绩效责任，使得大学极难解聘无能的或不负责任的教授，并认为教授终身制度很难对市场需要作出回应。批评者还认为教授终身制度既助长了急功近利风气，又起到了固化学科范式而不是保护学术创新的作用。还有批评指出，教授终身制度减少了大学招聘和留用年轻教师的机会。此外，还有人批评终身教授只注重科学研究而忽视本科教学，并依仗自己拥有终身教职而从事政治活动，鼓励或支持校园冲突。

基于这样的批评，美国一些大学做出了解除教授终身制度的行动。在1978—1983 年间，由于财政困难，美国四年制院校共解聘了 4000 名教师，其中就有 1200 名拥有终身教职的教师。据美国《高等教育评论》2011 年 6 月 7 日报道，2011 年 2 月，美国路易斯安那州学校系统中有 8 所大学就解聘终身教授的程序达成一致，这意味着终身教职失去了保护，可见路易斯安那州的大学系统已经明确地"抛弃"了教授终身制。[①] 根据 AAUP 的信息，有两所大学甚至取消了终身教授的职位，而为被取消终身教职的学者提供非终身教授的职位来教授同样的课程。对于这类做法，AAUP 进行了严厉指责，认为大学不应该为了省钱，而简单地以兼职教师职位代替终身教授职位。显然，这些对于教授终身制的批评和做法已经威胁到了美国大学教授的基本传统权益。

（二）评议会制度面临挑战

在制度变革和竞争的时代，美国大学评议会受到了来自学界和实践层面的多方质疑和挑战。学界批评者认为，评议会是"弱、无效、功能退化、不具代表性、不称职"的，只是一个"空论坛"。[②] 伯恩鲍姆（Birnbaum）甚至认为，评议会只在某些类型的大学发挥作用，但整体上"从来没有有效过"。米利特（Millet）批评评议会没有效率，他认为评议会没

① 王荣：《美国：一些大学取消终身教职》，《比较教育研究》2011 年第 9 期。

② Trow M. *The Academic Senate As A School for University Leadership*. Liberal Education. 1990，76（1）：23 - 27.

有完成评议会应该完成的任务。而在实践层面评议会遇到的挑战则更为直接。20 世纪 70 年代中期，由于面临财政压力，波士顿学院甚至解散了它的评议会，并对其大学治理结构进行了改革。① 由于缺乏有效性，甚至连教师自己都支持解散评议会。2001 年圣母大学的评议会就自己投票解散自己。2007 年，伦斯勒理工学院的董事会废除了它的评议会。2008 年，哥伦比亚特区大学的校长刚上任就试图解散该校评议会。② 显然，评议会面临来自外界越来越多的质疑和批评，因而在实践层面需要提高自己的有效性，发挥更多的实质性作用。整体而言，美国大学评议会受到了四个方面的挑战。

1. 缺乏对评议会的运行机制与实施效率的研究

尽管超过 90% 的美国大学都设有一个评议会或类似机构，但是令人惊讶的是对于评议会的研究却远远地少于对这个主题的讨论与关注。这一方面表现为缺乏大型调查的数据和经验研究。由于缺乏比较的数据，缺乏全国性的对于评议会是如何运作或什么是构成有效评议会的因素等了解，这就导致了大学管理者往往都是依靠自己的经验和直觉来管理大学。另外一方面是缺乏对评议会的理论研究。这方面最有名的理论贡献是伯恩鲍姆对评议会的潜在功能的概括。他认为尽管有些评议会看起来作用不大，但是却不会"走开"，这主要是因为评议会有一些重要的潜在（或象征）功能。作为学术组织，评议会不能够以科层或官僚组织有效性的标准来评价。伯恩鲍姆认为即使评议会在结构上是被认为无效的，但是由于它的潜在或象征功能而对整个大学治理具有重要意义。他认为评议会能够提供一个平台来保证那些学术地位一般或对评议会工作有兴趣的教师积极参与大学治理。

2. 对共同治理的观念不一致

对于到底什么是共同治理，大学的各个群体对此看法不一。这对于提高教授治校的水平也是个挑战。不同观点必然会导致冲突。对共同治理的观念主要是分三类。共同治理的核心理念是：在制定校内政策的时候，教

---

① Helms R M, Price T. *Does Shared Governance Require a Faculty Senate*? . Academe. 2005, 91 (6): 34 – 36.

② Terry L. Clower Kim Derrick E. D Souza, And Frances S. Van Elizabeth A. Oldmixon. *Developing a Mission Statement for a Faculty Senate*, Planning for Higher Education, 2011 (3).

师和管理人员应该共同参与决策。根据一项全国问卷调查的结果，①48%的被调查者认为，共同治理是协作式决策，即教师和管理人员达成共识、共同决策。这个定义将大学决策权授予每个大学治理主体，认为不管什么类型的决策，教师与管理者都应该完全合作共同作出决策。32%的被调查者认为，共同治理是咨询式决策，即师生参与决策过程，但参与者一般只限于讨论和分享信息，决策权掌握在高层管理人员和董事会成员手中。20%的被调查者认为共同治理是分布式决策，即大学不同决策主体在大学的不同领域有决策权力，教师和管理人员只在各自分管的领域享有决策权。也就是说，共同治理至少有三种形态：协作式决策、咨询式决策和分布式决策。

3. 教师缺乏对评议会的兴趣和参与

在上述调查中，拥有博士授予权的大学里只有19%的被调查者认为教师在评议会活动方面有很高的兴趣。这个比例在拥有硕士授予权的大学是39%，在拥有学士授予权的大学是54%。教师参与评议会的兴趣与程度对评议会有效性有明显的影响。教师对评议会活动有很高的参与度和兴趣的大学，他们的评议会更有效。整体上看，只有41%的教师对评议会活动有较高程度的兴趣。② 在拥有博士授权的大学，教师的兴趣和参与度是最低的，他们对评议会在大学决策方面的能力的信任度也是最低的。数据表明，教师对评议会不感兴趣的大学，管理者和董事会也认为评议会是不够强大的。一个评议会主席在电话访谈中解释道："一个最大的挑战是他们找不到'好'教师来担任评议会领导的角色。"而另外一个大学的评议会主席叹息说："从来就没有超过2个候选人对担任评议会主席感兴趣，我没有竞争对手。"③ 至于为什么没有兴趣，主要是教师认为参与评议会是"浪费时间"，参与会要求牺牲很多而没产生什么变化。这主要是两个方面的原因。首先是结构问题。如教师缺乏时间或日程安排方面的冲突或教师工作量的合理核算问题，也包括评议会工作的官僚主义作风问题。与会者自身利益与会议内容没有关联、会议过程过于繁文缛节等都是影响教

① W. G. Tierney, J. T. Minor. *Challenges for Governance: A National Report*. 2003. http//: www. usc. edu/dept/chepa.

② Ibid. .

③ J. T. Minor. *Four Challenges Facing Faculty Senates*. Thought & Action, 2004.

师参与评议会兴趣的障碍。此外"董事会和校长采取的是自上而下的、法人式的或是官僚主义的管理模式，越来越忽视教师的作用"也是影响教师参与兴趣的重要因素。① 其次是文化问题。这主要是教师或管理者对决策过程的信任程度，也指教师缺乏对大学治理的信心。比如一个教师甚至指责校长是"法西斯"。同时，评议会有效性的主要障碍也包括评议会主席的领导能力，以及议事议程的信息公开程度。此外，文化问题也包括各不同治理主体对于共同治理的不同理解而带来的文化冲突。

4. 治理理念和功能不一致

尽管差不多一半（48%）的人把共同治理定义为协作式决策过程，然而数据显示教师的决策权力主要还是学术事务方面，而很少参与到传统上被认为是管理者的决策领域中去。而当人们持有"协作式"理念的时候，许多大学事实上运行的却是"分布式"决策。也就是说，在许多情况下，共同治理的理念并没有反映大学的实际决策过程。调查发现，57%的大学治理主体相信共同治理是大学的重要部分，却并不认为评议会是一个重要的治理结构。另外的不一致是，尽管大家认为预算决策是大学决策中最为重要的决策领域，但只有16%的人相信教师具有预算决策方面的实质性影响力。评议会主席们始终认为，评议会应该承担更多的职责。比如能参与预算和竞技方面的相关事务，同时在学术事务方面有更多的正式权力。许多评议会主席认为如果大学权力能够做到"真正分享"，评议会可以起到更大的作用。一个评议会主席叹道："如果管理者能够把一些肉放到我们的盘子里，那将是美好的。管理者经常承认和谈论教授治校的重要性，但实际上往往是管理者做出决策以后才去聆听教师的建议"。②

根本上说，共同治理的理念和实际功能之间的不一致是社团理论和科层理论之间的冲突。组织理论的社团模式强调彻底性和审议性。社团模式重视所有组织成员的参与价值，重视权力分享和社区平等。组织的科层模式是基于层级及其运行效率的，而很少给予充分的审议空间。科层或管理性组织更可能注重结果而不是过程，因而并不重视职责和权力的分割。

针对上述问题，一些学者认为可能是因为当前的决策环境比几十年前

---

① W. G. Tierney, J. T. Minor. *Challenges for Governance: A National Report.* 2003. http//: www. usc. edu/dept/chepa.

② J. T. Minor. *Four Challenges Facing Faculty Senates.* Thought & Action, 2004.

更为复杂了，因为很少有大学决策是纯粹学术或行政的。并且很多大学决策往往都是需要多个治理主体共同参与。比如一个治理问题可能会涉及预算、教学和课程、信息技术与远程教育等方面。这就导致了大家在治理中的权力和职责不清，分工不明确，从而带来混乱和模糊。尽管如此，一个评议会主席说，"不管是多么行政性的大学决策，都不能够影响到大学的教学和学习"。[1]

（三）教授自身的问题：冲突与障碍

1. 教授群体的利益与文化冲突

一般而言，美国大学的院长、主任和一些重要的学术行政官员都是从教授中挑选出来的。这些学术管理者一般都能积极担负起他们的管理职责，同时他们的教授职位也得以保留。然而，即使是最杰出的教授，一旦当选为行政官员，他们就会立即对自己的教授同事产生疑心，从而被新的任务所"污染"。从教授自身来说，由于要应付各种学术领域中强大的市场压力，教授群体往往分化成学术学科和专业学派，这就形成了一种学术文化。教授的这种学术文化表现为：教授的忠诚一般首先是对他们学科的忠诚，其次是对学术单位（院系）的忠诚，最后是对大学的忠诚。此外，基于大学学科市场地位和学科性质，出现了"富教授"和"穷教授"的区别。[2]尤其是在越来越依靠外部资源的现代大学，大学内部的分裂日益严重。自然科学、工程、医学总是容易得到更大规模的研究资助，从而在事实上左右了校长和教务长的决策，因为他们基于学校利益考虑会给这些大规模的资助项目提供配套资助，提供教师岗位，给实验室装备提供资金等。而人文社科、专业学院的研究就没有这么幸运了。这就必然导致学校范围内不同的利益分配格局，客观上造成大学教师内部的利益冲突。这样，不同性质学科的教授因为吸纳资助的能力差别太大而导致在学校层面的学术管理中出现决策上的冲突。

2. 教师参与治理的障碍

自教师参与大学治理以来，就一直存在着对教师参与大学决策过程的误解和反对意见。一些误解和反对意见来自公众，他们不能很好理解大学的结构和过程；一些来自管理者，他们因为不信任而把自己与教师区别开

---

① J. T. Minor. *Four Challenges Facing Faculty Senates*. Thought & Action，2004.

② R. Benjamin. *Recreating the Faculty Role in University Governance*. Retrieved October，2007，23.

来；有些是来自教师自己，他们认为自己的主要职责是面对学科和学生，因而他们应该注重于教学与学术。可见，教师参与大学治理仍然面临很多障碍。米勒（Miller）分析了导致教师和管理者之间的互不信任的因素，并总结了教师参与大学决策的障碍，包括教师和管理者之间的不信任、缺乏激励机制、教师过重的工作量导致缺乏精力、教师没有足够的参与时间以及缺乏对不熟悉领域的工作能力等。① 总体看，教师参与大学治理的主要障碍主要来自这几个方面。

其一，公众的误解。

社会公众对教师参与治理的误解主要是源于他们缺乏对高等教育本身的认识。在大学教授治校方面，公众容易受到一些消极观点和观念的影响，从而影响到了教师参与治理。比如一些对教授治校的批评者认为，教师不应该参与大学治理的过程，因为他们不会做出对大学有利的决策；一些人呼吁反思现有治理结构和过程，声称这是过时的模式；还有一些人认为共同治理弱化了校长领导力，从而使大学变得不够敏锐和不具适应性。所有这些都导致了一个误解，即"现有的治理体制事实上使得大学在设置优先项目、确定关键使命和选择学术项目方面具有不可避免的无能"。② 如此，就严重破坏了教师在大学良好决策中的形象和能力。

其二，管理者的障碍。

当前关于教师参与治理的问题主要是源于管理者对于教师在决策中的不信任。米勒发现，管理者对教师参与决策的能力或判断缺乏尊重，典型的教师参与是来源于管理者允许教师参与到决策过程中去。此外，麦森（Mason）认为，管理者更关注他们自己的声誉和职业生涯而不是授权给教师参与大学治理。这些都是教师没有充分参与大学治理的部分原因。而随着大学变得更为巨大而复杂，要求对来自社会和经济的挑战做出敏捷反应，就需要有越来越多的管理者作用。这样就导致大学所有层级中管理者的数量和重要性都不断增加。结果就是大学管理者把他们自己与大学的其他成员区别开来，撇开教师而建立单独的委员会或会议。在许多大学，管理者不希望与教师一起共同参与决策，他们也不想进入那些他们认为是属

---

① Miller, M. T. & Caplow, J. *Policy and University Faculty Governance*. Greenwich, Conn. : Information Age Pub. , 2003：163.

② R. Benjamin. *Recreating the Faculty Role in University Governance*. Retrieved October, 2007, 23.

于教师的领域。管理者普遍怀疑甚至厌恶教师在管理方面的工作。伯恩鲍姆指出，在管理者眼里，教师是业余的管理者，他们在管理事务上指指点点，然后就回到教室，他们自私自利，不关心控制开支，不愿意对问责的合法要求作出回应；反之，在教师眼里，管理者只寻求大学根本的约束和外部压力，而想远离对大学意义深远的核心学术事务。①

其三，来自教师自己的障碍。

根据普兰特（Plante）的研究，② 尽管大部分大学给予了教师大量的学校管理方面的机会，比如在教师聘任、教授终身制、同事晋升、课程、毕业标准、工作条件以及评价制度等方面教师都有权参与。然而，特别是在大型大学里，很少有教师参与涉及影响学生生活和大学的决策，比如战略规划、基金筹资、大学发展、招生、财政补助以及学生保持率等。

在谈到评议会有效性的条件时，韦伽特纳（Weingartner）指出，参与治理活动的人数和质量直接与有效性相关，而不充分的教师参与是治理的关键问题。根据他的研究，参与评议会和审议委员会的教师人数太少，而且这些参与的教师中很少有最成功的教师和学者。③ 米勒也提出，一般只有50%的有资格参与评议会的教师会实质性参与到评议会工作中去。许多教师没有参与是因为他们认为管理者不信任他们，或者是对教师的决策和会议发言缺乏信任。此外，很多教师认为有比去开会更重要的事情要做，许多教师更愿意花时间在他们的研究项目或实验室里。

另外，即使有些教师基于大学章程要求而参与了评议会，也没有表示出对那些过程的足够尊重，因为他们认为治理活动只是一部分"政治"人物为自己辩护的论坛，他们永远只会证明自己的利益，而不会有什么新意。最后，如米勒指出的，对教师的参与缺乏奖励和激励机制也是另外一个足够严重的阻碍教师参与治理的问题。在许多大学，主要管理者如校长会意识到教授治校的重要性，也会感觉到奖励教师参与的必要性，但是没有足够而必要的奖励措施来吸引最有能力的教师参与到治理中去。

---

① Robert Birnbaum. *The Latent Organizational Functions of the Academic Senate：Why Senates Do Not Work But Will Not Go Away*. The Journal of Higher Education，1989，60（4）：423 – 443.

② L. Trakman. *Modelling University Governance*. Higher Education Quarterly，2008，62（1 – 2）：63 – 83.

③ A. Kezar. *What is More Important to Effective Governance：Relationships，Trust，and Leadership，or Structures and Formal Processes？* New Directions for Higher Education，2004（127）：35 – 46.

第三节　美国大学教授治校的变革趋势

如前所述，美国大学教授治校已经经历了萌芽、兴起、发展与稳定阶段，经过几百年的发展与演变，教授治校已然成为美国的传统并对美国大学的发展起了重要的作用。但进入 21 世纪后，大学机构自身和内外环境都发生了巨大的变化。一向以快速应变著称的美国大学在教授治校上也呈现出一些新的趋势。

一　教授治校的环境复杂化

美国现代大学已经完全走向了社会的中心，大学更为依赖来自政府和社会其他组织的各方面资源，这就必然导致国家或社会多种因素通过董事会等各种方式干预大学的管理。就内部影响来说，在资源支撑日益多元化，市场化运作更为明显情况下，大学的管理者变得更加富于企业家精神，决策过程中更加具有话语权。同时，社会各方面对高等教育的需要也出现了大众化与工具化的趋势，大学的学者共同体的文化保守主义和传统的专业主义受到一定程度的挑战，一种新的共同参与型的组织文化在大学校园内弥散开来。

这些环境的变化首先给大学的管理模式产生了必然的影响。首先，大学的管理受到了越来越多的外部因素的影响，尤其是政府或社会其他组织以各种形式干预着大学的管理，这种趋势越来越明显，在这样的情况下，大学自治的空间受到了挤压，教授治校自然也受到了有力的威胁。其次，市场化的影响日益深刻，要求大学领导者更富于企业家精神，"专业管理者"队伍日益壮大，行政权力攀升，这种大学内部管理模式的变化，直接损害到了教授治校的权力。最后，大学内参与型的组织文化盛行，包括学生在内的其他利益相关者要求权力的呼声高涨，这对教授治校的权力也形成了挑战。总体而言，随着大学内外部治理环境的变化，各种利益相关者要求在大学治理中占据各自或多或少的势力范围，教授治校的权力或影响力受到了直接或间接的影响。具体而言，以下因素与变化极大地影响着美国大学教授治校的环境与治理模式。

（一）大学外部治理关系的变化趋势

1. 联邦政府资助的改变加剧了大学市场化

联邦政府对美国大学的影响主要方式是资金资助。资助对大学的发展起到极大的引导作用。而随着联邦政府资助方式的改变，美国大学市场化的趋势更为明显了。这首先可以从联邦政府对学生的资助得到一定的体现。联邦政府对学生的资助活动始于 1944 年，其资助是以高校为基础展开的。1972 年美国国会通过了《高等教育法修正案》，以法律形式确立了参议员佩尔（Pell）提出的"基本教育机会助学金"（Basic Education Opportunity Grant）项目，从而改变了对学生资助的方式。佩尔助学金项目规定，联邦政府不再将资助资金交给高校，让高校负责确定资助学生的对象，而是把资助金转换成教育券（voucher）交到被资助的学生手中，由学生自己来选择高校。[①] 佩尔助学金政策体现了一个联邦政府对高等教育理念的变化，即联邦政府从把高等教育视为使全社会受益的公共商品转变为把它视为使个体受益的商品。显然，学生不再以高校为依托，而具有独立的争取资助的资格与能力，由于学生个体自己拥有了教育券，能够更为自由地选择高校，各大学之间的招生竞争就更为激烈。显然，联邦资助方式的改变加剧了大学的市场化。此外，联邦政府对大学科学研究的投入也发生了一定的改变。20 世纪 80 年代开始联邦政府对大学科研经费的投入大幅度增长，1980 年为 58.13 亿美元，而到 1990 年达到 85.50 亿美元，增长了 47%。这些经费并非平均分布于各校各学科，而是主要投向研究型大学及其医学、生物学、物理学等领域。[②] 这就带来了两个方面的影响，一是教师学术追求越来越受到资助项目的牵引，以获取资助为目的而非好奇心的驱动，影响到了教授的研究取向，伤害了学术自由本身。二是大学要求教师更多地成为独立的"研究企业家"（research entrepreneur），能够吸纳足够的联邦资金来开展研究活动。这潜在地强化了教师的学科忠诚及对资金机构的忠诚，而弱化了对大学组织的忠诚，从而削弱了共同治理的理念根基。

2.《贝多法案》强化了美国大学的市场位置

克拉克的三角形理论认为，美国大学在大学—政府—市场三者关系中最为靠近市场的一角。而 20 世纪 80 年代以《贝多法案》（Bayh-Dole Act）为核心的系列法案强化了大学在三者中的关系，大学更趋向了市场一方。《贝多法案》规定：大学可以保留由联邦资助的研究项目成果的所有权，

---

① 王林：《新经济时代美国大学治理的改变》，《高教探索》2012 年第 1 期。
② 同上。

并可以此申请专利，同时还鼓励大学对成果与专利进行商业开发与应用。《贝多法案》极大地强调了大学参与利润的分配，加强了大学与企业的联系。随着《贝多法案》等多项法案的颁布，美国大学技术转移体制逐渐走向成熟，目前几乎所有研究型大学都成立了技术转让办公室等管理机构。①《贝多法案》重新定位了大学、企业与政府之间的关系，搭建了三方合作的平台，也打破了之前大学内部相对严格的组织界限，一定程度上影响到大学的自治，从而改变了大学的治理。

3. 州政府对大学的影响日重

州政府在高等教育管理中扮演着日益重要的角色。州政府的传统角色主要是协调作用，很少影响高校的内部机制，尤其是很少影响高校的学术自治权。但到 20 世纪 80 年代，州政府对高校的影响越来越大：一是要求高校开展学生学习结果评估，并将评估结果对政府与公众公开。这是本属于高校内部的事务，而且复杂的学习结果很难进行辨别，也很难与政府官员和公众进行沟通和交流。②二是实施新的拨款政策，如竞争性拨款、激励性拨款和绩效拨款。到了 90 年代，以绩效为导向的高教经费分配政策发展迅速，各州把高教资金的分配与高校业绩相挂钩。③这就表明州政府已经介入大学的自治。院校自治和州政府的介入对大学都很重要，但大学真正需要的不是得到更多自治，而是使大学和政府之间的关系更具有建设性。

4. 州政府财政削减加剧大学对市场的依赖

在美国，州政府拨款是公立高校财政收入的最主要的来源之一。但从 20 世纪 70 年代开始，州政府开始削减对高等教育的拨款比例，州政府经费在高等教育机构收入来源所占的比例从 1975—1976 年的 31% 下降到 1994—1995 年的 23%；而同期大学本科人数增加了 16%；研究生人数增加了 36%。仅从公立院校来看，州财政拨款占公立高校收入的比例由

① ［美］埃兹科维茨：《麻省理工学院与创业科学的兴起》，王孙禺、袁本涛译，清华大学出版社 2007 年版，第 161 页。

② ［美］菲利普·G. 阿特巴赫等：《21 世纪的美国高等教育——社会、政治、经济的挑战》，施晓光译，中国海洋大学出版社 2007 年版，第 56、61、152 页。

③ 王莉华：《美国高等教育绩效拨款政策》，《清华大学教育研究》2008 年第 4 期。

1980—1981 年的 45.6% 下降到 2000—2001 年的 35.6%。① 与此同时，政府对大学的办学条件的要求提高，大学的办学成本负担逐步加重。比如为了达到残疾人法案的要求，平均每所公立大学投入了 140 万美元来改建设备和环境。就这使得高校财政状况开始恶化，仅在 1997 年，政府财政拨款与高等教育所需经费之间的短缺高达 400 亿美元。② 长期经费短缺迫使高校不得不采取多种市场化渠道筹集资金，大学对于社会与市场的资源更为依赖。而按照资源—依赖理论，资源供应方由于提供了资源，某种程度上就获得了对大学的控制权——决定是否给予资源的权力，以及控制资源如何使用的权力。可以说，大学对外部资源越依赖，大学就越容易失去对大学的自治权，而由于外部市场资源更为注重资源的使用效率及商业效益，迫使大学越来越强调商业化的运作模式，公司治理逐步成为常态，而共同治理自然受到了伤害，尤其在研究型大学，"共同治理已经成为遥远的现实"。

（二）大学内部权力结构的演化趋势

一般来说，权力结构及其形式具有相对的稳定性，但也会随着组织内外部条件的变化而发生一定的改变。随着大学内外部环境的变化，再加上大学自身在适应内外环境中的不断调整，美国大学的权力结构也逐步发生了一定的改变，呈现出一些新的发展趋势。

首先是均权化与集权化。均权化某种程度上就是权力的分散化，主要体现为大学的管理权力重心下移，权力逐步分散到基层。美国是高等教育分权管理的典型，"教育权在各州及其人们"，教育机构的兴衰取决于"市场机制"。大学内部也实行分权模式，学校处于董事会的领导下，行政权力归属校长，学术权力归属评议会，而从校院系层面看，权力重心在院系。在最近几十年里，这种权力的分散化有了更加明显的趋势。但是美国高等教育的分权化体制也体现出一些弊端，如系科、院校的重复设置，放任自流和过度的竞争。并且，在大学管理上，尽管联邦政府并不享有宪法规定的具体权力，然而，它却从来未曾放弃干预或影响大学的努力。联

---

① National Center for Education Statistics. *Digest of Education Statistics*, Table 333. Washington, D. C. U. S. Department of Education. 2005.

② Council for Aid to Education. *Breaking the Social Contract: The Fiscal Crisis in Higher Education*. http://www. rand. org/pubs/aid_to_edu_docs/CAE100. html.

邦政府通过资助、立法、行政等手段不断地对大学施加影响。这样，美国大学内部也出现了集权化的倾向（如表 7.1）。[①]

表 7.1   美国大学校、院、系三级权力重点和范围表

机构或人	课程设置	教师聘任	系主任选择	长期规划	总影响力
董事会	1.2	1.4	1.2	4.0	3.1
校长	2.1	2.2	2.6	4.5	3.7
院长	3.2	4.1	3.8	3.8	3.6
系主任	3.9	3.9	2.4	3.0	2.6
院教授会	3.1	2.3	1.8	3.5	3.5
系教授会	4.2	2.8	3.1	2.5	2.2

注：最高分是 5 分。

可以看出，美国大学权力处于分散化的总体状态，校、院、系三级都有各自的权力重点和范围，但又体现出一些集权的迹象。集权与分权的结合，在一定程度上能够加强组织的灵活性和适应性。

其次是弹性化和多样化。弹性化组织结构是一种简单、高度分化的结构，决策权与控制权充分下放，鼓励成员跨越不同功能与领域的组织边界。弹性化组织结构能够有效适应社会变化，有利于及时满足社会需求，提高组织的运行效率及解决实际问题的能力。多样化是美国大学的典型特征，组织类型的多样化不仅仅体现在美国高等教育系统内，也体现在同一所大学的内部结构。加州大学各学院的组织模式就体现了这一明显特征。如表 7.2 所示。

表 7.2   加州大学各学院组织结构模式

学院	组织结构模式
文理学院	学院—学部—学系/计划/研究单元
工程和应用科学学院	学院—学系和计划—研究单位（计划，中心，组，单元等）
公共政策和社会研究学院	学院—学系/研究中心和研究所
安德森管理学院	学院—计划/研究中心和研究所
校董事会和更高部门	由多个研究中心组成的研究计划

---

① 郭石明：《社会变革中的大学管理》，浙江大学出版社 2004 年版，第 189 页。

最后是虚拟化与扁平化。网络技术的普遍应用，美国大学组织出现了虚拟化和扁平化的趋势。[①] 大学组织的网络虚拟化越来越模糊了大学组织的边界，并不断弱化了大学组织传统上的科层制形式，大学的每个教学单位都日渐成为具有自治性质的中心点，而学者在这个教学单位上也具有了更多的学术权力，正如美国学者约翰·奈斯比特说到 "就结构而言，一个网络组织最重要的就是每一个人都是中心"。[②]

网络化也使美国大学组织出现扁平化的趋势。高校管理上的扁平化可减少高校组织的层次，使高校决策部门尽量接近教职员工和学生，直接为教职员工和学生服务，从而提高高校管理的效率。

二　教授治校机制的多元化

随着大学内外部环境的变化，以及大学权力结构出现了一些新的特点，美国大学的教授治校也出现了一些新的变化。从运行机制的角度看，主要体现为教授治校的组织渠道多元化、委员会机制逐步完善、集体谈判机制成为教授治校的重要部分。

1. 教授治校渠道日渐多元化

一般教师参与决策的方式有四种：第一是咨询型方式；第二是会见/商谈型方式；第三是决策；第四是委员会型方式。但近年来，教师参与决策的方式有所拓展，如各高校设立校长接待日、多中心的共同治理委员会、各种共同治理专责小组、指导委员会、指导支持委员会等形式来拓宽教师包括其他利益相关者的咨询和建议等通道。

此外，以往的学术研究通常认为教授治校的唯一或基本的治理机构是评议会，甚至认为存在一个非此即彼的关系，即要么大学有一个有效的评议会，要么教授治校就是假的。然而真实的情况要复杂得多。根据一个全国性的调查报告，美国大学教授参与治理的渠道呈现多样化的趋势，包括学系、常设教师委员会、特别委员会、评议会、学院治理机构、常设行政—教师关系委员会、大学系统评议会以及工会。[③]（见表7.3）可见，无

---

①　黄艳芬：《美国大学内部组织结构研究》，硕士学位论文，苏州大学，2006年。

②　[美] 约翰·奈斯比特：《大趋势》，梅艳译，中国社会科学出版社1984年版，第202页。

③　Tierney, W. G. & Minor, J. T. *Challenges for Governance: A National Report*. 2003.

论是学士授权学校、硕士授权学校还是博士授权学校，最为重要的三个渠道分别为学系、常设教师委员会与特别委员会，而评议会则基本处于第四排名。甚至在博士授权学校，还低于学院治理结构，处于第五的位置。显然，大学教师参与治校的渠道不仅仅多样化，而且重要性也多样化，并非单一的评议会组织所完全承担的了的。这意味着教授治校治理机制的完善和成熟。

表7.3 　　　　　　　　　　　教师参与治理的渠道（%）

渠道	学士授权学校	硕士授权学校	博士授权学校
学系	87	87	85
常设教师委员会	88	83	85
特别委员会	72	62	60
评议会	60	54	43
学院治理机构	55	49	48
常设行政—教师关系委员会	52	42	43
系统评议会	21	20	14
工会	6	16	12

2. 委员会机制逐步完善

随着大学内外部各自利益相关者对大学的影响越来越大，大学更为注重给予各方充分的参与治理的权利，强调实行集体治校、民主治校，而这就要求建立完善的各种委员会组织，委员会组织实行选举制度，完善的委员会制度某种程度上就代表着治理机制的完善与成熟。

美国大学教授治校从组织渠道看就是拥有各类教师委员会组织，这体现了集体治校的特色，而为了更好地实现有效的教授参与治理，体现教授治校的民主性、科学性，各个大学逐步采取各类措施，在选举制度上实行准入制、备选制和淘汰制等各种保障机制。（1）准入制：为选举更优秀的治理人才与热心大学治理的教师进入教师委员会组织，防止这些组织中滥竽充数的成员存在，很多组织开始制定了一些准入标准。因而在选举代表的时候，既要考虑尽量保证大学教师的广泛参与，还要鼓励那些有利于组织发展的成员参与进来，防范组织运行的低效与无能。（2）淘汰制：为了保证教师委员会组织的活力与质量，保证委员会中的成员更为积极有效地参政议政，委员会开始定期淘汰一些不合格的成员。一般而言，这样的淘汰并不是硬性淘汰，也不会硬性设立一个淘汰的数量与比例，因为淘汰不是目的，而是为了保证组织的运行更为有效更具活力，保证教授治校的有效性。（3）备选制：由于组织中的成员时常减少或退出，为保证组织的顺利运行，各类委员会开始设立备选制。预算规划好成员的备选名额，选定备选人员。这样的机制，有利于更为迅速地重组委员会，也一定程度上保证委员的质量。

3. 集体谈判逐步成为教授治校的重要组成部分

市场化趋势使美国大学逐步仿效商业管理的模式，大学应有的学术自由与学术自治受到了冲击，而这样的冲击影响最大的显然是教师的学术权力。为了更好维护自身的权益，教师逐步诉求于工会组织及其集体谈判的方式，通过订立契约的形式规定教师在大学治理中的角色与权力，希望通过制定有利于学术发展的权力分享模式，并通过工会组织来参与大学治理以赢取自身生存空间。显然，这是与一般意义上的教授治校方式，即教师通过评议会组织体系来参与治校的方式有着各方面的不同。工会组织不仅仅能够在校内争取教师参与大学治理的权力，而且从更广泛的层面影响着大学教师的权益，通过工会组织教师甚至可以参与并影响政府的教育政策与立法活动。

集体谈判自20世纪70年代兴起以来，为维护教师的权益作出了积极有效的贡献，而且逐步得到各类组织与机构的认可。事实上，集体谈判在大学治理中的作用也表现得越来越为明显。这可以从两篇报告得到体现：美国教师联合会（AFT）的高等教育政策委员会于2007发布的《学院与大学中的共同治理》和AFT与全美教育协会（NEA）联合发布的《工会的事实与共同治理》。在《学院与大学中的共同治理》中，AFT认为教师只有在大学决策中拥有自己的声音才能使得教师的经济利益、劳动人事以及学术自由得到更大的保障。《工会的事实与共同治理》指出工会对于共同治理是支持的，并且集体谈判有助于形成最有效的共同治理，由此主张集体谈判应该纳入共同治理的运行体系中去。在这些组织的支持与推动下，集体谈判在大学教师权益保证与维护方面发挥的作用日益明显。可以说，集体谈判已经逐步成为教授治校的重要组成部分。

三　教授与其他权力主体的关系从冲突走向融合

美国大学当前普遍采用了共同治理的模式，正如之前所分析的，这种模式更多是基于合作理念的，是一种利益相关者互相协作的多中心的共同治理模式，这种模式更多强调权力的分配与协调，而并不是冲突与对抗，也就是说，教师在大学治理中，与其他权力主体的关系逐步从冲突走向了融合。首先，行政人员日益依赖学术力量，行政力量在高校内要保持有效影响力离不开学术人员的协调。其次，共同治理模式一定程度上抑制了行政权威，传统上的互相制衡日益被合作与协调的理念所取代。再次，共同治理强化了治理主体之间的相互依存关系。合作加强了各方的信任，从机制上保障了各方的进一步合作关系。

总体而言，随着 21 世纪出现一些新的变化如全球化的发展、公民社会的崛起、信息化的挑战等带来一些新的挑战与问题，如过分强调市场机制和私有企业的作用，忽视公共部门管理和私人部门管理、政治过程和市场过程的差别，在实践中日益暴露出局限性。正是鉴于国家的"失灵"与市场的"失效"，人们期望以"多中心治理"机制对付市场和政府协调的不足。多中心治理理论是对新公共管理的一种批判和扬弃，是试图超越新公共管理而生成的一种崭新的公共管理模式，预示着"后新公共管理时代"的来临。

因此，从美国大学治理发展实际状况来看，从利益相关者角度考虑大学治理是一个比较明显的趋势。正如前述从利益相关者理论对美国大学教授治校的分析中所指出的，在相互依赖的利益关系下所形成的大学决策必然是一种限定性合作，即没有合作自己的利益也无法获得保障，这使得大学各利益主体之间的利益冲突更多表现为协调性或协作性博弈。

事实上，从教授治校发展的角度来看，也体现出了教授与其他权力主体之间的融合趋势。尽管由于各自权力与利益不同，所持治理理念与价值观各异，大学治理中出现摩擦与冲突是在所难免的，但是各治理主体之间除了矛盾及冲突，更多的时候还是体现为一种协作与相互依赖，而且随着各个利益与权力主体之间的综合交叉，互相渗透，这样的依赖程度也会逐步加深，也更容易形成相互依存的交互关系。在这种关系下，美国大学内部的权力主体开始逐步自觉不自觉地从冲突走向融合，以实现共同利益的最大化。可以说，追求共同利益的最大化已经成为美国大学内部权力关系的总趋势。这样的趋势本身与美国高等教育分权化体制，强调利益主体自我决定各自利益的特点有关。而在当前利益相关者协同治理模式下，这种关系融合的趋势体现得更为明显。为更好满足各利益相关者的要求，以更好地参与大学的共同治理，美国各大学还专门建立一些大学共同治理委员会，甚至某些州也建立了多种利益相关者参与的大学共同治理委员会，如加州就设立了由州政府官员、捐赠者、校友、社区代表、学校校长、教职代表、学生代表等组成的大学共同治理委员会。在这些各层面的治理委员会中，教师不仅拥有在如课程改革、教学大纲、考试政策等学术事务方面的独立自主权力，还能就人事聘任、晋升乃至解雇等方面提出建议并使之落实。此外，学院院长与系主任往往本身就是从教师中选拔出来的，是集教师利益与行政利益于一体的双重利益代言人，他们在院系行政与学术的利益交叉与协调中能够发出独特的作用。这表明，教师既可以通过自身的教师组织，拥有对大学学术工作的强大控制力，也可以通过院长与系主任的代言而表达自己的权益诉求。可见，教师的利益通过院长、系主任的发言而与大学融为一体了。在这种多中心共同参与模式下，一方面仍然保持了教授治校的强大影响力，大学教师不仅仅在学术事务方面，还在非学术事务方面发挥出了重要的作用；另外一方面，基于多重利益的交叉性，教师与其他利益群体之间展开了多方面的协调与合作，在某些方面必然走向融合，为实现大学的有效治理而不断努力。

参 考 文 献

一　中文文献

1. ［英］阿什比：《科技发达时代的大学教育》，滕大春等译，人民教育出版社 1983 年版。

2. ［美］埃伦伯格：《美国的大学治理》，沈文钦等译，北京大学出版社 2010 年版。

3. 别敦荣：《中美大学学术管理》，华中理工大学出版社 2000 年版。

4. ［美］伯顿·克拉克：《高等教育系统——学术组织的跨国研究》，王承绪等译，浙江大学出版社 1994 年版。

5. ［美］伯顿·克拉克：《高等教育新论——多学科的研究》，王承绪等译，浙江教育出版社 2001 年版。

6. ［美］布莱尔：《所有权与控制：面向 21 世纪的公司治理探索》，张荣刚译，中国社会科学出版社 1999 年版。

7. 陈学飞：《当代美国高等教育思想研究》，辽宁师范大学出版社 1996 年版。

8. 陈学飞：《美国高等教育发展史》，四川大学出版社 1989 年版。

9. 程北南：《美国大学治理结构的经济学分析》，中国财政经济出版社 2009 年版。

10. 程星：《细读美国大学》，商务印书馆 2004 年版。

11. ［美］大卫·科伯：《高等教育市场化的底线》，晓征译，北京大学出版社 2008 年版。

12. ［美］德里克·博克：《走出象牙塔——现代大学的社会责任》，徐小洲等译，浙江教育出版社 2001 年版。

13. ［美］菲利普·阿特巴赫：《比较高等教育：知识、大学与发展》，人民教育出版社教育室译，人民教育出版社 2001 年版。

14．［美］菲利普·阿特巴赫等：《21 世纪美国高等教育：社会、政治、经济的挑战》，施晓光等译，中国海洋大学出版社 2007 年版。

15．［美］弗里曼：《战略管理：利益相关者方法》，王彦华等译，上海译文出版社 2006 年版。

16．谷贤林：《美国研究型大学管理：国家、市场和学术权力的平衡与制约》，教育科学出版社 2008 年版。

17．顾建民：《自由与责任——西方大学终身教职制度研究》，浙江教育出版社 2007 年版。

18．郭石明：《社会变革中的大学管理》，浙江大学出版社 2004 年版。

19．和震：《美国大学自治制度的形成和发展》，北京师范大学出版社 2008 年版。

20．［美］亨利·罗索夫斯基：《美国校园文化——学生·教授·管理》，谢宗仙等译，山东人民出版社 1996 年版。

21．洪源渤：《共同治理——论大学法人治理结构》，科学出版社 2010 年版。

22．［美］科恩：《美国高等教育通史》，李子江译，北京大学出版社 2010 年版。

23．［美］克拉克·克尔：《高等教育不能回避历史——21 世纪的问题》，王承绪等译，浙江教育出版社 2001 年版。

24．李福华：《大学治理的理论基础与组织架构》，教育科学出版社 2008 年版。

25．［英］路易丝·莫利：《高等教育的质量与权力》，罗慧芳译，北京师范大学出版社 2008 年版。

26．［美］罗伯特·M. 赫钦斯：《美国高等教育》，汪利兵译，浙江教育出版社 2001 年版。

27．［美］罗伯特·波恩鲍姆：《高等教育的管理时尚》，毛亚庆译，北京师范大学出版社 2008 年版。

28．［美］罗伯特·波恩鲍姆：《学术领导力》，周作宇译，北京师范大学出版社 2008 年版。

29．［美］罗伯特·伯恩鲍姆：《大学运行模式：大学组织与领导的控制系统》，别敦荣译，中国海洋大学出版社 2003 年版。

30.马万华：《从伯克利到北大清华——中美公立研究型大学建设与运行》，教育科学出版社 2004 年版。

31．[英] 迈克尔·夏托克：《成功大学的管理之道》，范怡红等译，北京大学出版社 2006 年版。

32.欧阳光华：《董事、校长与教授：美国大学治理结构研究》，高等教育出版社 2011 年版。

33．[美] 乔治·M. 马斯登：《美国大学之魂》，徐弢等译，清华大学出版社 2009 年版。

34．[美] 乔治·凯勒：《大学战略与规划：美国高等教育管理革命》，别敦荣等译，中国海洋大学出版社 2005 年版。

35.乔玉全：《21 世纪美国高等教育》，高等教育出版社 2000 年版。

36.施晓光：《美国大学思想论纲》，北京师范大学出版社 2001 年版。

37．[美] 唐纳德·肯尼迪：《学术责任》，阎凤桥等译，新华出版社 2002 年版。

38．[美] 沃特·梅兹格：《美国大学时代的学术自由》，李子江、罗慧芳译，北京大学出版社 2010 年版。

39．[美] 休·戴维斯·格拉汉姆、南希·戴蒙德：《美国研究型大学的兴起：战后年代的精英大学及其挑战者》，张斌贤译，河北大学出版社 2008 年版。

40.许迈进：《美国研究型大学研究：办学功能与要素分析》，浙江大学出版社 2005 年版。

41.尹晓敏：《利益相关者参与逻辑下的大学治理研究》，浙江大学出版社 2010 年版。

42．[加] 约翰·范德格拉夫：《学术权力——七国高等教育管理体制比较》，王承绪等译，浙江教育出版社 2001 年版。

43．[美] 约翰·S. 布鲁贝克：《高等教育哲学》，王承绪等译，浙江教育出版社 2001 年版。

44．[美] 约翰·奥伯利·道格拉斯：《加利福尼亚思想与美国高等教育：1850—1960 年的总体规划》，周作宇等译，教育科学出版社 2008 年版。

45．[英] 约翰·亨利·纽曼：《大学的理想（节本）》，徐辉等译，浙江教育出版社 2001 年版。

46.［美］詹姆斯·杜德斯达、弗瑞斯·沃马克：《美国公立大学的未来》，齐济良译，北京大学出版社 2006 年版。

47.张德祥：《高等学校的学术权力与行政权力》，南京师范大学出版社 2002 年版。

48.薄建国、王嘉毅：《美国公立高校的法人治理结构及其特征》，《国家教育行政学院学报》2010 年第 12 期。

49.陈磊：《高等学校学术权力的反思与建构》，《高等教育研究》2002 年第 4 期。

50.程北南：《美国大学治理结构的启示和借鉴》，《高教探索》2011 年第 4 期。

51.杜作润：《国外高校内部的民主管理特征、案例及启示》，《北京大学教育评论》2004 年第 1 期。

52.方芳：《大学治理结构变迁中的权力配置、运行与监督》，《高校教育管理》2011 年第 6 期。

53.甘永涛：《美国大学教授协会：推动共同治理制度的重要力量》，《高教探索》2009 年第 3 期。

54.高田钦：《西方大学教授治校的内涵及其合法性分析》，《高校教育管理》2007 年第 1 期。

55.耿益群：《美国一流大学教师在院校管理中的作用分析》，《外国教育研究》2006 年第 6 期。

56.龚怡祖：《现代大学治理结构：真实命题及中国语境》，《公共管理学报》2008 年第 4 期。

57.郭卉：《反思与建构：我国大学治理研究评析》，《现代大学教育》2006 年第 3 期。

58.郭卉：《美国大学评议会制度研究——以斯坦福大学为例》，《比较教育研究》2005 年第 3 期。

59.郭为禄、林炆利：《美国大学董事会的运行模式》，《全球教育展望》2011 年第 12 期。

60.韩骅：《论"教授治校"》，《高等教育研究》1995 年第 6 期。

61.胡赤弟：《高等教育中的利益相关者分析》，《教育研究》2005 年第 3 期。

62.胡建华：《大学制度改革的法治化问题探讨》，《高等教育研究》

2005 年第 2 期。

63.胡钦晓:《美国大学学术自由演绎的文化视角》,《比较教育研究》2005 年第 9 期。

64.黄崴:《全球视域下我国现代大学治理结构的重建》,《教育发展研究》2010 年第 19 期。

65.季凌燕、陆俊杰:《大学章程的历史生长逻辑与价值预期》,《教育学术月刊》2009 年第 7 期。

66.蒋洪池:《21 世纪美国大学治理面临的挑战及其对中国的启示》,《比较教育研究》2006 年第 1 期。

67.康全礼:《治理理念与教授参与治校》,《理工高教研究》2004 年第 2 期。

68.孔垂谦:《论大学学术自由的制度根基》,《江苏高教》2003 年第 2 期。

69.赖明谷、柳和生:《大学治理:从制度维度到文化维度》,《现代大学教育》2005 年第 5 期。

70.李倍雷、范华琼:《大学自治、教授治学与学术自由》,《文化学刊》2007 年第 4 期。

71.李方:《我国高等学校教授治校的现状及发展趋势》,《扬州大学学报 (高教研究版)》2005 年第 2 期。

72.李红惠:《美国大学教授联合会 (AAUP) 为何能维护美国大学教授的权益》,《现代大学教育》2004 年第 5 期。

73.李辉:《废除还是完善——从明大之争看美国教授终身制的历史使命》,《西安外国语学院学报》2000 年第 2 期。

74.李建奇:《我国大学治理结构变迁的路径选择》,《高等教育研究》2009 年第 5 期。

75.李奇:《美国大学治理的边界》,《高等教育研究》2011 年第 7 期。

76.李巧针:《美国大学董事会、校长、评议会权力关系解析及启示》,《国家教育行政学院学报》2007 年第 11 期。

77.刘法虎、王欣、张彦通:《美国大学教师的学术自由与公民自由辨析》,《高教发展与评估》2012 年第 1 期。

78.刘军仪:《民主、协商、合作:来自美国明尼苏达大学共同治理模式的经验》,《外国教育研究》2011 年第 12 期。

79. 刘勤勇：《论美国立体式高等教育管理体制》，《高等教育研究》2000 年第 2 期。

80. 刘庆斌：《美国教师在大学治理中的作用与角色》，《江苏高教》2012 年第 3 期。

81. 刘向东、陈英霞：《大学治理结构剖析》，《中国软科学》2007 年第 7 期。

82. 罗泽意：《大学治理的逻辑与性格》，《高教探索》2010 年第 3 期。

83. 马洪波、彭强：《学术权力体系构建与教授委员会运行机制》，《求索》2005 年第 9 期。

84. 马晓春：《西方大学"教授治校"理念及其启示——以耶鲁大学为例》，《全球教育展望》2009 年第 4 期。

85. 彭国华、雷涯邻：《美国大学共同治理规则研究述评——以对"学院与大学治理的联合声明"反思为视角》，《高教探索》2011 年第 1 期。

86. 彭欣光：《西方大学教授学术权力的比较分析》，《现代教育科学》2006 年第 11 期。

87. 彭宇文：《高校法人治理结构的构建》，《教育研究》2005 年第 3 期。

88. 苏守波、康兆庆：《利益相关者视角下的大学内部治理结构研究》，《黑龙江高教研究》2009 年第 12 期。

89. 眭依凡：《"大学自治"与校长治校》，《高教探索》2001 年第 4 期。

90. 眭依凡：《教授"治校"：大学校长民主管理学校的理念与意义》，《比较教育研究（高等教育专刊）》2002 年第 2 期。

91. 王保星：《美国大学教师的学术自由权利：历史的视角》，《高等教育研究》2004 年第 6 期。

92. 王菊、厉以贤：《国内高校"教授治学"制度设计述评（2000—2008）》，《现代教育管理》2009 年第 10 期。

93. 王莉华：《美国高等教育绩效拨款政策》，《清华大学教育研究》2008 年第 4 期。

94. 王林：《新经济时代美国大学治理的改变》，《高教探索》2012 年第 1 期。

95. 王林：《新经济时代美国大学治理的改变》，《高教探索》2012 年第 1 期。

96. 王荣：《美国：一些大学取消终身教职》，《比较教育研究》2011年第 9 期。、

97. 王秀丽：《从教授治校走向共同治理》，《黑龙江高教研究》2012年第 1 期。

98. 王学海：《学术权力概念及学术权力主体辨析》，《黑龙江高教研究》2004 年第 3 期。

99. 王英杰：《论共同治理——加州大学（伯克利）创建一流大学之路》，《比较教育研究》2011 年第 1 期。

100. 王绽蕊、张东海：《美国高校董事会的身份分析——基于委托代理理论》，《比较教育研究》2007 年第 9 期。

101. 肖谦：《高等教育利益相关者共同治理模式的探讨》，《湖南社会科学》2009 年第 4 期。

102. 杨凤英、毛祖桓：《美国高校教师权利的维护——以美国大学教授协会活动为例》，《比较教育研究》2008 年第 2 期。

103. 于杨、张贵新：《美国大学治理变革及其发展趋势》，《黑龙江高教研究》2008 年第 5 期。

104. 张棣、李子江：《美国大学学术自由的历史演变与特色》，《湖北大学学报（哲学社会科学版）》2006 年第 1 期。

105. 张君辉：《论教授委员会制度的本质——"教授治学"》，《东北师大学报（哲学社会科学版）》2006 年第 5 期。

106. 张艳、梁戈：《西方大学教授权力的合理性分析及比较》，《比较教育研究》2000 年第 6 期。

107. 张永胜：《论大学治理权合法性的危机与重建》，《国家教育行政学院学报》2010 年第 9 期。

108. 赵蒙成：《"教授治校"与"教授治学"辨》，《江苏高教》2011年第 6 期。

109. 周光礼：《问题重估与理论重构——大学"学术权力"与"行政权力"二元对立质疑》，《现代大学教育》2004 年第 4 期。

110. 周其仁：《市场里的企业：一个人力资本与非人力资本的特别合约》，《经济研究》1996 年第 6 期。

111. 周文霞：《美国教授终身制及其对中国高校教师任用制度改革的

启示》，《中国人民大学学报》2003 年第 5 期。

112. 朱景坤：《美国大学教师学术自由的逻辑基础与制度保障》，《比较教育研究》2012 年第 2 期。

113. 朱景坤：《美国大学教师学术自由的逻辑基础与制度保障》，《比较教育研究》2012 年第 2 期。

114. 陈昕：《高等教育变革视角下的大学治理》，博士学位论文，湖南师范大学，2007 年。

115. 付淑琼：《美国大学教授协会研究》，博士学位论文，浙江大学，2009 年。

116. 甘宓：《美国公立大学学术评议会管理模式研究》，硕士学位论文，西南大学，2011 年。

117. 甘永涛：《美国大学共同治理模式研究》，博士学位论文，浙江大学，2009 年。

118. 葛春霞：《美国大学教授治校的理论与实践研究》，硕士学位论文，山东师范大学，2009 年。

119. 赟金洲：《美国加州大学管理模式解析》，硕士学位论文，吉林大学，2006 年。

120. 郭卉：《权利诉求与大学治理——中国大学教师利益表达的制度运作》，博士学位论文，华中科技大学，2006 年。

121. 李海萍：《大学学术权力现状研究》，博士学位论文，湖南师范大学，2010 年。

122. 李巧针：《美国研究型大学校长的权力研究》，博士学位论文，北京师范大学，2006 年。

123. 李子江：《美国学术自由的变迁：1880—1980》，博士学位论文，北京师范大学，2004 年。

124. 刘滨清：《美国部分研究型大学学术评议会研究》，硕士学位论文，上海交通大学，2009 年。

125. 马瑶：《美国私立大学董事会与教授评议会的权力关系研究》，硕士学位论文，四川师范大学，2010 年。

126. 彭阳红：《论"教授治校"》，博士学位论文，华中科技大学，2010 年。

127. 史伟：《伯克利加州大学内部治理结构研究》，硕士学位论文，吉林大学，2011 年。

128. 王保星：《南北战争至 20 世纪初美国高等教育的发展与变革》，博士学位论文，北京师范大学，1998 年。

129. 肖静：《基于组织效率的大学权力结构研究》，博士学位论文，武汉理工大学，2009 年。

130. 徐峰：《西方大学教授治校研究》，硕士学位论文，华中师范大学，2006 年。

131. 于杨：《治理理论视域下现代美国大学共同治理理念与实践研究》，博士学位论文，东北师范大学，2008 年。

132. 张君辉：《中国教授委员会研究》，博士学位论文，东北师范大学，2006 年。

133. 张轶辉：《美、德、日三国大学评议会制度研究——兼论我国大学学术委员会制度的改革与发展》，硕士学位论文，东北师范大学，2010 年。

134. 张意忠：《论教授治学》，博士学位论文，华东师范大学，2006 年。

135. 赵俊芳：《论大学学术权力》，博士学位论文，吉林大学，2006 年。

136. 郑文全：《大学的本质》，博士学位论文，东北财经大学，2006 年。

137. 朱家德：《权力的规制：大学章程的历史流变与当代形态》，博士学位论文，华中科技大学，2011 年。

二　外文文献

1. Miller, M. T. & Caplow, J. *Policy and University Faculty Governance.* Greenwich, Conn. : Information Age Pub. , 2003.

2. Finkelstein, M. , Ju, M. & Cummings, W. K. *The United States of America: Perspectives on Faculty Governance*, 1992 – 2007. Springer Netherlands, 2011.

3. Clark, B. R. & Youn, T. I. K. *Academic Power in the United States: Comparative Historic and Structural Perspectives.* American Association for Higher Education, 1976.

4. Duryea, Edwin D. *The Academic Corporation*: *A History of College and University Governing Boards*. New York &London: Falmer Press, 2000.

5. Redmond, R. W. *Faculty Involvement in Shared Governance and Decision Making*: *A Case Study*. Morgan State University Press, 2007.

6. Bowen, H. R. & Schuster, J. H. *American Professors*: *A National Resource Imperiled*. Oxford University Press, 1986.

7. Jutta Merschen. *An Economic Analysis of the University*: *University Governance and the Effects of Faculty Participation in University Decision-Making*. Ibidem-verlag, Jessica Haunschild Christian Schon, 2007.

8. Burton J. Bledstein. *The Culture of Professionalism*: *The Middle Class and the Development of Higher Education in America*. New York: W · W · Norton & Company, 1978.

9. Christopher J. Lucas. *American Higher Education*: *A History. St. Martin`s Press*, 1996.

10. Alstyne, William V. *Freedom and Tenure in the Academy*. Duke University Press, 1993.

11. Alain Touraine. *The American System in American Society*. Transaction Publishers, 1997.

12. Kooiman, J. , *Governance and Governability*: *Using Complexity, Dynamaics and Diversity In Modern Governance*. Sage, 1993.

13. Schaeffer, M. A. *The State College Academic Senate*: *Architect or Artifact of Faculty Governance?* Columbia University, 1991.

14. William R. Keast, John W. Macy, Jr. *Faculty Tenure*: *A Report and Recommendations by the Commission on Academic Tenure in Higher Education*. Jossey-Bass Publisher, 1973.

15. Kogan, M. , Bauer, M. , Bleiklie, I. &Henkel, M. , *Transforming Higher Education*: *A Comparative Study*. Jessia Kingsley Publishers, 2000.

16. Bauer, M. &Askling, B. , *Transforming University*: *Changing Patterns of Governance, Structure and Learning in Swedish Higher Education*. Jessica Kingsley Publishers. 1999.

17. Brennan, M. K. *Beyond the Senate*: *College and Senate Leaders' Perceptions of Campus-wide Committees as Venues for Faculty Participation in Shared*

Governance. State University of New York at Buffalo, 2007.

18. Frumkin, J. R. *A Study of the Development of the Structure of Faculty Participation in University-level Governance at Michigan State University*. Michigan State University, 1983.

19. Duncan-Hall, T. L. *Faculty Participation in Institutional Planning in California Community Colleges: Theory and Reality*. University of California, Berkeley, 1993.

20. Floyd, C. E. & Education, E. C. O. H. *Faculty Participation in Decision Making: Necessity or Luxury*. Association for the Study of Higher Education, 1985.

21. R. Birnbaum. *Faculty in Governance: the Role of Senates and Joint Committees in Academic Decision Making*. Jossey-Bass, 1991.

22. Kad Jaspers. *The Idea of the University*. London Peter Owen Ltd, 1965.

23. John Henry Cardinal Newman. *The Idea of A University: Defined and Illustrated*. Loyola University Press, 1987.

24. W. Z. Hirsch, L. E. Weber. *Governance in Higher Education: The University in A State of Flux*. The Brookings Institution, 1775 Massachusetts NW, Washington, DC, 2001.

25. Mortimer, K. P. & McConnell, T. R. *Sharing Authority Effectively*. Jossey-Bass, 1978.

26. Wright-sanders, B. *A Comparison Among Perceptions of A Shared Governance Environment by Trustees, Administrators, Academic Senates, and Facutly Associations*. The University of San Francisco, 1997.

27. Hamilton, N. W. *Academic Ethics: Problems and Materials on Professional Conduct and Shared Governance*. Praeger Publisher, Westport, 2002.

28. Gary Rhoades. *Managed Professionals: Unionized Faculty and Restructuring Academic Labor*. State University of New York Press, 1998.

29. The Carnegie Commission on Higher Education. *Governance of Higher Education: Six Priority Problems*. Mcgraw-Hill, 1973.

30. Ehrenberg R. G.. *Governing Academia*. Ithaca: Cornell University Press, 2004.

31. Wilson, Logan. *The Academic Man: A Study in the Sociology of A Pro-

fession. New Brunswick: Transaction Publishers, 1995.

32. Brubacher, John S. & Rudy, Willia. *Higher Education in Transiton: A History of American Colleges and Universities*. New Brunswick: Transaction Publishers. 1997.

33. Abraham Flexner. *Universities: American, English, German*. Oxford University Press, 1930.

34. Burgan, M., *What ever happened to the faculty? Drift and Decision in Higher Education*. Johns Hopkins University Press, 2006.

35. Alain Touraine. *The Academic System in American Society* . New Brunswick and London: Transaction Publishers. 1997.

36. Richard Hofstadter&Wilson Smith (eds). *American Higher Education-A Documentary History*. The University of Chicago Press, 1983.

37. Cowley, W. H. & Williams, D. T. *Presidents, Professors, and Trustees*. Jossey-Bass, 1980.

38. Frederich Rudolph. *The American College and University: A History*. A Division of Random House, 1962.

39. Clark, Burdon R, Guy Neave. *The Encyclopedia Of Higher Education* . Oxford: Pergamon Press, 1992.

40. John Millet. *The Academic Community*. McGraw-Hill Book Company, Inc, 1962.

41. Paul E. Pitre. *The Globalization of Shared Governance: Implications of the International Study of Higher Education Governance*. http: //ednet. kku. ac. th/ ~ edad/research_ globalization%20governance. pdf.

42. Dill, D. D. *Academic Accountability and University Adaptation: The Architecture of an Academic Learning Organization*. Higher Education, 1999, 38 (2).

43. Stanley, C. *Faculty Professional Development for the 21st Century*. Springer Netherlands, 2005.

44. Ecker, G. *The Relationship of Institutional Size and Complexity to Faculty Autonomy: A Reconsideration and Caution*. Research in Higher Education, 1979, 11 (4).

45. Honan, J. P. & Teferra, D. *The US Academic Profession: Key Policy*

Challenges. Higher Education, 2001, 41 (1).

46. Elizabeth Langland. *Shared Governance in An Age of Change*. Pedagogy, 2011, 11 (3).

47. Richard Hofstadter. *Academic Freedom in the Age of the College*. Colombia University Press, 1969.

48. Davis, M. *Academic Freedom, Impartiality, and Faculty Governance*. Law and Philosophy, 1986, 5 (2).

49. Victor Baldridge and others. *Policy Making and EffectiveLeadership*. Jossey-bass Publishers, 1978.

50. K. P. Mortimer, C. O. B. Sathre. *The Art and Politics of Academic Governance: Relations Among Boards, Presidents, and Faculty*. Praeger Publishers, 2007.

51. Poch, R. K. *Academic Freedom in American Higher Education: Rights, Responsibilities and Limitations*. ASHE-ERIC Higher Education Report No. 4, 1993.

52. Alfred, R. L. *Power on the Periphery: Faculty and Student Roles in Governance*. New Directions for Community Colleges, 1985 (49).

53. AAUP. *On the Relationship of Faculty Governance to Academic Freedom*. Academe, 1994, 80 (4).

54. Leach, W. *Shared Governance in Higher Education: Structural and Cultural Responses to A Changing National Climate*. Ssrn Electronic, 2010.

55. Tierney, W. G. *Academic Freedom and Tenure: Between Fiction and Reality*. The Journal of Higher Education, 2004, 75 (2).

56. AAUP. *Statement on Government of Colleges and Universities* 1966. http: //www. AAUP. org/AAUP/pubsres/policydocs/governancestatement. htm.

57. Myron, L. P., *A Conceptual Framework of Faculty Trust and Participation in Governance*. Tierney, W. G. &. Lechuga, V. M., *Restructuring Shared Governance in Higher Education*. Jossey-Bass, 2004.

58. Birnbaum, R. *The End of Shared Governance: Looking Ahead or Looking Back*, Poetry, 1990, 156 (5).

59. Paul E. Pitre, etc. *The Globalization of Shared Governance: Implications of the International Study of Higher Education Governance*. http: //ednet. kku.

ac. th ／ ~ edad/research globalization% 20governance. Pdf.

60. Clark，B. R.，*The Higher Education System：Academic Organization in Cross-National Perspective*. University of California Press，1983.

61. Taylor，Angus E. *The Academic Senate of the University of California：Its Role in the Shared Governance and Operation of the University of California*. The Clark Kerr Memoirs Project. 1998.

62. Balkun，M. M. A. *Making Shared Governance Work：Strategies and Challenges*. Pedagogy，2011，11（3）.

63. Williams，G. L，*The "Marketization" of Higher Education：Reforms and Potential Reforms in Higher Education Finance*. Dill，D. D. &SPORN，B.，*Emerging Patterns of Social Demand and University Reform：Through a Glass Darkly*. Oxford：Pergamon Press，1995.

64. Brown，W. O. *Faculty Participation in University Governance and the Effects on University Performance*. Journal of Economic Behavior and Organization，2001，44（2）.

65. Berdal，R.，*Academic Freedom，Autonomy and Accountability in British Universities*. Studies in Higher Education，1990（2）.

66. Carroll，K. A.，Dickson，L. M. & Ruseski，J. E. *Modeling the University Decision Process：The Effects of Faculty Participation in University Decision Making*. UMBC Economics Department Working Papers，2010.

67. Tierney，W. G. &Lechuga，V. M.，*Restructuring Shared Governance in Higher Education*. Jessica Kingsley Publishers，2004.

68. Pope，M. L. & Miller，M. T. *A National Profile of Faculty Governance Leaders in Higher Education*. Academic Rank，1999（14）.

69. AAUP. *Academe：Bulletin of the AAUP*. American Association of University Professors，2009.

70. Gilmour Jr J E. *Participative Governance Bodies in Higher Education：Report of a National Study*. New Directions for Higher Education. 1991（75）.

71. Minor J T. *Understanding Faculty Senates：Moving from Mystery to Models*. The Review of Higher Education. 2004，27（3）.

72. Birnbaum，R. *The Latent Organizational Functions of the Academic Senate：Why Senates Do Not Work But Will Not Go Away*. The Journal of Higher Ed-

ucation，1989，60（4）．

73. Hamilton，N. W. *Academic Ethics*：*Problems and Materials on Professional Conduct and Shared Governance*. Praeger Publisher，Westport，2002.

74. AAUP. *Report of the Survey Subcommittee of Committee T*. AAUP Bulletin. 1971，57（1）．

75. Kaplan G E. *Preliminary Results from the* 2001 *Survey on Higher Education Governance*. AAUP Bulletin. 2001.

76. Scott，J. V. *Death by Inattention*：*The Strange Fate of Faculty Governance*. Academe，1997，83（6）．

77. Daniell Simmons. *Shared Governaneein the University of California*：*An Review*. Studies in Higher Edueation. University of California，1995.

78. Hodgkinson，H. L. ，*The Campus Senate*：*Experiment in Democracy*. University of California，Berkeley，Center for Research and Development in Higher Education，1974.

79. Gayle，D. J. & Bhoendradatt，T. ，*Governance in the Twenty-First Century University*. Jessica Kingsley Publishers. 2000.

80. Burton R. Clark. *The Academic Life*：*Small Worlds*，*Different Worlds*. The Carnegie Foundation for the Advancement of Teaching，1987.

81. Blendinger，J. ，Cornelious，L. & McGrath，V. *Faculty Governance*：*The Key to Actualizing Professionalism*. Administrator Effectiveness，1998 （15）．

82. Gerber，L. *Professionalization As the Basis for Academic Freedom and Faculty Governance*. AAUP Journal of Academic Freedom，2010（1）．

83. *Trustees of Dartmouth College v. Woodward*，17 *U. S.* 518. *Error to the Superior Court of the State of New Hampshire*. http：//www. dartmouth. edu/ ~ govdocs/case/courtdecision. htm.

84. Mortimer，K. P. *The Structure and Operation of Faculty Governance*：*Who Rules and How?*. Higher Education，1971（34）．

85. Platen William M. *A Profession at Risk*：*Using Post-tenure Review to Save Tenure and Create an International Future for Academic Community*，Change 2001，（4）．

86. Tierney，W. *A Cultural Analysis of Shared Governance*：*The Challenges*

Ahead. Higher education: Handbook of Theory and Research, 2005.

87. Martin Trow. *Governance in the University of California: the Transformation of Politics into Administration*, Higher Education Policy, 1998 (11).

88. Berdahl, Robert. *Coordinating Structures: The UGC and US State Coordinating Agencies.* In Shattock, Michael. , *The Structure and Governance of Higher Education.* Society for Research into Higher Education. 1983.

89. Hollinger, D. A. *Faculty Governance, the University of Califorina, and the Future of Academe.* Academe, 2001, 87 (3).

90. Joan V. Gallos. *Reframing Shared Governance: Rediscovering the Soul of Campus Collaboration.* Journal of Management Inquiry, 2009 (18).

91. Beverly Guy-shegtall. *Shared Governance, Junior Faculty, and HBCUs.* Academe, 2006, (11 – 12).

92. Maitland, C. & Rhoades, G. *Unions and Faculty Governance.* The NEA 2001 Almanac of Higher Education, 2001.

93. Deas, E. *Shared Governance in the British Columbia Post-secondary System: The Board's Role in Decision-Making.* University of San Diego, 1998.

94. Debre Nails, Benjamin Baez, David. *A Hollinger, Linda Collins. Academic Freedom and Tenure: New Mexico Highland University.* Academe, 2006 (3 – 4).

95. Kaiser Frans, Hans Vossenteyn, J. Kolman. *Public Funding of Higher Education: A Comparative Study of Funding Mechanisms in Ten Counties.* Center for Higher Education Policy Studies, 2002 (12).

96. Trow M. *The Academic Senate As a School for University Leadership.* Liberal Education. 1990, 76 (1).

97. Helms R M, Price T. *Does Shared Governance Require a Faculty Senate?.* Academe. 2005, 91 (6).

98. John A. Koropchak. *What is Governance.* http://www. aaup. org/AAUP/pubsresearch/policydocs/governancestatement. html.

99. AGB, 2006 *Annual Report.* http://www. agb. org/user-assets/Documents/about/2006AnnualReport. pdf.

100. AFT, *Shared Governance in Colleges and Universities.* http://www. aft. org/topics/shared-governance /index. htm, 2007 – 05 – 03.

101. Euben, D. R. , *Some Legal Aspects of Collegial Governance*. http：// www. aaup. org/AAUP/protectrights/le gal/topics/legal-govern. html.

102. AGB, 2007 *Annual Report*. http：//www. agb. org/user-assets/Documents/about/AGB2007AnnualReport. pdf.

103. http：//cul. wg365. com/2005/2005 – 9 – 28/wg3652005928104914. shtml.

104. *Privilege and Tenure*：*Divisional Committees* ［2010 – 11 – 26］ http：//www. universityofcalifornia. edu/senate/manual/blPart3. html#bl334.

105. *Committee &Task Force*. www. virginia. edu/faculty senate/committee. html.

106. http：//www. washington. edu/faculty/facsen/

107. http：//academic-senate. berkeley. edu/index. html

108. http：//www. universityofcalifornia. edu/senate/

109. Douglass, J. A. , *Shared Governance at the University of California*： *An Historical Review*. http：//ishi. lib. berkeley. edu/cshe/.

110. The Organization at University of Califonia. http：//www. universityofcalifornia. edu.

111. Tierney, W. G. & Minor, J. T. *Challenges for Governance*： *A National Report*. 2003. http：//www. usc. edu/dept/chepa/pdf/gov_ monograph03. pdf.